21世纪知识产权规划教材

总主审：王利明

总主编：齐爱民

21世纪知识产权规划教材编委会

主 任：

谢尚果 李昌华

副主任：

齐爱民 黄玉烨 董炳和 王太平

成员（以姓氏笔画为序）：

刁胜先 王太平 韦 铁 邓宏光 刘斌斌

齐爱民 李昌华 李 仪 严永和 苏 平

杨 巧 苟正金 陈宗波 罗 澍 周伟萌

赵文经 黄玉烨 董炳和 曾德国 谢尚果

21世纪知识产权规划教材

知识产权国际保护

杨 巧 主 编
李 艳 戴 琳 王思峰 副主编

撰稿人名单（以拼音排序）
戴 琳 韩续峰 李 艳 孙 山
王思峰 杨 巧 朱继胜

图书在版编目(CIP)数据

知识产权国际保护/杨巧主编.—北京:北京大学出版社,2015.12
(21世纪知识产权规划教材)
ISBN 978-7-301-26557-4

Ⅰ.①知… Ⅱ.①杨… Ⅲ.①知识产权保护—研究 Ⅳ.①D913.04

中国版本图书馆 CIP 数据核字(2015)第 280662 号

书　　　名	知识产权国际保护 Zhishichanquan Guoji Baohu
著作责任者	杨　巧　主编
责 任 编 辑	郭栋磊
标 准 书 号	ISBN 978-7-301-26557-4
出 版 发 行	北京大学出版社
地　　　址	北京市海淀区成府路 205 号　100871
网　　　址	http://www.pup.cn
电 子 信 箱	law@pup.pku.edu.cn
新 浪 微 博	@北京大学出版社　@北大出版社法律图书
电　　　话	邮购部 62752015　发行部 62750672　编辑部 62752027
印 刷 者	北京虎彩文化传播有限公司
经 销 者	新华书店
	730 毫米×980 毫米　16 开本　17 印张　324 千字 2015 年 12 月第 1 版　2022 年 5 月第 4 次印刷
定　　　价	39.00 元

未经许可，不得以任何方式复制或抄袭本书之部分或全部内容。
版权所有，侵权必究
举报电话：010-62752024　电子信箱：fd@pup.pku.edu.cn
图书如有印装质量问题，请与出版部联系，电话：010-62756370

"21世纪知识产权规划教材"总序

一、知识产权专业在我国的开设与发展

中国历史上近代意义的法学教育和法学专业滥觞于19世纪末的晚清时代。1895年成立的天津中西学堂(即天津大学前身)首次开设法科并招收学生,由此肇开了法学作为一个专业进入中国教育体系的先河。进入新中国之后,20世纪80年代以前,在我国高等教育中法学院系的专业设置单一,一般只设以"法学"命名的一个本科专业。改革开放以后,根据国家经济建设和法制建设的需要,高等法律院系逐渐增设了国际法学、经济法学、国际经济法学、刑事司法学等专业。在我国,知识产权专业从其诞生开始就与法学专业密不可分,知识产权专业最初是作为法学专业的第二学位专业开设的。1987年9月,中国人民大学首开先河创办第二学位"知识产权法专业",从获得理工农医专业学士学位者中招生,攻读知识产权法专业第二学士学位。尽管中国人民大学开设的第二学位专业不叫知识产权专业,而是称其为"知识产权法专业",但大家都认为这是我国知识产权专业的源头。其后,北京大学、华中科技大学、华东理工大学等高校也相继招收知识产权法第二学士学位学生。1992年,上海大学率先开始知识产权本科教育,在法学本科专业和管理学本科专业中设立知识产权方向(本科)进行招生。1998年,教育部出台改革方案,按照"宽口径、厚基础、高素质、重应用"的专业建设精神,决定将法学一级学科由"法学""国际法学""经济法学"等专业合并为一个"法学"专业。自1999年起只按一个法学专业招收本科学生(可在高年级设置若干专业方向)。教育部的"统一"分散的法学专业的举措,往往被理解为不主张法学专业"分解",这种僵化理解把刚刚起步的知识产权专业抹杀在摇篮之中,知识产权从一个专业退变为法学专业的一门核心课程,即"知识产权法"。

随着信息技术的发展,人类快步迈入知识经济时代,知识作为创造财富的手段,在社会进步和文化繁荣中发挥了空前重要的决定性作用,知识产权在国民经济中的地位也显得格外重要,有发达国家已经将知识财产纳入到国民生产总值的统计数据之中。然而,中国知识产权人才奇缺,尤其是加入WTO之后,我国知识产权专业人才极度匮乏的问题更加凸显。为适应知识经济时代对知识产权人才需求的新形势,2004年,教育部与国家知识产权局联合发布了《关于进一步加强高等学校知识产权工作的若干意见》,要求高校"从战略高度认识和开展知识产权工作","加强知识产权人才的培养"。是年,华东政法大学知识产权学院

开始招收知识产权专业本科生,这是教育部批准的全国第一家知识产权本科专业。随后,国内很多高等院校相继新增知识产权本科专业,绝大部分学校(如华东政法大学、西南政法大学、重庆理工大学等)对该专业毕业生授予法学学士学位,有的学校在理工科专业(如广西大学的物理学专业)设置知识产权管理专业方向,颁发理学学士学位。为满足经济社会发展的迫切需求,知识产权本科专业在2012年被正式作为法学类的本科专业列入《全国普通高等学校本科专业目录》,该目录放弃使用"知识产权法专业"而使专业名称得到了统一,更为重要的是结束了知识产权本科专业游离在专业招生目录外的尴尬境地。

二、知识产权本科专业的主要培养目标与课程体系

自教育部批准法学学科第二个专业——知识产权本科专业开设以来,一直面临着众多的疑虑和担心,最突出的问题就是认为知识产权专业在实质上还是法学专业,充其量是"知识产权法"专业。这种疑虑和停滞不前僵化误解最终将被知识产权事业日益发展起来的实务所,知识产权本科专业从法学专业中剥离必将得到更好的发展和完善。本科专业之所以成为专业,其根本的是在于形成自身特有的培养目标和课程体系。知识产权本科专业在人才培养目标方面,培育具有扎实的知识产权基础理论和系统的知识产权专业知识,有较高的知识产权素养和知识产权专业技能,具备知识产权实践能力和创新能力,能适应经济建设和社会发展需要的厚基础、宽口径、多学科知识融合交叉的复合型高素质人才。在课程体系方面,主要有法学类课程,如法理学、宪法、行政法与行政诉讼法、民法等;知识产权基础课程,如企业知识产权管理、知识产权评估、科技史、著作权法、专利法、商标法、电子商务法等;还有知识产权实践类课程,如专利代理实务、商标代理实务和著作权代理实务、知识产权会谈、专利文献检索、知识产权审判等,再辅之以有特色的理工科课程(选修为主),课程体系可谓庞大而精细。由于知识产权是一门综合性学科专业,应用性和实践性极强,本专业特别注重知识传授中实践能力的塑造和培养,整个课程设置使学生接受创新思维和权利思维以及知识产权管理、保护等实务操作的基本训练,对知识产权创造、管理、运用与保护等方面的知识以及现代科学技术发展对知识产权的挑战有全面的了解和掌握,并能熟练运用。

三、知识产权本科专业与"21世纪知识产权规划教材"

教材建设是知识产权本科专业建设的基础,而教材建设的根基在于知识产权研究。严格意义上的知识产权研究在国外始于19世纪,以比利时著名法学家皮卡第提出知识产权与物权的区别为知识产权法诞生的标志。我国开始知识产权研究肇端于清末,由于当时社会动荡,一些卓越的研究虽然影响了立法,但囿于清王朝的寿终正寝而未能真正贡献社会。新中国成立后,随着知识产权研究新纪元的到来,知识产权研究开创了一个全新的局面:第一,知识产权研究机构和学术团体的建立。知识产权研究机构和学术团体的建立,为知识产权研究奠定了物质和人才基础。从政府机构设立的知识产权研究所(如广西知识产权局设立广西知识产权发展研究中心)到高等院校组建的知识产权学院、知识产权中心(所)、(研究院),再到社会团体成立的知识产权研究会、学会、协会,知识产权研究蔚然成风,队伍日益扩大,蓬勃发展。第二,研究视野的拓展。随着改革开放的不断深入,知识产权研究领域的对外学术交流日趋活跃。特别从入世开始,与国外高等院校、非政府组织、知识产权研究机构、大型企业的合作与交流日渐增多,举办的国际研讨会、高峰论坛频繁而卓有成效,研究舞台更加宽广,研究视阈更加开阔,知识产权研究紧随时代和国际发展的前沿。第三,研究成果大量涌现。从基础研究到应用对策研究,从知识产权制度的传统理论问题到网络环境中凸现的新的知识产权课题,从知识财产研究上升到信息财产的研究,从各类学术刊物上发表的知识产权文章到出版社公开出版的知识产权的教材、专著和译著等成果汗牛充栋,充分彰显了知识产权研究发展的良好态势,和知识产权学者对时代的回应。

  开设知识产权本科专业对于法学学科的完善和发展具有重要的意义。首先,通过知识产权本科专业的开设,结束了法学单一专业的面貌,丰富了法学学科的内涵。其次,知识产权本科专业的开设,满足了培养现代化高层次知识产权专门人才的需求,拓宽了法学专业就业选择面。再次,知识产权专业的开设,增进了与相关学学科间的交叉与融合,开辟了我国高层次人才培养的新空间。一句话,知识产权专业是法学学科创新发展的动力之翼,是我国教育体系下本科专业一个崭新而伟大的力量。我们正是以上述理论认识为指引来编纂"21世纪知识产权规划教材",以实现建立和完善知识产权本科教材体系的崇高目标。广西科技厅和广西知识产权局为了推进知识产权人才培养和培训,在广西民族大学设立了广西知识产权培训基地,通过实际的工作推进高校知识产权人才培养和对社会各界知识产权从业人员的培训工作,"21世纪知识产权规划教材"得到了广西知识产权局和广西知识产权培训(广西民族大学)基地的大力支持。"21世纪知识产权规划教材"重视实践和能力的培养,密切联系国家统一司法考试和专利代理人考试,注重培养学生的应试能力、实践能力和解决问题的综合能力。

  该丛书主要包含了下述著作:

  1.《知识产权法总论》。该书以知识产权法总则为研究对象,研究的是知识产权法的一般规则,是关于知识财产、知识产权和知识产权法的一般原理。首先,该书针对国内外立法和理论研究发展趋势,对大陆法系知识产权法的一般规则进行了开创性的研究,确定了知识产权法总则所必备的一系列基础概念,如完全知识产权、知识产权实施权、知识产权担保权、知识产权变动模式和知识产权请求权,并对上述概念和制度作出了明晰的学科界定,为知识产权法总则的形成奠定了概念基础。其次,该书构建了完整知识产权法总则理论体系。再次,该书构建的知识产权法一般规则操作性强,充分体现了理论对实践的高度指导价值。最后,该书对我国知识产权法研究的方法论进行了创新,选择了和民法(尤其是物权法)相一致的研究方法,为厘清知识产权法基本理论提供了科学的认识工具,该书也是运用这个科学方法论获得的一个结果。同时,该书关注知识产权法的司法实践,对于重大疑难问题进行了判例研究,尤其是针对国家统一司法考试和专利代理人考试进行了思维拓展训练,这将有助于实现理论和实践的结合。

2.《著作权法》。该书以著作权为研究对象,研究因著作权的产生、控制、利用和支配而产生的社会关系的法律规范。该书既着眼于著作权法的基本内容,又着眼于著作权与知识产权的关系,吸收了国内外著作权法教学与研究的最新成果,论述了著作权的法律理论及其实务。书中内容涉及《著作权法》的基本理论、基本原则和基本制度,同时对一些理论争议提出了自己独到的见解,阐释了本学科的重点、难点和疑点。

3.《专利法》。该书结合我国实施专利制度近 30 年来的实践经验,以我国最新修订的《专利法》及相关司法解释、专利审查指南和有关国际条约等为主线,系统讲解了专利申请、专利审批、专利权撤销和无效宣告、专利实施许可、专利权保护的全过程;密切关注国内外专利法教学与研究的前沿动态,概述国际专利制度的基本内容,详述我国《专利法》的基本理论、基本制度,分析和评价了在科学技术快速发展背景下专利法出现的新问题,以期使本专业学生对专利的基本理论和程序、以及发展沿革和机遇挑战有全面的掌握和了解。

4.《商标法》。该书以历史分析、比较分析的方法对《商标法》的基本概念、基本理论、基本制度和基本原则作了系统而缜密的阐述,结合当前社会经济生活中发生的热点、难点案例及全国司法考试命题对商标注册的申请、审查、核准、续展、变更、转让、转移、确权、管理、驰名商标的保护和注册商标保护等一系列问题进行深入浅出地剖析,以期加深本专业学生对商标法律条文及实务操作的理解和应用。

5.《商业秘密保护法》。该书立足于知识产权理论,同时注重培养本科生与研究生处理与商业秘密相关案例的实践能力,廓清了商业秘密的定义、要件、属性与类型,介绍了我国与商业秘密保护有关的法律规范,梳理了不同法律规范之间的关系,结合实例介绍了商业秘密纠纷处理的实务性技巧;进而以商业秘密权保护为中心线索,比较并借鉴了美国、欧洲与世贸组织关于商业秘密保护的立法经验。全书现行规范讲解与立法趋势展望结合,法条解析与案例剖析交融。该书有利于为本专业学生日后参加司法考试与从事知识产权法务工作提供指引。

6.《非物质文化遗产保护法》。该书以比较分析法、田野调查法、个案分析等方法来研究我国非物质文化遗产的法律保护问题,从法律上对非物质文化遗产进行界定,厘清与民间文艺、传统知识、民间文化遗产、民俗等概念的区别与联系,反思国内外关于非物质文化遗产的保护现状及实践,明确非物质文化遗产保护的理念、宗旨,探讨构建我国非物质文化遗产保护模式及知识产权合作框架下的利益分享机制。

7.《知识产权竞争法》。该书综合运用比较分析、实证分析、逻辑分析、经济学、社会学分析等方法来研究知识产权竞争法的问题,介绍了知识产权竞争法的产生、发展、地位和作用,竞争法的执法机构、执法程序等问题;理论联系实际,立足于国内立法、司法和执法现状,生动地运用案例教学方式全面阐述了知识产权竞争法的一般原理、基本原则、具体制度和法律责任。

8.《知识产权纠纷解决机制》。该书通过历史分析、比较分析、博弈分析和实证研究的方法,从实体与程序相结合的视角对知识产权纠纷解决机制进行深入研究,全面考察了国内外知识产权纠纷解决机制的现状及 ADR、仲裁、调解等非诉讼纠纷解决方式,充分考量知识产权与知识产权纠纷的特殊性,探讨构建具有中国特色的切实可行的知识产权纠纷解决机制。

9.《网络知识产权保护法》。该书立足于网络时代知识产权保护的新问题,紧密结合网络知识产权在理论、立法与司法等实践中具体而又急迫的现实要求,介绍了国内外关于网络知识产权保护法律的基础理论、立法规定和司法适用,阐述了必须面对、解决和掌握的相关知识,内容涉及信息网络传播权、网络数据库、网络链接与搜索引擎、网络服务提供者的法律责任、网络环境下域名与商标权的法律保护、电子商务商业模式与计算机程序的专利保护、网络中商业秘密侵权与知识产权竞争、网络知识产权犯罪与计算机取证等法律问题。

10.《知识产权国际保护》。该书既从宏观角度介绍了知识产权国际保护的产生、发展和框架,以及知识产权国际保护的基础理论和制度规范,又从微观角度对著作权及其邻接权、专利权、商标权和商业秘密等其他知识产权的国际保护进行了较为系统的阐述。密切联系实际,结合典型判例,分析当今知识产权国际保护面临的发展与挑战,提出全球化条件下知识产权国际保护法律的适用原则。

11.《企业知识产权管理》。该书站在国家知识产权战略的高度,从实践操作角度出发,系统介绍我国企业知识产权战略定位、战略步骤、实施路径与策略,细致阐释企业知识产权的创造、管理、运用和保护,辅之以经典案例,详尽剖析我国企业知识产权管理的经验、方法以及运作策略,既具有理论厚度和广度,又具有实用方法论的指导。

12.《知识产权评估》。该书理论联系实际,结合实务中大量知识产权评估的经典案例和做法,系统完整地对知识产权评估所需要的专业知识进行了阐述,介绍了知识产权评估现状、评估原则、价值基础等基本原理和基本方法，详述了专利权评估、商标权评估、著作权评估、商业秘密价值评估等，对提高知识产权专业学生的整体素质，推进本专业学生能力创新及实务操作有着积极的影响和意义。

13.《电子商务法》。该书的研究方法和立场是从法律视野看电子商务，而不是从电子商务反观法律，厘清了基础理论，构筑了从传统法到电子商务法的桥梁。该书不仅关注国际研究的趋势和潮流，而且立足于我国立法实践，切实反映了中国电子商务法的最新发展。该书注重对电子商务法基本原理、具体制度的分析，根据具体情况，阐明了原则和制度的适用问题，内容涵盖《电子签名法》、电子商务主体、个人信息保护法、电子支付法、电子商务消费者权益保护法、电子税收法和电子商务纠纷解决法等。

14.《信息法》。该书立足于国内外典型信息法理论和实践，从大陆法系传统出发，构建了体系完整、内容科学真实、有逻辑自治性的科学信息法体系和核心制度。该书首次科学地界定法律意义上的信息概念，系统阐述了信息法的地位、渊源、宗旨、原则与体系，深入探讨了个人信息保护法、政府信息公开法、信息财产法、信息安全法等内容。

15.《专利代理实务》。该书既立足于基本知识，又着眼于专利代理人的基本能力要求，介绍了我国专利代理制度的基础理论和具体规定、做法，阐述了专利代理人必须掌握的基本专利知识，如主要专利程序，专利事务处理中的文件、期限与费用，专利申请文件及其撰写要求，授予专利权的实质条件，专利诉讼等，详述了专利代理中的主要业务，如专利申请文件的撰写，发明专利申请实质审查程序中的专利代理，专利授权、专利复审、专利无效宣告等程序中的代理、专利诉讼的代理等。全书贯穿典型案例分析和实务操作模拟题，不仅有助于本专业学生深入学习、研究专利法律问题及专利代理实务，为参加全国专利代理人资格考试提供切实参考，也为专利代理工作提供了实践的指导。

16.《专利文献检索》。该书注重理论与实践的结合，不仅介绍了专利文献的类型、用途和利用等基本知识，阐述了中国专利检索的工具和方法，世界专利分类体系、国际专利分类法以及美国、欧洲、日本等国专利文献检索等，还结合实例介绍专利文献具体查阅方法，并附上最新的专利文献检索常用资料。该书有益于知识产权专业学生系统深入地了解专利文献基本知识，熟悉基本操作，为日后专利实务工作奠定基础。

上述列举并没有穷尽丛书的内容，随着大家认识的加深和我国知识产权专业学生培养方式的变化，也可能有一些必要的课程教材加入，比如品牌管理学和发明学等。任何国家建设一个专业和在专业范畴内进行学生培养，都必须根植于本国的民族土壤，这样才能形成自己的特色，才能枝繁叶茂、桃李天下。知识产权专业建设如朝阳冉冉升起,愿有志于此项研究的学者们和以此为业的年轻学子们,把握时代脉搏,脚踏实地地去回应时代的呼唤。"21世纪知识产权规划教材"的诞生,标志知识产权人才培养和教育正走向新的发展阶段,它是知识产权专业建设的里程碑。"21世纪知识产权规划教材"的诞生是各种积极因素凝聚的结果和全国研究力量的一个集中展示。"21世纪知识产权规划教材"的编者及众多的知识产权学界同仁,应立足于知识产权本科专业建设,顺应时代的呼唤,肩负起历史使命,锲而不舍、孜孜不倦地追求培养中国知识产权专业人才,实施国家知识产权战略这一崇高而远大目标的实现。

齐爱民

2014年1月9日

目　录

第一章　知识产权国际保护导论 …………………………………… 1
- 第一节　知识产权国际保护概述 ……………………………… 1
- 第二节　知识产权国际公约的分类 …………………………… 6
- 第三节　知识产权国际保护的基本原则 ……………………… 18
- 第四节　知识产权国际保护的发展趋势 ……………………… 22

第二章　保护工业产权巴黎公约 …………………………………… 28

第三章　版权的国际保护 …………………………………………… 36
- 第一节　版权和邻接权国际保护概述 ………………………… 36
- 第二节　保护文学艺术作品伯尔尼公约和世界版权组织公约 … 39
- 第三节　《世界知识产权组织版权条约》和《世界知识产权组织表演和录音制品条约》 …………………………………… 56
- 第四节　保护表演者、唱片制作者和广播组织者的《罗马公约》 … 66
- 第五节　保护录音制品制作者防止未经许可复制其录音制品公约 … 71
- 第六节　《关于播送由人造卫星传播载有节目的信号的公约》 … 75
- 第七节　《视听表演北京条约》 ………………………………… 77

第四章　专利权国际保护 …………………………………………… 84
- 第一节　专利权国际保护概述 ………………………………… 84
- 第二节　专利合作条约 ………………………………………… 85
- 第三节　建立工业品外观设计国际分类洛迦诺协定 ………… 93
- 第四节　国际专利分类斯特拉斯堡协定 ……………………… 97
- 第五节　国际承认用于专利程序的微生物保存布达佩斯条约 … 101
- 第六节　专利法条约 …………………………………………… 106
- 第七节　工业品外观设计国际保存海牙协定 ………………… 109

第五章　商标权的国际保护 ………………………………………… 117
- 第一节　商标权国际保护概述 ………………………………… 117
- 第二节　商标的国际注册 ……………………………………… 124
- 第三节　商标的国际分类 ……………………………………… 129
- 第四节　与商标权有关的其他国际保护条约 ………………… 133

第六章　与贸易有关的知识产权协议 ……………………………… 139
- 第一节　TRIPs 协议概述 ……………………………………… 139

第二节　TRIPs协议的基本原则 …………………………………… 146
　　第三节　知识产权的保护标准 ……………………………………… 148
　　第四节　知识产权的实施 …………………………………………… 164
　　第五节　知识产权的取得、维持及相关程序 …………………… 170
　　第六节　争端的防止和解决 ………………………………………… 170
　　第七节　过渡性安排、机构安排和最后条款 …………………… 172
第七章　其他知识产权国际公约 ………………………………………… 175
　　第一节　关于集成电路的知识产权条约 ………………………… 175
　　第二节　国际植物新品种保护公约 ……………………………… 186
　　第三节　保护奥林匹克会徽内罗毕条约 ………………………… 194
　　第四节　保护原产地名称及其国际注册里斯本协定 …………… 199
　　第五节　《保护非物质文化遗产公约》 …………………………… 207
　　第六节　《生物多样性公约》 ……………………………………… 221
　　第七节　反盗版贸易协定 …………………………………………… 239
第八章　世界知识产权组织和《成立世界知识产权组织公约》 …… 247
　　第一节　世界知识产权组织在知识产权国际保护体系中的地位 …… 247
　　第二节　世界知识产权组织管理的公约、条约和协定 ………… 248
　　第三节　公约的主要内容 …………………………………………… 249
参考文献 …………………………………………………………………… 256
后记 ………………………………………………………………………… 259

第一章　知识产权国际保护导论

要点提示

本章应重点掌握的内容：(1) 知识产权国际保护的概念；(2) 国民待遇原则、优先权原则、最低保护标准与维护公共利益原则、最惠国待遇原则；(3) 世界知识产权组织的宗旨及基本职能。

第一节　知识产权国际保护概述

一、知识产权国际保护的产生与发展

知识产权国际保护是指通过缔结多边或双边的公约、条约以及成立相关的国际组织，在遵守国际公约所规定的最低保护标准的前提下，以本国国内法保护他国的知识产权。知识产权国际保护有两条途径：一是缔结多边或双边的国际公约或协议；二是成立知识产权保护的国际组织。知识产权国际公约的相继签订和世界知识产权组织的成立，为知识产权保护一体化奠定了基础。

知识产权制度是近代商品经济和科技革命的产物，其至始就与贸易经济和科学技术有着密切关系。知识产权国际保护的产生也必然具有特定的政治、经济、科技背景。19世纪中后期，资本主义由自由资本主义进入垄断资本主义，贸易经济有了很大发展，垄断资本主义不仅向国外输出资本和商品，还输出知识产品，而一些产品附着有商标、专利等知识产权，知识产权具有严格的地域性，即各国只保护依据本国法律取得的知识产权，不保护输出国(外国)的知识产权。这意味着输出国的知识产品在外国将处于公有领域，被擅自使用、仿冒、假冒等现象频发。在技术领域，19世纪60年代，人类进入历史上第一次技术革命"机械化时代"；从19世纪60年代开始，进入人类历史上第二次技术革命阶段，也即以电力技术为主导的"电气化时代"，新技术成果不断涌现并且被商品化，知识产权地域性使得新的技术成果在贸易中丧失优势地位。

在立法方面，随着工商业的发展，技术交流、文化传播的发展，国际间贸易扩张，抢先申请专利、抢先注册商标时有发生，作品被跨国擅自使用越来越多。此时，许多国家制定了专利法和其他工业产加强知识产权保护。但由于各国间的立法、执法差异较大，加之知识产权地域性限制，其权利效力仅限于一国范围内，

使权利人利益受到了极大的损害,因此知识产权国际保护就非常紧迫。基于当时的经济、科技、法律现状,为了保护知识产权权利人利益和国家利益,各国需要进行合作,统一保护标准。垄断资本主义的英国、法国、匈牙利等国家,召开多次国际会议,讨论建立一个国际联盟、规定一般原则、建立国际统一的知识产权保护规则,在不与各国国内法冲突的情况下,突破地域性限制,给知识产权以域外保护的效力,来解决跨国知识产权保护问题。在这些发达国家的倡导下,知识产权国际公约诞生了,知识产权国际保护因此拉开了序幕。1883年首个知识产权多边国际公约——《保护工业产权巴黎公约》(简称《巴黎公约》)签订,1886年第一个保护著作权的国际公约——《保护文学艺术作品伯尔尼公约》(简称《伯尔尼公约》)签订,同时缔约国结成巴黎联盟和伯尔尼联盟组织。《巴黎公约》《伯尔尼公约》的一项重要原则是国民待遇原则,该原则打破了知识产权地域性限制,使缔约国的知识产权具有域外效力。迄今为止,世界范围的知识产权国际公约有30多个。知识产权国际公约的相继签订,但是地域性依然是知识产权的特征之一。

20世纪40年代开始了人类历史的第三次技术革命,称为"信息化时代"。本次技术革命分为两个阶段:第一阶段以核技术和计算机技术为开端,以通讯技术的应用为标志;第二阶段是20世纪中后期,以微电子技术、生物技术、空间技术、信息技术等高技术的出现为标志。每次技术革命在重大技术领域的突破,对人类的生存发展和技术进步都产生了积极的推动作用。随着现代科技的发展,国际技术交流和文化交流也不断扩大,对原有的知识产权国际保护制度造成一定的冲击,修订知识产权国际公约及签订新的国际公约是知识产权国际保护的新任务。《巴黎公约》经过8次修订,形成6个修订文本,我国以及大多数国家执行的文本是1967年斯德哥尔摩文本。《伯尔尼公约》经过7次修改,现在执行的最新文本是1971年巴黎文本。20世纪末期,技术贸易等知识产权贸易在国际贸易市场的份额增大,知识产权保护与国际贸易关系再次引起关注。1994年关贸总协定的成员签订新的国际公约——《与贸易有关的知识产权协议》(简称TRIPs协议),该协议的签订标志着世界范围内知识产权保护进入了统一标准的新阶段。知识产权贸易被作为WTO的三大贸易支柱之一(还有商品贸易、服务贸易),TRIPs协议是WTO的一揽子协议之一,将知识产权纳入WTO的管辖范围,提升了知识产权的地位。至此,国际间的知识产权贸易就有了共同的知识产权交易规则。

知识产权保护国际组织的成立是知识产权国际保护形成的又一标志——1970年成立的世界知识产权组织简称:WIPO,目前已经有188个成员国,250多个非政府组织和政府间组织在 WIPO 具有正式观察员地位①。

二、世界知识产权组织简介(The World Intellectual Property Organization,简称 WIPO)

(一)世界知识产权组织的成立

20 世纪 60 年代,科技飞速发展引起各国之间在科学技术活动领域内的合作与交流增多,知识产权国际贸易市场形成,但各国立法及处理知识产权纠纷的规则不同。保护知识产权,维护各国的经济权益的需求加快了知识产权国际保护的步伐。1967 年 7 月 14 日由《巴黎公约》以及《伯尔尼公约》的成员国组成的巴黎联盟和伯尔尼联盟(1893 年两个联盟合并为"保护知识产权联合国际局"执行行政管理任务,也是世界知识产权组织的前身)共 51 个国家,在对两个主要保护知识产权国际公约进行修订的基础上,于瑞典斯德哥尔摩签订了《成立世界知识产权组织公约》(公约 1970 年 4 月 26 日正式生效②),并且将巴黎联盟和伯尔尼联盟合并为"保护知识产权联合国际局",1970 年成立了一个政府间的国际机构"世界知识产权组织"(简称 WIPO)。WIPO 在 1974 年 1 月起成为联合国组织系统中 16 个专门职能机构之一,总部设在瑞士日内瓦,在美国纽约联合国总部设立有联络处。该组织在知识产权国际保护方面对各国有相当影响和积极意义:"世界知识产权组织的建立,推动了知识产权立法一体化的进程"③,WIPO 的《成立世界知识产权组织公约》,尽管还存在一些问题,但毕竟首次在国际公约中正式规定了知识产权,划定了知识产权的范围。我国于 1980 年加入该组织。

(二)世界知识产权组织的宗旨与主要职能

世界知识产权组织的宗旨是通过国家之间的合作并与其他国际组织配合,促进全世界范围内的知识产权保护;保证依照知识产权公约建立的知识产权各联盟国之间的行政合作。

世界知识产权组织的主要职能是:(1)鼓励签订知识产权保护的新的国际盟约;(2)协调各国立法,为发展中国家知识产权保护提供法律和技术帮助,收集和传播情报;(3)办理知识产权国际注册和成员国之间的行政合作;(4)管理有关知识产权的国际公约或协议;(5)解决政府间知识产权纠纷。其具体工作任务是④:(1)建立专利合作的国际专利体系、马德里国际商标体系、海牙国际外观设计体系、里斯本原产地名称,处理申请、管理或检索专利、商标、外观设计

---

① http://www.wipo.int/about-wipo/zh/,访问日期:2014 年 3 月 20 日。
② 世界知识产权组织把每年的 4 月 26 日定为"世界知识产权日"。
③ 吴汉东:《知识产权基本问题研究》,中国人民大学出版社 2005 年版,第 139 页。
④ http://www.wipo.int/services/zh/,访问日期:2014 年 3 月 20 日。

和原产地名称;(2) WIPO 仲裁与调解中心为知识产权和技术争议提供快速、灵活、合算的法院外争议解决服务;(3) 解决与商标域名有关的抢注和其他争议;(4) 为变化中的世界制定国际知识产权规则,跟踪各常设委员会和各种会议有关知识产权未来发展的政策讨论和谈判;(5) 为查询全世界的知识产权信息提供便利,用免费全球数据库检索技术和品牌相关信息;(6) 帮助运用知识产权促进发展,了解全球合作和发展活动,包括能力建设和对知识产权局的援助。

(三) 世界知识产权组织机构及所管理的条约

世界知识产权组织的组织机构包括大会、成员国会议、协调委员会、国际局。WIPO 的最高决策机构是成员国大会;成员国会议由加入世界知识产权组织的全体成员组成;协调委员会由担任巴黎联盟或伯尔尼联盟执行委员会的公约的成员国,它是为了保证各联盟之间的合作而设立的机构;国际局是世界知识产权组织各机构和各联盟共同的秘书处,即常设办事机构,设总干事 1 人,副干事若干人。

目前由 WIPO 管理的工业产权领域、版权与邻接权领域、知识产权各个领域的国际公约、协议、协定有 **26 项**[①],分为三组:

第一组条约:规定了国际上议定的各国知识产权保护的基本标准,有 16 项条约。包括:《世界知识产权组织公约》《保护工业产权巴黎公约》《保护文学艺术作品伯尔尼公约》《视听表演北京条约》《保护录音制品制作者防止未经许可复制其录音制品公约》《保护表演者、录音制品制作者和广播组织的国际公约》《世界知识产权组织版权条约》(WCT)《世界知识产权组织表演和录音制品条约》(WPPT)《商标法新加坡条约》《商标法条约》《关于制止商品产地虚假或欺骗性标记马德里协定》《专利法条约》《集成电路布图设计华盛顿条约》《马拉喀什条约》《保护奥林匹克会徽内罗毕条约》《布鲁塞尔卫星节目信号公约》。

第二组条约:称为"全球保护体系条约"。确保一次国际注册或申请在任何一个有关签署国中有效。世界知识产权组织依这些条约所提供的服务,简化了在被要求对某一具体知识产权进行保护的所有国家中逐个提出或提交申请的手续,并降低了其费用。有 6 项条约,包括:《国际承认用于专利程序的微生物保存布达佩斯条约》《工业品外观设计国际注册海牙协定》《保护原产地及其国际注册里斯本协定》《商标国际注册马德里协定》《商标国际注册马德里议定书》《专利合作条约》(PCT)。

第三组条约:是进行专利申请和商标注册的分类标准条约,有 4 项条约,包括:《建立工业品外观设计国际分类洛迦诺协定》《商标注册用商品和服务国际分类尼斯协定》《国际专利分类斯特拉斯堡协定》。

---

① http://www.wipo.int/treaties/zh/,访问日期:2014 年 3 月 20 日。

三、加入知识产权国际公约对我国的影响

加入知识产权国际公约的多少是衡量一国知识产权保护水平的重要标志。根据我国宪法规定,我国加入国际公约需要经过全国人大常委会的批准。① 自世界上第一个知识产权国际公约《巴黎公约》签订以来,共缔结知识产权国际公约有 30 多个,我国经全国人大常委会批准参加的国际公约 16 个,主要的或影响力较大的国际公约我国已经参加,包括:《巴黎公约》《伯尔尼公约》《保护录音制品制作者防止未经许可复制其录音制品公约》《专利合作条约》《商标国际注册马德里协定》《商标注册用商品和服务国际分类尼斯协定》《国际植物新品种保护公约》TRIPs 协议《世界知识产权组织版权条约》《世界知识产权组织表演和录音制品条约》等。有些公约还没有参加,如《反盗版协定》(简称 ACT)等,是否加入还需要结合我国的国情,以及国家的知识产权政策等。我国作为发展中国家,在知识产权保护领域与国际保护趋势基本相适应,TRIPs 所确定的知识产权范围在我国国内法中均已经衔接起来,已经颁布了相应的法律法规予以保护,我国的知识产权保护水平正朝着有利于建设创新型国家的方向发展。

由于 TRIPs 协议被纳入 WTO 的管辖范围,知识产权贸易作为多边贸易体系的组成部分,其制约力强,使知识产权具有浓厚的"国际化"色彩,总体上我国的知识产权立法受国际立法(国际公约)的影响很大。经过 30 多年的知识产权法制建设,我国已经建立了符合国际通行规则的、门类齐全的、基本完善的知识产权法律体系。在新世纪面临的问题是进一步完善并制定适用新技术发展的国内法,严格知识产权执法、增强运用知识产权国际规则的能力。在知识产权国际保护中,熟悉 WTO 有关知识产权保护规则,一方面可以有效维护自己的知识产权,打击侵权行为,限制竞争对手,另一方面针对跨国公司滥用知识产权的行为,运用反垄断法奋力反击,反对知识霸权。我国要联合其他发展中国家,在国际公约和国际组织中力争增加有利于发展中国家及我国经济发展的知识产权内容,将我们的长项纳入保护范围,如遗传资源、传统知识、民间文学艺术。在我国相对薄弱的驰名商标、高新技术专利上加快创新步伐,力争拥有更多的自主知识产权产品,提高综合竞争力。

四、国际条约的适用

在本国知识产权法律规定与国际条约不一致的情况下,各国的行政机关或者司法机关关于国际条约的适用,一般有两种做法。②

---

① 参见《中华人民共和国宪法》第 67 条。
② 转引自汤宗舜:"中国知识产权法律与国际条约的关系",载《知识产权》2007 第 2 期。

1. 直接适用。缔约国的行政机关或者司法机关直接适用国际条约,条约在本国自动生效,代表国家有法国、美国、日本、俄罗斯、中国。

我国《民法通则》第142条规定,中华人民共和国缔结或者参加的国际条约同中华人民共和国的民事法律有不同规定的,适用国际条约的规定,但中华人民共和国声明保留的条款除外;中华人民共和国法律和中华人民共和国缔结或者参加的国际条约没有规定的,可以适用国际惯例。

国际条约与国内法实施的衔接上,由全国人大常委会批准后实施。

2. 间接适用。缔约国的行政机关或者司法机关只适用本国的知识产权法律,国际条约纳入本国法律后才适用,代表国家有英国、瑞典、挪威等。

第二节 知识产权国际公约的分类

一、与专利权有关的国际公约

(一) 专利合作条约

《专利合作条约》(Patent Cooperation Treaty 简称PCT),于1970年6月在华盛顿签订,1978年1月24日生效,1979年和1984年进行了两次修订。目前PCT的成员国已增加到146个[①]。PCT是《巴黎公约》关于专利国际申请的程序性规定,提交一份申请、使用规定语言中的一种语言、缴纳一种货币、使用一种格式文件,就可形成在多个成员国(制定国)提出专利申请的效力。PCT只对《巴黎公约》缔约国开放,因此,加入该条约的前提必须是《巴黎公约》的成员国。中国于1994年1月1日成为该条约的正式成员国,中国国家专利局(现为国家知识产权局)同时成为该条约的受理局,并被指定为该条约的国际检索单位和国际初步审查单位,中文也成为PCT的工作语言。根据中国政府的声明,自1997年7月1日起,该条约适用于中华人民共和国香港特别行政区。《专利法实施细则》经修订于2014年7月1日生效。

PCT签订的目的是在专利领域建立国际合作制度,帮助发明人和各国专利局,节省时间,节省费用,便利专利保护。PCT的宗旨是简化国际专利申请的审批程序,加快技术信息的传递和利用,建立专利领域的国际合作制度,更好地保护发明人的利益。PCT的主要职能是解决国际专利的申请程序,是一部程序性国际条约,不涉及专利批准的问题,是否批准由各制定国决定。

(二)《建立工业品外观设计国际分类洛迦诺协定》

该协定于1968年在瑞士洛迦诺签订,1971年生效。该协定对《巴黎公约》

---

① http://www.wipo.int/pct/zh/,访问日期:2014年3月20日。

缔约国开放，目前共有 53 个国家加入①，我国于 1996 年 9 月 19 日正式加入该协定。该协定的宗旨是便于对工业品外观设计的审查和管理，便于国际合作和交流。该协定的主要内容是对工业品外观设计进行国际分类。各缔约国保留国际分类法作为主要分类体系或作为辅助分类体系使用的权利，既可以将国际分类法作为唯一分类法，也可以保持本国原有的外观设计商品分类法，将国际分类法作为辅助分类法，并且记载在缔约国主管机关关于外观设计保存或注册的刊物上。分类法把能够用外观设计装饰的不同产品分为 31 个大类，下分 211 个小类，所有的小类下又分为 6000 个项。

（三）《国际专利分类斯特拉斯堡协定》

该协定是有关发明和实用新型专利分类的规定，于 1971 年签订，1979 年修订，只对《巴黎公约》的成员国开放，我国于 1997 年 6 月 19 日加入该协定。该协定的目的是便于在国际范围内检索专利文献，制定统一的科学的国际专利分类制度，加强工业产权领域的国际合作，协调各国在该领域的立法工作。该协定规定了缔约方的权利义务，其权利主要是有权参加修订国际分类法的委员会；其义务主要是保证本国在专利管理上使用国际分类法。

（四）《国际承认用于专利程序的微生物保存布达佩斯条约》

该公约 1977 年签订，1980 年修订，我国于 1995 年 7 月 1 日加入该条约。该公约的目的是建立国际合作制度，解决涉及未授权发明专利申请中的特殊问题。微生物发明专利申请不仅要提交书面文件，还需要提交微生物样品，因此各国必须有微生物保存机构，我国有微生物国际保存机构两个。该条约设立的目的是解决由于提交微生物实物过程的检验检疫导致的新颖性被破坏的问题，方便申请人，也节省费用。该条约只对《巴黎公约》的成员国开放。

（五）《工业品外观设计国际保存海牙协定》

该协定于 1925 年 11 月 6 日签订，是关于外观设计申请的程序性规定。该协定确立了工业品外观设计国际申请和国际注册程序，对提交国际申请的权利、程序与国际申请的内容、国际注册的效力，以及外观设计单一性的特别要求作出了明确的规定，为外观设计国际注册提供了便利，简化了手续，减少了费用。

（六）《专利法条约》

《专利法条约》2000 年在瑞士日内瓦通过，共有 54 个国家和国际组织在该条约上签字。该条约旨在协调、统一专利申请以及国家或地区专利局有关专利申请或专利的形式条件要求。该条约自 2005 年 4 月 28 日起生效，截至 2012 年 5 月底，该条约共有 27 个缔约国，我国尚未加入该条约。

---

① http://www.wipo.int/export/sites/www/treaties/en/，访问日期：2014 年 3 月 20 日。

二、与商标权有关的国际公约

(一)《商标国际注册马德里协定》

《商标国际注册马德里协定》(简称《马德里协定》),于1891年在西班牙马德里签订,1892年7月生效,后经多次修订,现在的文本是1979年斯德哥尔摩文本。据世界知识产权组织网站公布,目前加入该协定的有92个国家,中国于1989年10月4日加入该协定。协定的宗旨是解决商标的国际注册,建立商标国际合作制度,促进国际贸易的发展。该协定的参加者须为《巴黎公约》成员国,协定内容对巴黎公约关于商标国际保护的原则性规定作以补充。

《马德里协定》为申请人的商标国际注册提供了很大便利。申请人在原属国主管机关注册后,只需用一种语言(法语),通过本国主管机关,向一个机构(知识产权组织国际局)申请和缴费,就可以达到国际申请的目的,比办理逐一国家注册程序简便,省去了向各国分别申请、使用多种语言、分别缴纳各种不同货币的麻烦。商标国际注册在国际经济贸易中起到了巨大促进作用,极大方便了企业商标的国际注册,简化了申请手续,节约了申请人的费用。此外,对申请人所指定国的商标主管机关来说,减少了工作量。

该协定的不足之处在于:一是对于商标申请实行全面审查的国家而言,时间过长,因此这些国家愿意直接向外国申请注册,即逐一国家注册,而不愿申请国际注册。二是由于协定中有一年声明拒绝保护的期间,使得指定国对申请国际注册的商标没有足够的时间审查。正因为其存着明显的缺陷,因此至今美国、日本等经济大国未参加该协定。

(二)《商标国际注册马德里协定议定书》

《马德里协定》的有些规定给发达国家以及在商标权的取得上采使用原则的英语国家带来不便,使其不能加入,因此参加国甚少。为了扩大马德里协定的成员国范围,特别是吸引发达国家参加,1989年6月在西班牙马德里签订了《商标国际注册马德里议定书》(简称《马德里协定议定书》),修改《马德里协定》,补充了一些内容。《马德里议定书》于1996年4月1日生效,到2012年缔约国达到88个,我国于1995年12月1日成为该协定书的成员国。《马德里协定》和《马德里议定书》互相补充,各国可以选择参加其中的某一个或两个。该协定书在申请条件、审查周期、工作语言、收费标准和收费方式、保护期限以及国际注册与基础注册关系方面都作了重要修改。其中主要增加的规定是申请人可以以其在本国的注册申请(而不是已取得的注册)为国际申请依据;各成员国可收取更高费用。

(三)《商标注册用商品和服务国际分类尼斯协定》(简称《尼斯协定》)

《尼斯协定》签订于1957年,后经多次修订,该协定只能对《巴黎公约》成员国开放。该协定的目的是为了便于在商标注册中对商品和服务项目分类,为各国商标的国内注册与国际注册提供方便。目前使用的是1998年8月1日起执行的国际分类第8版,将商品分为34个大类,服务分为8个大类,在类下又把具体的商品与服务项目分为10,000项。商品与服务的项都是按拉丁字母A、B、C、D的顺序排列的,以便查找。我国于1994年8月9日加入《尼斯协定》,使用1998年8月1日起执行的国际分类第8版。

《尼斯协定》的主要内容是建立了商标注册用商品和服务的统一国际分类,分类的标准是根据商品和服务的共同属性,即功能、用途、原料等。该协定允许《马德里协定》及其议定书成员国及非《尼斯协定》成员国采用国际分类,要求成员国使用国际分类表,但也允许各成员国使用自己的分类表。我国在确定商品或服务分类时,将国内商品分类已转换成国际分类,如我国的《类似商品和服务区分表》。

（四）《建立商标图形要求国际分类维也纳协定》(简称《维也纳协定》)

1973年6月12日在奥地利维也纳通过了《商标图形国际分类维也纳协定》,1985年修订,该协定对《巴黎公约》成员国开放。该协定将商标图形分为29个大类,144个小类,1569个组分类。我国尚未加入,但我国对商标图形分类也采用该协定的有关规定。

（五）《商标注册条约》

该条约于1973年6月12日在维也纳工业产权外交会议上签订,于1980年8月7日生效,该条约只对《巴黎公约》成员国开放。该条约的签订是为了在更大范围上促进商标的国际注册,吸引美国、英国、日本等发达国家参加,克服《马德里协定》存在的问题。该条约与《马德里协定》并行,可以两个均参加,也可以只参加其中的一个。我国未参加该条约。

（六）《商标法条约》

1994年10月,世界知识产权组织在日内瓦主持召开外交会议并签署《商标法条约》,并于1996年8月1日生效。该条约旨在简化和统一商标国际注册程序,其关于"一标多类""权利分割"和续展不审查等制度,既方便了申请人,也大大提高了商标确权机构的工作效率。1994年我国参加该条约。

（七）《商标法新加坡条约》。

WIPO于2006年3月在新加坡通过的《商标法新加坡条约》,于2009年3月16日生效,这是世界知识产权组织的最新国际商标立法。我国政府于2007年在该条约签字,但没有正式批准加入。

三、与著作权有关的国际公约

(一)《保护文学艺术作品伯尔尼公约》(简称《伯尔尼公约》)

1886 年 9 月 9 日由瑞士、法国、英国、德国、西班牙、意大利等 10 个国家发起,缔结的《保护文学艺术作品伯尔尼公约》是世界上第一个保护版权的公约。该公约于 1887 年 12 月 5 日生效。该公约自生效后,先后进行过 7 次修改和补充,最近的一次修订是 1971 年在巴黎进行的。该公约的主要内容是明确了公约的保护范围;规定了 3 项基本原则:自动保护原则、国民待遇原则、独立保护原则。《伯尔尼公约》规定权利人的财产权利(8 项:翻译权、复制权、表演权、无线广播与有线传播权、公开朗诵权、改编权、录制权和制片权以及"追续权")及作者的精神权利(两项:署名权和保护作品完整权)的保护。我国已于 1992 年 10 月加入该公约。

(二)《世界版权公约》

《世界版权公约》是继《伯尔尼公约》之后的又一个重要的著作权公约。该公约签订的原因:一是二战以后一些新兴国家认为《伯尔尼公约》的保护水平太高,这些国家的作品少,需要大量使用外国作品。因此希望订立一个保护水平相对较低的国际公约。二是美洲的一些国家,包括美国在内都没有加入《伯尔尼公约》,而是订立了其内部的泛美版权公约。第二次世界大战以后,美国经济文化得到了巨大的发展,也希望缔结一个新的国际版权公约,以保护其利益。所以在这种情况下 1952 年 9 月 6 日,由联合国教科文组织主持,在日内瓦签订了《世界版权公约》。该公约于 1955 年 9 月 16 日生效。我国于 1992 年 10 月成为《世界版权公约》的成员国。《世界版权公约》不保护作者的精神权利、保护的财产权利有限、保护期限短,如对著作财产权的保护期限是作者终生加死后 25 年。该公约的主要内容被《伯尔尼公约》和知识产权协议覆盖,因此其影响力已经很弱。该公约的基本原则有国民待遇原则、版权独立性原则、版权标记下的自动保护原则、最低限度保护原则。该公约由联合国教科文组织管理。

(三)《保护表演者、录音制品制作者和广播组织的国际公约》(简称《罗马公约》)

《罗马公约》是世界第一个有关于邻接权方面的国际公约。《罗马公约》是由联合国世界劳工组织、联合国教科文组织和世界知识产权组织共同发起,于 1961 年 10 月 26 日在罗马签订的,1964 年 5 月生效。该公约只对《伯尔尼公约》及《世界版权公约》的成员国开放。

公约规定了国民待遇原则、邻接权的范围、权利内容、权利限制、公约的追溯力等。我国于 2006 年 12 月加入该公约。

（四）《保护录音制品制作者防止未经许可复制其录音制品日内瓦公约》（简称《日内瓦公约》）

《日内瓦公约》又称《录音制品公约》。《录音制品公约》是在国际唱片业同盟及其成员国、联合国教科文组织和世界知识产权组织的倡导下，于1971年10月29日在日内瓦签订。它的签订有利于保护录音制作者的合法利益，防止由于擅自复制而导致的录音制作者利益的损失，同时也有利于保护与录音有关的作者、表演者的利益。该公约规定了国民待遇原则、录制者权利内容、保护期限以及公约的实施方式等。我国于1993年4月30日正式成为该公约的成员国。《录音制品公约》是对《罗马公约》的补充，但也有一些不同规定。

（五）《世界知识产权组织版权条约》《世界知识产权组织表演和录音制品条约》(WIPO Copyright Treaty，简称WCT或《版权条约》；WIPO Performances and Phonograms Treaty，简称WPPT或《表演和录音制品条约》)

WCT和WPPT也称为"互联网条约"，主要是为了适应网络技术发展对版权与邻接权的保护。

1996年12月20日，世界知识产权组织在瑞士日内瓦召开版权和邻接权若干问题的外交会议上通过了WCT和WPPT，分别于2002年3月6日和5月20日生效。我国在2006年12月29日第十届全国人大常委会第二十五次会议通过加入两个条约并于2007年6月9日生效。WCT共计25条，其中实质性条款14条，程序性条款11条，此外还附有"议定声明"9条，对条约中容易发生歧义的问题进行了解释。WPPT共计33条，其中实质性条款23条，程序性条款10条，此外还附有"议定声明"10条。两个条约的主要内容是明确规定了版权的权利内容及保护对象，并将技术措施和权利管理信息纳入了保护体系。还重申了与《伯尔尼公约》及《罗马公约》的关系，WCT、WPPT均在第一条规定，该条约的任何内容不得减损缔约方之间依照《伯尔尼公约》《罗马公约》已经承担的现有义务，同时缔约方应遵守《伯尔尼公约》第1条至21条和附件的规定。

（六）《关于播送由人造卫星传播转载有节目信号的公约》

该公约于1974年5月21日在布鲁塞尔缔结，截至2003年10月15日，共有24个缔约国。公约建立了发送卫星传输节目信号的国际体系，由联合国国际劳工组织、联合国科教文组织与世界知识产权组织共同管理。公约并不直接保护任何版权或邻接权，只要成员国承担义务，防止本国广播组织或个人非法转播通过卫星发出、但并非给该组织或该人做转播之用的节目信号。

（七）《视听表演北京条约》

《视听表演北京条约》于2012年6月26日在北京签订，是在中国诞生的第一个国际知识产权条约。条约共30条，以中文、阿拉伯文、英文、法文、俄文和西班牙文签署,有包括中国在内的40个国家签署。该条约是关于表演者权利保护的国际条约,赋予了电影等作品的表演者,依法享有许可或禁止他人使用其在表演作品时的形象、动作、声音等一系列表演活动的权利。这一条约的缔结,在完善国际表演者版权保护体系,推动世界各国文化产业健康繁荣,促进具有悠久文化历史的发展中国家的传统民间表演艺术发展,具有里程碑式的意义。《视听表演北京条约》将大大提升中国版权事业的国际地位。

四、工业产权国际公约

1883年3月20日缔结的《保护工业产权的巴黎公约》是国际上第一个保护知识产权的多边国际公约,共30条,分为实体部分和程序部分两部分。其宗旨是按照协商一致原则,对工业产权实行有效的国际保护,以便充分维护权利人利益,促进世界经济合作与科技交流。公约的主要目的是解决跨国工业产权保护。公约的主要内容是:明确了工业产权的保护对象包括专利、实用新型、工业外观设计、商标、服务标记、厂商名称、货源标记或原产地名称、制止不正当竞争[①];规定了国民待遇原则、优先权原则、专利商标独立性原则。中国于1985年3月加入《巴黎公约》,适用1967年文本,并对公约28条第1款保留,即成员国司法和行政程序的保留。

五、知识产权国际条约

(一)《成立世界知识产权组织公约》

1967年7月14日《成立世界知识产权组织公约》签订,1970年生效,1979年修订。该公约首次在国际公约中正式规定了知识产权,划定了知识产权的范围:"知识产权"包括有关下列项目的权利:文学、艺术和科学作品;表演艺术家的表演以及唱片和广播节目;人类一切活动领域内的发明;科学发现;工业品外观设计;商标、服务标记以及商业名称和标志;制止不正当竞争;在工业、科学、文学或艺术领域内由于智力活动而产生的一切其他权利。

(二)《与贸易有关的知识产权协议》

《与贸易有关的知识产权协议》的签订,有着特殊的历史背景。20世纪中后期,随着世界经济的发展,许多国家的经济面临着十分严峻的形势,所以各国竞相采取贸易壁垒的保护主义措施,严重地损害了世界多边贸易体制。由于各国保护知识产权的水平参差不齐产生了贸易摩擦,发达国家与发展中国家明显地分为两大阵营,发达国家极力寻求加强知识产权保护的对策。为了加强与贸易

---

① 《巴黎公约》第1条第2款。

有关的知识产权的保护,欧美等发达国家1947年发起了关贸总协定①"乌拉圭回合"谈判。在起初的谈判中,只是个别条款中简略地提到了知识产权,关贸总协定中并没有明确的知识产权保护规则。我国是创始缔约国之一,参加了"乌拉圭回合"第一次谈判。20世纪末期,技术贸易等知识产品贸易在国际贸易市场的份额增大,知识产权保护与国际贸易关系日益引起关注。为了避免贸易大战和国际贸易保护主义兴起,关贸总协定开始了新一轮的多边贸易谈判。这轮谈判于1986年9月15日在乌拉圭的埃斯特角城发起,是关贸总协定的第八轮谈判,一般称为"乌拉圭回合"谈判。在"乌拉圭回合"第八次谈判的部长级会议上,欧美等国家提出知识产权议题,将知识产权问题纳入了关贸总协定的谈判议程,目的使知识产权进入国际贸易领域。**关贸总协定缔约方**于1991年12月8日初步达成了《与贸易有关的知识产权协议》(简称《知识产权协议》,或TRIPs)的框架文件。经过发达国家与发展中国家的反复较量,这轮谈判于1993年12月15日在日内瓦结束,终于达成了《与贸易有关的知识产权协议》,并在世界贸易组织中专门成立了知识产权理事会。该条约最终于1994年4月15日在摩洛哥召开的"乌拉圭回合"谈判成员国部长会议上草签,并于1995年1月1日正式生效。同时WTO成立,《知识产权协议》归WTO管理而不受世界知识产权组织的管理,也标志着知识产权的国际保护被纳入多边贸易体制。这一协定,虽然也考虑到发展中国家的具体情况,对发展中国家在知识产权保护方面实行最惠待遇和过渡保护条款,但主要反映的还是发达国家的意志和愿望。因为"乌拉圭回合"谈判文件是"一揽子"协议,对缔约方来说,要么全部接受,要么全部拒绝②。事实上,TRIPs是在发达国家的倡导下及其工商界施压下达成。然而加入该协定,对缔约方来说,可以带来市场准入和各种利益。因此,知识产权协议的签订也是当今世界经济贸易发展到一定程度的必然结果。

《与贸易有关的知识产权协议》的主要内容包括知识产权保护的基本原则、知识产权的效力、范围、标准、权利内容、保护期限及知识产权执法、争端解决机制、过渡性安排等,并且提出了各成员在知识产权保护上应达到的最低水平和应当履行的义务。TRIPs协议包括序言和7个部分,共73条。前三项为实体法,后四项为程序法③。与《巴黎公约》《伯尔尼公约》等实体公约及专利合作条约《商标国际注册马德里协定》等程序性条约不同的是,TRIPs协议统一规定了实

---

① 世界贸易组织的前身关贸总协定全称为关税及贸易总协定,它是国际贸易领域规定国际贸易规则的国际条约,主要目标是通过实施无条件的多边最惠国待遇,削减关税及其他贸易壁垒,促进贸易自由化。

② TRIPs协议第1条第1款规定,WTO成员不能对该协议作出保留和例外,必须全部接受。

③ 这四项是新增的内容,是原有的知识产权国际公约所没有的。

体法和程序法。TRIPs 协议还对机构安排问题、国际合作问题、追溯力等其他问题作了规定。

《与贸易有关的知识产权协议》的签订具有划时代的意义：首次将贸易与知识产权挂钩，使知识产权成为国际贸易中继商品贸易、服务贸易之后的第三大贸易支柱，提升了知识产权的地位和保护水平，是知识产权发展史上重要的里程碑；标志着知识产权进入统一标准新阶段（截至 2013 年 3 月，WTO 已有成员 159 个，则 TRIPs 协议的缔约方已有 159 个）；标志着知识产权保护体制发生重大变化；增加了知识产权争端的解决机制。知识产权理事会的成立，使世界贸易组织成为除世界知识产权组织外另一个极为重要的管辖知识产权的国际经济贸易组织，就其影响范围以及实际发挥作用而言，产生了比世界知识产权组织更大更深的影响。由 WTO 管辖，并且将知识产权保护与国际贸易相连，增强了制约力。TRIPs 协议是迄今为止知识产权领域涉及范围广、保护水平高、保护力度大、制约力强的国际公约。

中国全面参加了第八回合的谈判，并在最后协议文本上签字。从 TRIPs 协议的产生过程可以看出，该协议是在发达国家的倡导及工商界的施压下达成，发达国家被迫接受，是由于加入关贸总协定可以带来市场准入和各种利益，为了国家利益，我国当时尽管没有"入关"，仍然参加了第八回合的谈判并签字，正是如此，所以在中国"入世"之前并没有履行 TRIPs 协议的义务，对中国的约束力自 2001 年 1 月 11 日中国"入世"以后开始。现在我国已经成为 WTO 的正式成员，WTO 关于知识产权保护的主要规则是《与贸易有关的知识产权协议》，因此全面履行 TRIPs 协议是我国应尽的义务。中国在 2001 年 12 月正式加入 WTO 之前，全面修订了知识产权法，截至目前，知识产权法律体系基本完备，达到比较先进的知识产权保护水平，我国专利法、商标法、著作权法等基本保持了与 TRIPs 协议相一致，从知识产权的保护范围与知识产权执法等，达到了 TRIPs 协议所规定的最低保护标准，这为加强国际科技合作、与国际知识产权保护协调一致奠定了法律基础。今后我国应当提升知识产权保护水平，激励自主开发知识产品的活动，促进我国科技事业的发展，加快市场经济建设的步伐，强化我国的国际地位与在全球一体化经济中的竞争能力。然而应当清楚地认识到，在知识产权保护上，依然存在发达国家与发展中国家的对垒，尤其在知识产权的客体上，就目前 TRIPs 协议所纳入的七种知识产权而言，大多是发达国家的长项，发展中国家据理力争的遗传资源、传统知识、民间文化经过几次的国际会议至今还未被纳入保护之列，因此我国应当联合发展中国家，敦促国际社会将我们的长项纳入知识产权保护，继承、发扬光大传统知识，为国家和企业谋取更大的利益。

TRIPs 协议第 7 条提出了该协议的目标：通过知识产权保护与权利行使，促进技术革新、技术转让与技术传播,以有利于社会及经济福利的方式,促进技术生产者与使用者间互利互惠,并促进 WTO 成员间权利与义务的平衡。该目标反映了各国知识产权立法和执法的基本目标,是各国法律所寻求的公共政策目标的体现。

TRIPs 协议明确知识产权的性质为私权;确定了知识产权范围包括(1) 版权与邻接权;(2) 商标权(包括商品商标和服务商标);(3) 专利权(发明专利);(4) 地理标记权;(5) 工业品外观设计权;(6) 集成电路布图设计权;(7) 未披露过的信息专有权。

TRIPs 协议与其他四个国际公约的关系:TRIPs 协议规定,本协定的内容均无损于各成员相互之间依据《巴黎公约》《伯尔尼公约》《罗马公约》《集成电路公约》已承担的义务。TRIPs 协议的主要部分(第一至第四部分)与《巴黎公约》《伯尔尼公约》《罗马公约》《集成电路公约》的实体条款相符合,适用 TRIPs 协议的全体成员仍应当遵守以上四个国际公约的实体性条款,即公约规定的义务仍需履行。TRIPs 协议关于争端的防止和解决、过渡协议、机构安排和最后条款则与以上四个公约不同,成员应当完全遵守 TRIPs 协议的规定,其他公约关于上述问题的规定不再适用。TRIPs 协议与四个国际公约的区别在于,四个国际公约突出权利保护,而 TRIPs 协议的目的是通过知识产权保护与权利行使,促进知识产品的传播和技术更新、促进成员间权利义务的平衡。这是遵循 TRIPs 协议的最低保护标准和维护公共利益原则的体现。

六、其他知识产权的国际条约

(一)《保护奥林匹克会徽内罗毕条约》

1981 年 9 月 26 日《保护奥林匹克会徽内罗毕条约》(简称《内罗毕条约》)在肯尼亚首都内罗毕签署,1982 年 9 月 25 日生效,截至 2013 年 9 月,《内罗毕条约》共有成员国 50 个。根据该条约规定,缔约国必须保护奥林匹克标志,防止在未经国际奥林匹克委员会许可的情况下被用于商业广告、用作商标等。目前,我国尚未加入《内罗毕条约》,因此该条约对我国不具有约束力。

(二)《国际植物新品种保护公约》(简称《UPOV 公约》)

《UPOV 公约》是 1961 年 12 月 2 日在巴黎召开的保护植物新品种外交大会正式通过,于 1968 年 8 月 10 日起正式生效。该公约经过三次修正,1991 年最新公约文本已于 1998 年 4 月 24 日生效。中国于 1999 年 4 月 23 日正式加入 UPOV(1978 年文本)。该公约的制定,标志着国际植物新品种保护制度的建立,也标志着植物新品种国际保护政府间国际组织——国际保护植物新品种联盟的正式成立,为国际间开展植物新品种的研究开发、合作交流、技术转让提供了一个基本分类框架和保护协调机构。

《与贸易有关的知识产权协议》把植物品种的保护纳入了世界贸易体系当中。该协议第 27 条规定,成员国应以专利制度或有效的专门制度,或者以任何组合制度,给植物新品种以保护。我国 1997 年颁布《植物新品种保护条例》。

(三)《关于集成电路知识产权条约》

1989 年 5 月 26 日,世界知识产权组织在华盛顿召开关于集成电路知识产权外交会议上通过了《关于集成电路知识产权条约》(简称《华盛顿条约》)。中国于 1990 年 5 月 1 日正式加入该条约,也是首批在条约上签字的国家之一。该条约的目的是促进半导体芯片的国际保护。《华盛顿条约》的主要内容包括保护的客体、保护的法律形式、保护的范围、权利限制、权利获得及保护期限。尤其是要求成员国建立起对集成电路的"注册保护制"。由于半导体芯片具有专利权的实用性,"布图设计"具有作品的独创性特征,因此集成电路布图设计权又被称为"工业版权"。由于该条约一些关键条款未能得到美国等发达国家的认可,至今未能生效。但是,TRIPs 协议吸纳了该条约的主要条款,其主要内容在 WTO 的 100 多个成员中得到实际执行。TRIPs 协议规定了集成电路布图设计的保护,其保护水平比《关于集成电路知识产权条约》更加完善。我国于 2001 年 3 月通过了《集成电路布图设计保护条例》,2001 年 10 月 1 日起施行。

(四)《保护原产地名称及其国际注册里斯本协定》

1958 年 10 月 31 日《保护原产地名称及其国际注册里斯本协定》签署。原产地名称可以由有关缔约国国家主管部门向日内瓦 WIPO 国际局申请注册,并通知缔约国。

(五)《反盗版贸易协定》

2007 年开始,美欧等发达国家秘密谈判,包括美国、日本、加拿大、欧盟、瑞士以应对日益严重的知识产权侵权问题。2008 年,澳大利亚、墨西哥、摩洛哥、新西兰、韩国、新加坡也加入了谈判。2010 年 12 月 3 日《反盗版贸易协定》(即 Anti-Counterfeiting Trade Agreement,简称 ACTA)正式文本公布。截至 2013 年 2 月 4 日,共有 31 个国家签署了《协定》。目前,ACTA 尚未正式生效。该协定的目的是团结有关国家建立共同的打击假冒和盗版的执法标准,强化国际合作[①]。旨在打击互联网上的假冒商品、仿制药的商标侵权和网络版权侵权行为,构建一个国际性法律框架,确立一个全新的全球性的知识产权执法标准,并在现有国际组织(如 WTO、WIPO 和 UN)之外创设一个新的管理机构。与 TRIPs 协议相比,《反盗版贸易协定》对知识产权执法标准提出了更高的要求,超越了 TRIPs 的最低保护标准,对更多的发展中国家的知识产权保护来说有着较大影响。该协定

---

① 薛虹:《十字路口的国际知识产权法》,法律出版社 2012 年版,第 97 页。

激起了教育界、图书馆、自由软件运动、隐私权保护组织、消费者组织等各界的抗议,他们反对以强化知识产权为目的侵犯国民隐私权、表达自由、消费者利益、公众获取基本药品的权利,反对妨碍网络服务和开源软件等新兴产业的发展①。该协定在欧洲一些国家也遭到抵制。我国还没有加入该条约。

(六)《生物多样性公约》(简称CBD)

1992年6月1日联合国环境与发展大会在内罗毕通过了《生物多样性公约》(Convention on Biological Diversity,简称CBD),该公约于1993年12月29日正式生效。CBD公约由序言、正文和附件组成,共42条。公约第1条规定了该公约的目标:按照公约有关条款从事保护生物多样性、持久使用生物多样性的组成部分,以及公平合理分享利用遗传资源而产生的惠益;实现手段包括遗传资源的适当取得及有关技术的适当转让,但需顾及对这些资源和技术的一切权利,以及提供适当资金。《生物多样性公约》在序言中指出该公约的宗旨:加强和补充现有保护生物多样性和持久使用其组成部分的各项国际安排,并为今世后代的利益,保护和持久使用生物多样性。CBD规定了三项基本原则:即知情同意、惠益分享、国家主权。《生物多样性公约》既规定了公法的行政保护措施,又规定了惠益分享等私法保护措施,体现了公私法相结合的保护模式。

(七)《保护非物质文化遗产国际公约》

2003年10月17日,联合国教科文组织第32届会议在巴黎通过了《保护非物质文化遗产公约》,该公约于2006年4月21日起正式生效。2004年8月28日,经全国人民代表大会常务委员会批准,中国成为第6个加入该公约的国家。截至2013年6月,《保护非物质文化遗产公约》已有153个缔约国。该公约的签订,标志着在国际上一个全球统一的人类非物质文化遗产保护制度的正式建立。公约的政策目标是为确保非物质文化遗产的生命力,使其不致灭失,具体措施包括对非物质文化遗产的确认、立档、研究、保存、保护、宣传、弘扬、传承和振兴。由此可以看出,公约是以公法的行政管理手段保护非物质文化遗产。该公约第1条规定的宗旨:保护非物质文化遗产;尊重有关社区、群体和个人的非物质文化遗产;在地方、国家和国际一级提高对非物质文化遗产及其相互欣赏的重要性的意识;开展国际合作及提供国际援助。

《非物质文化遗产法》于2011年2月25日,第十一届全国人民代表大会常务委员会第十九次会议通过颁布,该法以行政手段保护非物质文化遗产,对于非物质文化遗产的保护具有重要意义。然而在我国理论界,关于非物质文化遗产保护模式的争议依然存在,焦点问题是采取单一的公法模式还是采取公法私法相结合的综合模式,究竟何种模式有利于非物质文化遗产的保护、传承、发展、创

---

① 薛虹:《十字路口的国际知识产权法》,法律出版社2012年版,第97页。

新与借鉴?《非物质文化遗产法》第 44 条做了衔接性规定:"使用非物质文化遗产涉及知识产权的,适用有关法律、行政法规的规定。对传统医药、传统工艺美术等的保护,其他法律、行政法规另有规定的,依照其规定。"说明该法为"非遗"的私法保护预留了空间。我们认为应遵守已经参加的《保护非物质文化遗产公约》,并借鉴及其他国家的相关立法,完善现有法律制度并探索新的制度;采取以公法为主私法为辅的综合保护模式,二者相互补充、相互协调,发挥不同的制度功能。公法以行政保护(行政管理)为主,私法以知识产权制度为主,配合以合同法、反不正当竞争法等,形成系统的"非遗"保护体系①。

(八)《关于知识产权与公共健康的宣言》(简称《多哈宣言》)

2001 年 11 月在卡塔尔首都多哈第四届部长级会议上达成。《多哈宣言》明确了知识产权国际保护不得妨碍公共健康及保障公众获得基本药品,承认了知识产权保护不应超越更高层级的利益和价值。《多哈宣言》的主要内容:由于艾滋病、肺结核、疟疾等其他流行病引起的公共健康问题,而治疗这些疾病的专利药品受知识产权保护,因此,WTO 成员同意在法律上对药品专利保护作一定让步,使较为贫困的并不能生产药品的国家能够在强制许可制度下生产廉价专利药品,以消除在现行专利制度下尽快获得廉价药品的障碍。《多哈宣言》的重要意义是公共利益优先,人权优先于作为知识产权的财产权。我们认为,《多哈宣言》的签订,至少传递两方面信息:(1) 作为知识产权的财产权与作为人权的健康权发生冲突,应当优先保护人权;(2) 在 TAIPS 协议过多保护发达国家利益的现状下,发展中国家与发达国家抗衡(《多哈宣言》是由非洲国家集团、巴西、印度等 80 多个发展中国家及不发达国家提出的建议)的胜利。该宣言重申了维护公共健康、促使人人有药可医的目标。但是该宣言由于发达国家的阻挠,并未成为具有法律约束力的协议。

第三节 知识产权国际保护的基本原则

一、国民待遇原则

国民待遇原则是《巴黎公约》《伯尔尼公约》及其他知识产权国际公约所确立的基本原则。

国民待遇原则在知识产权领域的运用最早是在《巴黎公约》,之后《伯尔尼公约》及《与贸易有关的知识产权协议》等都规定了国民待遇原则。该原则是缔结贸易条约的一项基本原则,是指在民事权利保护上一个国家给予在本国境内

---

① 杨巧:《中国非物质文化遗产的法律保护》结题报告,2006 年司法部"法治建设与法学理论研究"项目。

的外国自然人和法人与国内自然人、法人同等保护。该原则又称为平等原则或不得歧视原则。它原则打破了知识产权地域性和只保护本国国民的知识产权的"内外有别"的规定,在知识产权保护上,对缔约国的外国国民与本国国民一视同仁,不得歧视。包括在权利的享有、权利的行使和权利保护上。

国民待遇原则首次规定于《巴黎公约》中,包括两方面的含义:(1)在保护工业产权方面,《巴黎公约》的各成员国必须在法律上给予其他成员国的国民以本国国民能够享受的同等待遇;(2)非成员国国民,只要在《巴黎公约》的成员国领土内有住所或者有真实和有效的工商业营业所的,应享有同该成员国国民同等的待遇。"住所"在我国民法中指公民离开住所地后连续居住1年以上的地方,"工商业营业所"指在成员国开办有工商企业,并且真实有效。国民待遇原则排除了《巴黎公约》成员国相互之间就工业产权保护主张互惠的可能,保证了工业产权国际保护的普遍性。对促进工业产权的普遍保护、扩大各国间的经济技术交往起到了积极的推动作用。《伯尔尼公约》规定的国民待遇原则是指公约成员国内应给予其他成员国国民以等同于本国国民的权利的原则。《伯尔尼公约》第5条规定,就享有本公约保护的作品而论,作者在作品起源国以外的本同盟成员国中享有各该国法律现在给予和今后可能给予其国民的权利,以及本公约特别授予的权利。根据该公约第3条规定:国民待遇原则主要包括四方面内容:(1)公约成员国的国民,不论其作品是否出版,都可以在公约的所有成员国内受到保护,即成员国国民按照"作者国籍"或者"人身标准"来确定;(2)作者不是公约成员国的国民,但是他的作品首次在成员国发表或者同时在成员国和非成员国发表的,其作品可以在公约成员国内进行保护。其中同时发表,指的是同一作品在首次发表之后30日内又在其他国家发表的情况,即非成员国国民按照"作品国籍"或者"地点标准"来确定是否予以保护;(3)虽然作者不是公约成员国的国民,但是在某个成员国内定居或者有经常居所的,其作品也受到公约成员国的保护;(4)电影作品制片人总部或者居住地在某成员国内的,以及对于建造在某一成员国内或者构成某一成员国的建筑物的一部分的建筑作品和其他造型艺术作品,可以享有成员国的保护。这是针对电影作品的制片人既不符合"作者国籍"、也不符合"作品国籍"的标准,但是其在某个成员国内定居或者有经常居所时,作品也受公约保护。建筑作品位于某一成员国境内,亦可受公约保护。与《巴黎公约》对比,《伯尔尼公约》的主体不包括法人,而我国著作权法还包括了"法人作者"。

TRIPs协议沿袭并发展了《巴黎公约》和《伯尔尼公约》的国民待遇原则。《知识产权协议》第3条第1款重申了国民待遇原则。根据该规定,国民待遇原则是指,除例外情况下,各成员在知识产权保护上对其他成员的国民提供的待遇,不得低于其本国国民。同时也说明,外国人在居住国、工商业所在国等不能享有特权。国民待遇原则在成员之间执行时,并非"完全"的国民待遇原则,而是允许成员国对该原则的规定有一定保留,称为国民待遇原则的例外:指《巴黎公约》(1967年文本)《伯尔尼公约》(1971年文本)《罗马公约》《华盛顿公约》已规定的例外情况和保留条款,如在工业产权领域,允许各成员在有关司法和行政程序、司法管辖权以及确定代理人的指定有法律的强制性规定时,都可声明保留,不给予外国人以国民待遇。这一做法符合国际惯例,也有利于外国人的权益保护。知识产权协议第3条第2款规定,可以允许各成员在司法程序和行政程序方面的例外,还包括在成员管辖范围内指定送达文件的地址或者委派代理人等,但这些例外应该是为执行法律和规章所必需的,不得与协议的内容相抵触。我国专利法规定,外国人、外国企业或其他组织在中国申请专利,应当委托国务院专利行政部门指定的专利代理机构办理,中国的单位或个人在国内申请专利可以委托任何一个专利代理机构办理(也可以自己直接申请专利)①。我国专利民事纠纷一审法院是省会城市所在地的中级人民法院或最高人民法院指定的基层法院。各国在知识产权保护上都很难给予其他国家的国民以无差别的国民待遇,这是因为每个国家的国内法都有很大的差异,特别是在司法与行政程序方面,应该允许各个国家根据本国情况作出不同的规定。

知识产权协议规定,对表演者、录音制作者、广播电视组织来说,各成员提供的国民待遇的义务仅适用于该协议所规定的权利,没有规定的不适用国民待遇原则。

TRIPs协议的"国民",包括知识产权协议的缔约方,还包括独立关税区的自然人和法人,如我国台湾地区、港澳地区。因为WTO的成员可以是主权国家政府,也可以是独立关税区政府。"待遇"指在知识产权贸易中的待遇或者是在民商事方面的待遇,而非政治待遇。

二、最低保护标准原则和维护公共利益的原则

最低保护标准原则是国民待遇原则的补充。《巴黎公约》规定了最低保护标准是缔约国关于工业产权保护应达到的最低要求。《伯尔尼公约》规定的最低限度保护原则是指,公约的各成员国制定国内法时所规定的著作权保护标准,不得低于公约所规定的最低标准。也就是说,各成员国不论是对本国作者或者外国作者作品的著作权保护水平不得低于公约规定的最低限度。《伯尔尼公约》中的主要内容都适用最低限度保护原则的规定。

TRIPs协议第8条规定了最低保护标准原则和维护公共利益原则。根据协议规定,成员可以在其国内法律及条例的制定或者修订中,采取必要措施以保护

---

① 见我国《专利法》第19条。

公众的健康与发展,以增加对其社会经济与技术发展至关重要的领域中的公益,但是这些措施必须符合协议所规定的最低保护标准。该条包含了三个内容:(1)维护公共利益的原则,知识产权制度设立的目的应当是促进社会经济与技术发展,对公众有益,那么对于违背公共利益的智力成果,成员可以不给予保护。如各国专利法的排除领域虽然有所不同,但是对于违反公共利益的发明创造、作品、商标分别不授予专利权、不享有著作权、禁止作为商标使用。(2)最低保护标准原则。知识产权协议对成员的立法提出最低保护标准的要求,包括各项知识产权的保护客体、授权内容、权利例外、最低保护期限等。协议规定的最低保护标准必须遵守,但是可以在成员的国内法中规定高于本协定要求的更广泛的保护和更高标准的保护。(3)成员国为了公共利益的目的,可以采取适当措施防止权利所有人滥用知识产权,采取必要措施保护公众的健康和发展,防止借助国际技术转让进行不合理限制贸易的行为或者有消极影响的行为,只要该措施与该协议的规定一致。最低保护标准原则旨在促使各缔约方在知识产权保护水平方面统一标准。[1]

三、最惠国待遇原则

最惠国待遇原则是知识产权协议新增的原则。TRIPs 协议第 4 条规定了最惠待遇原则:指在知识产权保护上,某一成员提供给其他国国民的任何利益、优惠、特权或豁免,均应无条件地适用于全体其他成员的国民。即不应歧视任何其他国家国民,不限于协议的成员。最惠国待遇原则的特点是无条件的、多边的、永久的。该原则一直是关贸总协定的一个重要原则,但在知识产权协议中规定这一原则还是首次,因此对于知识产权的国际保护有着非常重要的意义和深远的影响。最惠国待遇原则是国民待遇原则的补充。

知识产权协议还规定了四种情况下不适用最惠待遇原则:(1)成员在加入 WTO 之前已经签订的司法协助及法律实施的双边或多边国际协定引申出的,而且并不专为保护知识产权所产生的优惠等,不适用 WTO 的其他成员;(2)伯尔尼公约 1971 年文本或者罗马公约的选择性条款不按国民待遇而按互惠原则保护的情况;(3)本协议中未规定的表演者、录音制品制作者及广播电视组织的权利;(4)成立世界贸易组织协定生效之前已经生效的知识产权保护国际协议中产生的,且已将该协议通知与贸易有关的知识产权理事会,并对其他成员国的国民不构成随意的或者不公平的歧视的。在上述四种的情况下,成员国不必将给予任何其他成员国国民的优惠、特权和豁免,给予所有其他成员国的国民。

---

[1] 吴汉东:《知识产权国际保护制度研究》,知识产权出版社 2007 年版,第 2 页。

四、优先权原则

《巴黎公约》首创了优先权原则,指享有国民待遇的《巴黎公约》成员国的国民,在一个成员国内第一次提出工业产权申请后又在特定的期限内(发明或实用新型专利12个月,商标或外观设计6个月),又就相同主题向其他成员国提出申请的,该其他成员国必须以第一个申请日作为本国申请日。优先权制度通过授予跨国申请者以优先权,使外国申请人得以在时间上优先,以抵销和对抗内国冲突申请人在地域上的便利,这对知识产权的国际保护是至关重要的,同时也显示了法律的公正与公平。

除了上述国际保护的基本原则之外,不同的知识产权还遵守一些具体原则。

在著作权和邻接权领域,《伯尔尼公约》规定了自动保护原则,指作者在公约成员国内所受到的保护是自动产生的,作者在享受和行使权利时不需要履行任何手续。这里所说手续包括注册、登记以及加注任何主张权利保护的标识等手续,也包括要求被保护的作品必须符合某种特有的形式。《伯尔尼公约》第5条第2款规定,作者之作品享有及行使依国民待遇所提供之保护时,无须履行登记注册与交存样书的手续。《伯尔尼公约》还规定了独立保护原则,指成员国在符合公约最低限度的前提下,可以独立地依照其本国著作权法的规定,对其他成员国国民的作品进行保护。也就是说,在公约规定的最低保护水平限度内,各成员国按照其本国著作权法所规定的作品保护范围、保护水平以及救济手段,对作品进行保护,不受其他成员国对该作品的保护规定的影响。在《伯尔尼公约》中对于独立性保护原则是这样规定的,享受和行使权利时不论作品的起源国是否存在保护,除本公约条款外,只有被要求给予保护的国家的法律才能决定保护范围以及为保护作者的权利而向其提供的补救方法。

在工业产权领域,《巴黎公约》规定了专利、商标独立性原则。TRIPs协议还规定了透明度原则等。

第四节 知识产权国际保护的发展趋势

一、技术创新与知识产权制度创新

从技术发展史来看,自18世纪以来,人类社会经历了三次技术革命:18世纪60年代,以英国瓦特的蒸汽机使用为标志,是人类历史的第一次技术革命,称为"机械化时代";19世纪70年代以电力的应用为标志,是人类历史的第二次技术革命,称为"电气化时代";20世纪40、50年代以信息为主导的第三次技术革命,称为"信息化时代"。这个阶段以电子计算机的应用以及信息技术、新材料技术、新能源技术、生物技术、海洋技术、空间技术等六大高技术群体为标志。每次技术革命在重大技术领域的突破,对人类的生存发展和技术进步发挥着积极的推动作用。

进入新世纪后,信息技术、生物技术与新材料将成为对人类经济发展与社会进步最有影响的技术领域①。以技术和现代生物技术为代表,新的科技成果不断涌现。高科技的发展使经济发展的基础不是对稀缺资源的开发,而是新技术的创新,其必然带来新知识、新技能、新技术的大量产生,如集成电路技术、网络技术、软件技术、克隆技术与基因重组技术等现代技术,这些高新技术发展使得知识产权范围扩张,知识产权法域拓宽。

信息技术包括微电子技术、集成电路技术、计算机技术、网络技术、通讯技术等。信息技术对传统的知识产权制度带来挑战,尤其是以网络为核心的高新技术对版权制度的冲击最大,还涉及网络域名、数据库、虚拟财产等,使得原有的版权保护体系和原则难以适用,传统版权制度面临着建构新的规则体系或对原有版权制度的完善。欧盟在1996年《数据库保护指令》对无独创性数据库,作为"准版权"的客体予以保护,以补偿数据库制作人付出的非创造性劳动与投资②(有些国家以竞争法保护或以特殊权利保护),TRIPs协议将数据库纳入保护范围。我国在著作权法中将独创性数据库作为汇编作品给予保护,但是对不具有独创性的数据库如何保护,还没有规定。网络域名在互联网上使用,与现实中的商标发生冲突,善意或恶意的把他人的商标注册登记为域名在网络中使用,使得商标权人对域名的使用发生障碍。网络域名的性质、域名与商标的冲突及其解决对商标制度提出挑战。虚拟财产(网络游戏装备、ID卡、电子邮箱等)的法律性质及其法律保护模式、能否作为财产继承等对整个民事法律制度提出挑战。

现代生物技术的发展引发越来越多的法律、政治、经济、宗教、社会伦理各方面非常棘手的问题。现代生物技术中的基因重组技术、基因技术的可专利性(涉及基因的选择、保藏、运输方法等能否批准专利)③、克隆技术、生物遗传资源等,是否给予法律保护,也对知识产权制度提出了挑战。

发展中国家在国际社会积极呼吁的遗传资源、传统知识、民间文学艺术的法律保护问题,自2000年被纳入世界知识产权组织的视野,当年成立的政府间国际组织,迄今已经召开了十多次会议,讨论对其保护。

高新技术发展所带来的知识产权法域的拓宽及知识产权贸易的繁荣,国际

---

① 路甬祥:"21世纪的科学技术",载《新世纪科学技术发展与展望》,中国人事出版社2002年版,第18页。

② 郑成思:《知识产权法新世纪初的若干研究重点》,法律出版社2004年版,第178页。

③ 基因技术对于治疗人类疾病、丰富动植物品种、挽救濒危物种、改善人类生存环境等具有重要作用,但是其具有的负面影响不能忽视。

社会已经对此作出回应——制定新的国际公约来保护新客体,如《集成电路布图设计国际公约》、WCT、WPPT、《关于知识产权与公共健康的宣言》等,而有些能否成为知识产权的保护客体,还存在争议。制定相应的国际保护规则是必然趋势,新一轮的知识产权国际立法正在兴起。

随着进入新世纪以后,全球经济一体化的推进和知识产权国际化的逐渐形成,科技创新必然带来制度的创新,新一轮的国际造法运动兴起,将促进新的知识产权国际公约、协议的签订。

二、TRIPs 协议存在的问题及其变革

知识产权制度一体化是指在全球范围内,知识产权的基本原则、基本制度的普及,统一保护标准。知识产权制度一体化在当今世界发展不平衡,存在发达国家、发展中国家及欠发达国家的不同阵营。在高新技术专利、驰名商标等知识产权的拥有量上存在严重失衡,统一在 TRIPs 协议的框架内保护对发展中国家和欠发达国家而言实质是提高了保护标准,满足了发达国家的诉求,过多地保护了发达国家的利益,而发展中国家和欠发达国家阵营的长项(如遗传资源、传统知识、民间文学艺术、地理标志等)却没有纳入 WTO 的贸易体制。尤其是进入后 TRIPs 时代以来,欧美等发达国家和地区试图通过与发展中国家缔结双边或区域性的投资和贸易保护协定,规定了超过或高于 TRIPs 协议保护标准的规则,被称为 TRIPs-plus,提高知识产权保护水平。因此应变革 TRIPs 引起的利益失衡,敦促国际社会加快遗传资源、传统知识、民间文学艺术法律保护立法的步伐,谋求保护发展中国家的长项。此外,解决知识产权与人权的冲突,应当保护更高阶位的人权,而知识产权属于财产权利。

三、遗传资源、传统知识、民间文学艺术的法律保护

发达国家在知识产权上一直占据优势地位,知识产权制度给其带来巨大的经济利益,而发展中国家要引进先进的技术和文化产品,就得承认其知识产权,付出使用成本。发展中国家在国际会议上多次提出了知识产权的新议题,即基因资源、传统知识、民间文化的知识产权保护。十多年来,该议题很难被 TRIPs 协议接受,相反的是发展中国家则全面接受了发达国家在知识产权领域的长项专利权、商标权、著作权等的保护,这显然对广大的发展中国家是极不公平的。遗传资源、传统知识、民间文学艺术(以下简称"三大主题"),三大主题的法律保护,已经成为近年来 WTO 新一轮谈判中的知识产权议题之一,对其保护也是发展中国家在知识产权上获得利益的战略措施。不将其纳入保护范围,将会使发展中国家丰富的遗传资源、传统知识和民间文艺,被不正当使用或被掠夺甚至被破坏,这将必然造成国家经济和文化上的损失。现实中,人们对"三大主题"的

多重价值没有足够认识、保护力度不够、传承后继乏人、采集者无偿使用这些资源进行改造或创新而获取知识产权的授权,并因此获取巨大利益,但并没有给予资源的产生地人以任何的利益分享,这是非常明显的掠夺行为。

发达国家以法律的名义"合法"掠夺他国资源(包括文化资源、生物遗传资源、传统知识),导致这些宝贵的传统资源被无偿使用、被歪曲篡改、被掠夺甚至遭到破坏,造成国家利益在经济和文化上的损失,并且对传统资源来源群体利益造成损害。如创作于我国南北朝时期的叙事史诗《木兰辞》所讲述的故事,在我国家喻户晓,是体现男女平等、妇女解放的典范。美国迪斯尼公司利用《木兰辞》的素材和故事,改编拍摄成动画片,票房收入约 3 亿美元,而该公司却是无偿从《木兰辞》中取得素材。韩国某公司开发了一种网络游戏软件,该软件取材于中国古典名著《三国演义》中的格斗场面,而国内著名的盛大网络公司以高昂的价格购买该游戏软件在国内的传播权。这些运用中国民间文学艺术的行为所产生的经济利益,并未与我国以任何的利益分享,而我国在现行的法律框架下(主要是版权制度)并不能追究使用者的任何责任。类似的事件也发生在遗传资源领域,2001 年美国哈佛大学公共卫生学院研究室在我国大别山区进行高血压、哮喘病、肥胖病以及长寿者的基因调查,名为"免费体检",实为实验获取数据信息,其采集了一万多名当地农民的血样或基因样板,该研究室仅仅付出两包方便面和 10 元的误工报酬的代价。在该事件中,实验者可能会进一步利用获取的信息资料研究开发治疗相关疾病的新药品,并且将其申请专利、技术转让等商业化途径获取利益。这种行为被谴责为"生物海盗"行为,该行为可能造成我国宝贵的人体基因资源的流失,在法律上则涉及被采集者的知情权和利益分享的问题。再如传统知识流失的事例:中国的国宝景泰蓝技术、宣纸工艺被日本无偿窃走、敦煌文书最完整的资料在日本、楼兰古城资料在大英博物馆保存等。在制药业和种子业领域,发达国家依赖其具有的先进技术,免费取自发展中国家传统社区的生物资源。"在工业中获得最多的制药业和种子业,他们都是依靠来源于传统社区的生物资源[①]"。例如,美国孟山都公司在我国东北地区窃取的野生大豆遗传资源案[②],该公司迫于压力,最后只好放弃了该专利在中国的申请。上述事例在其他发展中国家也发生过,如印度"姜黄案[③]""Basmati 香米"案、肯尼亚微生物案等,引起了国际社会和组织的重视。在是否应保护传统文化、遗传资源的问题上,国际上表现为两大阵营的对垒和不同态度——发达国家与发展中国家的对垒。传统知识、民间文化大多来源于发展中国家,而对其利用最多的

[①] 达里尔·A.波赛、格雷厄姆·杜特费尔德:《超越知识产权——为原住民和当地社区争取传统资源权利》,许建初等译,云南科技出版社 2003 年版,第 68 页。
[②] 参本课题第二编第一章。
[③] 同上。

却是发达国家;呼吁积极保护并且给予来源国以利益分享的大多是发展中国家;反对予以保护的大多是发达国家,他们认为遗传资源、传统知识、民间文学艺术应当属于公共财富,若给予保护则阻碍了其传播。

以上几个"文化掠夺"和"生物海盗"的典型示例,敲响了对传统知识和遗传资源保护的警钟。保持文化多样性和生物多样性是人类发展的两大主题,保持国家和民族个性,人类的生活才更加丰富多彩。不可否认的事实是,发展中国家的创新能力较发达国家相对薄弱,而发达国家在技术上处于领先水平,具有利用传统知识再创新的优势,这些国家的商家或其他资金雄厚的投资者,将一些公有领域的知识和信息改头换面后获得授权并主张知识产权,并通过对传统知识和有物质载体的民间文学艺术的利用加工产品,形成对文化市场的垄断而牟取经济利益。而这些成果的基础是来自于发展中国家的传统资源,利用者并没有给予来源地国家或原住民以任何利益分享。

从国际法律制度建设来看,世界知识产权组织及许多国家纷纷采取法律手段保护"三大主题"①,也制定了《生物多样性公约》《粮食与农业植物遗传资源国际条约》《保护非物质文化遗产公约》,但是尚未形成具有约束力的国际文件。

切实保护"三大主题",对广大的发展中国家及一些传统资源丰富的发达国家是非常有利的,对维护整个人类的文化多样性及生物多样性具有积极意义。我国作为一个发展中国家,拥有富饶的动植物遗传资源和丰厚的传统知识,对保护和发展"三大主题"应当持有一种积极的态度,这些年来,我国政府在国际论坛上对推进"三大主题"的保护进行了不懈的努力,参加了《生物多样性公约》和《保护非物质文化遗产公约》等,在国内法律制度的建构上也在积极的探索,并且取得明显的效果,《非物质文化遗产法》已经颁布,《民间文学艺术作品保护办法》正在起草。2008年6月国家知识产权局颁布了《国家知识产权战略纲要》,将保护"三大主题"也作为未来知识产权的战略内容之一,如第7项近五年的目标是:"——自主知识产权水平大幅度提高,拥有量进一步增加。运用知识产权的效果明显增强,知识产权密集性商品比重显著提高。知识产权保护状况明显改善。全社会特别是市场主体的知识产权意识普遍提高,知识产权文化氛围初步形成。(8)进一步完善知识产权法律法规。及时修订《专利法》《商标法》《著作权法》等知识产权专门法律及有关法规。适时做好遗传资源、传统知识、民间文学艺术和地理标志等方面的立法工作"。此外在第33、34、35条具体规定

---

① 2000年10月WIPO召开成员国大会,决定建立知识产权与遗传资源、传统知识和民间文学艺术政府间委员会;2003年9月WIPO日内瓦会议,决定拓展"三大主题"政府间委员会的任务;各国纷纷制定法律,采取有力措施保护本土知识产权;突尼斯等几个发展中国家对民间文化采版权保护模式,指定专门机构对民族民间文化的使用实行许可证和收费制度;日本、韩国等制定文化财产保护法;欧洲和加拿大等国家和地区开展文化生态保护,建设生态博物馆;阿根廷制定保护"探戈"艺术的专门法案。

了遗传资源、传统知识、民间文学艺术保护的主要内容。

"三大主题"在国际国内均得到了充分的关注,法律制度的形成将会有效促进其保护和发展。"三大主题"知识产权法律制度及其他法律制度的建立,为更好地保护遗传资源、传统知识、民间文艺及开发利用这些资源提供制度规则,促进生物多样性及文化多样性的发展。"应当集中在如何应对知识产权保护的国际和国内形势,趋利避害,使知识产权制度朝着更加有利我国的方向发展。"[①]包括中国在内的广大发展中国家是知识产权输入国,在高新技术、驰名商标方面不占优势,辽阔的疆域、丰厚的历史文化,孕育着丰富的遗传资源和传统文化,所以应当联合广大的发展中国家,积极推动国际组织将传统知识、传统医药、遗传资源、民间文学艺术法律保护范围,同时注重技术创新,增强创新能力,拥有自主知识产权的核心技术和知名品牌。

---

① 尹新天:"如何发挥知识产权制度的作用",载《知识产权》2003 年第 4 期。

第二章　保护工业产权巴黎公约

要点提示

本章应重点掌握的内容:(1)《巴黎公约》签订的意义;(2)工业产权的概念与范围;(3)《巴黎公约》的国民待遇原则、优先权原则、专利商标独立原则、最低保护标准原则;(4)专利权制度的基本内容、商标权制度的基本内容。

1883年3月20日缔结的《保护工业产权巴黎公约》(简称《巴黎公约》)是国际上第一个保护知识产权的多边国际公约,共30条,分为实体部分和程序部分两部分。该公约首次确立了国际工业产权的保护范围、总体框架,并规定了各国之间关于保护工业产权的基本原则、规则及最低标准。

《巴黎公约》自1883年签订、1884年正式生效之后历经多次修订,形成了6个修订文本,大多数国家加入了1967年的斯德哥尔摩文本。截止到2003年4月15日,加入《巴黎公约》的国家共有164个。中国于1984年加入《巴黎公约》,适用1967年文本,1985年3月19日对中国生效,同时对公约第28条第1款提出了保留,即成员国司法和行政程序的保留。该文本在1997年7月1日对香港特别行政区,1999年12月20日对澳门特别行政区生效。[①]

一、《巴黎公约》产生的历史背景

19世纪中后期的经济特征是资本主义进入垄断阶段,近代工商业发展。此时,欧美一些国家为了保护发明者和经营者的合法权益,制定本国的专利法和其他工业产权法。但是知识产权地域性的限制,使得各国的知识产权的独占性效力仅限于一国范围。随着知识产品国际贸易的增多,知识产权地域性限制阻碍了各国之间的科学技术交流和商品流通,影响了贸易自由化的进程,因此需要打破知识产权地域性限制,使得本国的知识产权在外国获得保护。

1873年奥匈帝国在维也纳举行国际发明博览会,由于各国国内专利法仅保护本国的发明创造,不对外国人的发明创造进行保护,所以许多国家不愿参展,担心本国发明不受保护,被外国人抢先申请。迫于形势,奥匈帝国便通过了一项

[①] 吴汉东、刘剑文主编:《知识产权法学》(第2版),北京大学出版社2002年版,第335页。

特别法律,对于外国参展的发明、商标和外观设计给予临时保护,而且还利用举办博览会的时机召开国际专家会议,专门讨论专利权的国际保护问题。这次国际会议呼吁在专利的国际保护方面应采取有效的措施,并取得了实质性的成果,通过了发明人的自然权利应受到所有文明国家的法律保护4个决议。维也纳会议之后,1878年法国利用在巴黎举办国际展览会的机会,召开了第二次工业产权国际会议,会议授权一个委员会起草一份保护工业产权的国际公约,该公约草案经多个国家的代表讨论通过。至此,由法国发起,比利时、巴西、萨尔瓦多、法国、危地马拉、意大利、荷兰、葡萄牙、塞尔维亚、西班牙和瑞士等11个国家1883年签署了开创知识产权国际保护新纪元的《保护工业产权巴黎公约》。

二、《巴黎公约》签订的意义

《巴黎公约》是世界上第一个保护知识产权的多边公约,该公约的签订,标志着知识产权国际保护的产生,为知识产权保护一体化奠定了基础;首次对外国的工业产权予以保护,打破了知识产权的地域性限制。《巴黎公约》的宗旨是,按照协商一致原则,对工业产权实行有效的国际保护,维护权利人利益,促进世界经济合作与科技交流。该公约的主要目的是解决工业产权的跨国保护。

三、《巴黎公约》的组织机构及职能

根据《巴黎公约》第1条第1款的规定,缔约国以保护工业产权为目的组成巴黎联盟。巴黎联盟是一个国际组织,属于国际法上的法律实体。按照公约的规定,联盟设有三个行政机构,即联盟大会、执行委员会,以及国际局。联盟大会是联盟的主要领导机构,每一个成员国有一名代表。大会闭会期间,执行委员会代为行使大会职权。执行委员会由大会选举,由相当于大会成员国的1/4组成。国际局负责本联盟的行政工作。国际局特别设置本联盟各机构的秘书处,WIPO的总干事为本联盟最高行政官员,并代表本联盟。国际局汇集有关工业产权的情报并予以公布;出版月刊;依请求向本联盟任何国家提供有关保护工业产权问题的情报;同时,国际局可以就修订会议的筹备工作与政府间组织和非政府间国际组织协商。

四、《巴黎公约》工业产权的范围

工业产权是关于工商业领域的智力成果和商业标志的权利。这里的"工业"是广义的,《巴黎公约》第1条第3款规定,工业产权应作最广义的理解,不仅适用于工商业本身,而且也应同样适用于农业和采掘工业以及一切制成品或天然产品,例如酒类、谷物、烟叶、水果、牲畜、矿产品、矿泉水、啤酒、花卉和面粉等。因此应作为"产业"来理解。"工业产权"是一个传统的但是不完全精确的

词,它是指工商业领域里的创造性构思或区别性标志或记号的类似财产权的某些排他权利,加上同一领域里制止不正当行为的某些规则①。《巴黎公约》第1条第2款规定,工业产权的保护对象包括专利、实用新型、工业品外观设计、商标、服务商标、厂商名称、货源标记或原产地名称以及制止不正当竞争。专利应包括本联盟国家的法律所承认的各种工业专利,包括输入专利、改进专利、增补专利和增补证书等。《巴黎公约》对实用新型和原产地名称,由各缔约国自行决定是否保护,除此以外的工业产权则必须保护。

五、《巴黎公约》的基本原则

（一）国民待遇原则

《巴黎公约》第2条、第3条规定了国民待遇原则。国民待遇原则是指在工业产权保护中,各成员在法律上给予其他成员国国民以本国国民享有的同等待遇,即在工业产权保护上适用该国国内法的待遇。国民待遇原则是对知识产权地域性的补充,或打破了地域性限制,对促进工业产权的普遍保护,扩大各国间的经济技术交往起了积极的推动作用。《巴黎公约》是以主权国家的身份加入的,这里的"国民"指具有某一国家国籍的自然人、法人,不包括无国籍的人。

享有国民待遇原则的条件:(1) 在保护工业产权方面,《巴黎公约》的各成员国必须在法律上给予其他成员国的国民以本国国民能够享受的同等待遇。即对成员国国民无条件的国民待遇,不需考虑是否在其他成员国有居所或营业场所;(2) 非成员国国民,只要在《巴黎公约》的成员国领土内有住所或者有真实和有效的工商业营业所的,应享有同该成员国国民同等的待遇②。即对非成员国国民附加条件的国民待遇——只要其在任一成员国有经常居所或从事工商业活动。

《巴黎公约》还规定了对国民待遇原则的保留:各成员国关于司法和行政程序、管辖权以及选定送达地址或者指定代理人的法律规定等,都可明确予以保留。我国专利法、商标法关于专利、商标代理以及知识产权案件审判级别管辖的规定就属于国民待遇原则的保留。

（二）优先权原则

《巴黎公约》第4条之一规定了优先权原则。优先权原则是指成员国国民向某个缔约国提出工业产权专利或商标申请后,在一定期限内又以相同主题向

---

① 〔奥地利〕博登浩森:《保护工业产权巴黎公约指南》,汤宗舜、段瑞林译,中国人民大学出版社2003年版,第9页。
② 郑成思:《知识产权论》（第3版）,法律出版社2003年版,第447页。

其他成员国提出申请的,其他成员国必须承认申请人在第一个国家提出申请的日期为本国申请日,即申请人对首次申请日享有优先权。优先权制度通过授予跨国申请者以优先权,使外国申请人得以在时间上优先,以抵消和对抗内国冲突申请人在地域上的便利。优先权的效力是申请人的在后申请阻却了第三人以同样主题获得授权的可能性。优先权原则的目的是解决专利、商标的跨国申请,以获得多国保护,完善先申请,防止恶意抢先申请。我国专利也作了相应的规定,分为外国优先权和本国优先权。

优先权在性质上属于防护性的权利,不是独立权利,因此行使优先权应当按照优先权申请程序进行:提交优先权声明,说明该申请的第一次申请日期和受理该申请的国家,以及该申请的号码。接受申请的成员国可以要求作出优先权声明的人提交第一次申请文件的副本,还可以要求该副本附有上述机关出具的载明申请日的证明书和译文。

要求获得优先权应当具备的条件:申请人合法,即应为缔约国国民及非缔约国国民但在缔约国有经常居所或从事工商业活动;在先申请的工业产权包括专利发明、实用新型、工业品外观设计、商标、发明人证书五种,商号、原产地名称等不适用;在规定的期限提出优先权申请,称为优先权期。《巴黎公约》规定,申请发明、实用新型专利优先权期为12个月,申请外观设计及商标优先权期为6个月,从第一次申请日算起;两次申请的主题相同,要求优先权的申请和第一次申请的专利或商标相同。

(三)专利权、商标权独立原则

专利权独立性原则是指同一专利在不同国家取得专利权的独立性。《巴黎公约》第4条之2(1)规定:本联盟国家的国民向本联盟各国申请的专利,与在其他国家,不论是否本联盟的成员国,就同一发明所取得的专利是互相独立的。即一个成员国授予申请人以专利权,是不以其他国家就同一发明所授予的专利权为其授权条件。简言之,各国依本国法独立审批授权。具体可以理解为:在甲成员国被授权的一项专利,并不意味着在乙、丙等其他成员国也取得同一项发明的专利权;反之,同一项发明专利申请在甲成员国被驳回,并不影响其在乙、丙都等其他成员国被批准专利;甲成员国宣布一项专利无效,并不影响其在乙、丙等其他成员国的有效性。因为《巴黎公约》成员国在遵守公约的前提下,各国的历史、文化、政治、经济等因素的差异,法律制度不同,授权对象、保护范围、无效事由等不相同。如我国专利法规定,对于动植物品种不授予专利权,而美国专利授权范围却包括动植物品种。

商标权独立原则是指同一商标在不同国家所受的保护是相互独立的。一个商标在本国获得注册,并非在其他成员国亦获得注册;一个注册商标在本国被撤销,并不影响其在其他成员国的注册成果。申请和注册商标的条件、程序,由公约各成员国本国法律决定。商标权独立原则的例外情况是,如果一个商标在本国获得注册,一般情况下,其他成员国不应当拒绝注册申请。《巴黎公约》第6条(3)规定:在本同盟一个成员国内正式注册的商标,应视为与在本同盟其他成员国中——包括申请人所属国——注册的商标是相互独立的。

专利权、商标权独立性原则体现了知识产权地域性的特征,也表明《巴黎公约》对各缔约国主权的尊重。

(四) 国际展览会的临时保护原则

正是由于1873年奥匈帝国在维也纳举办的国际发明展览会上许多国家因担心本国发明不受保护而被抢先申请,才促成了《巴黎公约》的缔结。

该原则是对国际展览会上展出商品中的专利发明、实用新型、外观设计、商标给予临时保护,具体保护的内容由国内法规定。(我国专利法将其作为"丧失新颖性的例外"之一)。根据《巴黎公约》第11条规定,公约各成员国应按其本国法律,对于在任何一个成员国内举办的官方的、或经官方承认的国际展览会上展出的商品中,可以申请专利的发明、实用新型、工业外观设计,可以申请注册的商标,给予临时保护。在临时保护期内,各国均不允许展品所有人之外的人以展出的任何内容申请工业产权。获得临时保护必须由要求临时保护的展品所有人提供证明文件,证实其在展览会展出的物品、展出的日期。我国专利法规定,请求给予临时保护的时间是自展出日算起6个月,否则就丧失临时保护待遇。

(五) 最低保护要求

在实行国民待遇原则时,有些成员国规定的保护标准比较低,不利于对外国工业产权的保护。因此为了弥补不足,保证给外国人工业产权以较完备的保护,《巴黎公约》规定了各国工业产权的最低保护标准。关于专利保护的最低要求有:发明人的署名权、强制许可、专利权的限制、对申请和撤销专利的限制。商标方面的最低保护要求有:驰名商标的保护、商标使用标记的禁止情况、商标转让、集体商标以及其他关于产权工业品外观设计、服务商标、厂商名称、不正当竞争的最低保护要求。

六、《巴黎公约》的主要内容

(一) 专利权保护的规定

1. 对驳回专利申请或撤销专利的限制。根据《巴黎公约》第4条第4款的规定,各成员国不得以专利产品的销售或依专利方法制造的产品的销售受到本国法律的限制或限定为理由,而驳回与该产品有关的发明专利申请案或使专利无效。

根据公约第 5 条 A 项的规定,专利权人本人(或经其同意)将专利产品从一个成员国输入到另一个对该产品授予专利的成员国的,不应成为后一国宣布该专利无效的理由。该项同时还规定,在制裁专利权人滥用其专利权时,只有在强制许可的授予不足以防止专利权人滥用专利权的情况下,才可以在授予第一个强制许可之日起 2 年后宣布其专利无效。

2. 专利权限制制度

《巴黎公约》规定了"不视为侵犯专利权的行为"及"强制许可制度"作为对专利权的限制。

《巴黎公约》从维护公共利益和国际间的运输自由的目的规定了"不视为侵犯专利权的行为"的几种情形:《巴黎公约》第 5 条之 3 规定:在本联盟任何国家内,下列情况不应认为是侵犯专利权人的权利:(1) 本联盟其他国家的船舶暂时或偶然地进入上述国家的领水时,在该船的船身、机器、滑车装置、传动装置及其他附件上使用构成专利主题的装置设备,但以专为该船的需要而使用这些装置设备为限;(2) 本联盟其他国家的飞机或陆上车辆暂时或偶然地进入上述国家时,在该飞机或陆地上车辆的构造或操纵中,或者在该飞机或陆上车辆附件的构造或操纵中使用构成专利主题的装置设备。此项规定也称为"临时过境的交通工具的使用不视为侵权"。应当满足的条件包括:必须是运输工具自身需要的装置设备、因突发事件临时进入一国境内,为使交通工具能够运转而必不可少的装置设备。这项规定是为了维护公共利益,维护国际交通正常秩序,给予过境的国际交通运输工具以临时使用专利权的权利。我国专利法还规定了专利权穷竭后的使用和销售行为、先使用行为不视为侵权。

《巴黎公约》第 5 条 A 项(2)规定本联盟各国都有权采取立法措施规定授予强制许可,以防止由于行使专利所赋予的专有权而可能产生的滥用。可以解读为:各缔约国有权采取立法措施规定授予强制许可,以防止权利滥用。"滥用"是指专利权人不实施或不充分实施专利的行为。强制许可是由缔约国专利行政部门依法批准实施的制度并颁发强制许可证,如我国由国家知识产权局颁发。《巴黎公约》规定强制许可制度包括两种情形:(1) 依申请给予强制许可。申请人以不实施或不充分实施为由提出强制许可申请;(2) 取消专利,对滥用进行制裁。颁发强制许可证的条件:根据《巴黎公约》第 5 条 A 项的规定,自提出专利申请之日起满 4 年或者自授予专利权之日起满 3 年,专利权人无正当理由没有实施或者没有充分实施其专利,公约的成员国才可以向申请实施专利的人颁发强制许可证。规定时间的目的是给予专利权人以充分的时间允许其实施专利。强制许可是非独占性的,除与利用该许可的部分企业或商誉一起转让外,不得转让,并且被许可人仍应向专利权人支付使用费。强制许可的申请范围只限于发明和实用新型两种。我国自专利法1984年实施至今,国家知识产权局并未颁发一件强制许可证,但是强制许可的威慑性或警示性作用是不能忽视的。

(二) 商标权保护的规定

1. 商品性质不影响商标的注册。根据《巴黎公约》第7条的规定,使用商标的商品的性质不应成为该商标注册的障碍。这条规定的目的在于避免因商品的销售活动而影响工业产权的获得。例如一个商标拟用一种食品,该食品尚未得到有关国家主管机关的检验,因而该食品就处于不能销售的特殊状态。这种状态是暂时的,它不应当影响该食品所用商标的注册。如果因此拒绝申请人的申请,就可能为第三者以相同商标取得注册创造条件,从而使原商标所有人在食品通过检验批准后,反倒失去了商标权,这显然是不合理的。[①]

2. 禁止用作商标的标记。根据《巴黎公约》第6条第3款的规定,成员国应禁用两种标记:(1) 各成员国的国徽、国旗和其他国家的徽记,以及各成员国采用的可以表明监督和保证的官方符号和检验印章;(2) 一个或一个以上的公约成员国参加的政府间国际组织的徽章、旗帜、其他徽记、缩写和名称,但是已成为现行国际协定规定的予以保护的徽章、旗帜、其他徽记、缩写和名称除外。

3. 驰名商标的特殊保护。《巴黎公约》第6条第2款的规定,商标注册国或使用国主管机关认为一项商标在该国已经成为驰名商标,并属于有权享受本公约利益的人所有,而另一商标构成对该驰名商标的复制、仿制或翻译,从而易于产生混淆时,公约成员国应依职权或依利害关系人的请求拒绝或撤销该另一商标的注册,并禁止其使用。如果该另一商标主要部分构成对上述驰名商标的复制或仿制,易于产生混淆时,也应适用上述规定。应受到特别保护的驰名商标,不仅包括已注册的,也包括未注册的。驰名商标权利人提出上述申请的期限为5年或各成员国规定的更长的期限,但对于依恶意取得注册或使用的商标提出取消注册或禁止使用的请求,各国不应规定时间限制。

(三) 有关厂商名称的规定

根据《巴黎公约》第8条的规定,厂商名称应在本联盟一切国家内受到保护,不论其是否申请或注册,也不论其是否为商标的一部分。公约第9条又规定,一切非法标有厂商名称的商品,在输入到该厂商名称有权受到法律保护的成员国时,应予以扣押;在发生非法粘附厂商名称的国家或在该商品已输入进去的国家,扣押应同样予以执行。公约指出,扣押应依检察官或其他主管机关或有关当事人(无论为自然人或法人)的请求,按照各国本国法进行。

(四) 有关不正当竞争的规定

《巴黎公约》第10条第2款规定,各成员国有义务对各成员国国民保证给

---

① 郑成思:《知识产权论》(第3版),法律出版社2003年版,第453页。

予制止不正当竞争的有效保护。《巴黎公约》将"不正当竞争行为"定义为"在工商业事务中违反诚实的习惯做法的竞争行为",还举例以下三种不正当竞争行为应予以禁止:(1) 具有采用任何手段对竞争者的营业所、商品或工商业活动造成混淆性质的一切行为;(2) 在经营商业中,具有损害竞争者的营业所、商品或工商业活动的信用性质的虚伪说法;(3) 在经营商业中使用会使公众对商品的性质、制造方法、特点、用途或数量易于产生误解的表示或说法。

第三章 版权的国际保护

要点提示

本章重点掌握的内容：(1)《伯尔尼公约》的基本原则；(2)《伯尔尼公约》的基本内容；(3)《伯尔尼公约》与 TRIPs 协议的关系；(4)《世界知识产权组织版权条约》和《世界知识产权组织表演和录音条约》的签订背景和主要内容；(5)《录音制品公约》的基本内容；(6)《视听表演北京条约》的主要内容。

第一节 版权和邻接权国际保护概述

一、版权和邻接权的概述

（一）版权和著作权的概念

根据我国著作权法的规定，版权和著作权是同义语，是指自然人、法人或其他组织对其文学、艺术和科学作品所享有的专有性的权利。实际上，版权和著作权都是外来语，对应的英文是 copyright 和 author's right。版权和著作权分别反映了英美法系和大陆法系国家法律制度的差异。版权一词源于 16 世纪英国王室的特许，是保护出版商的利益。1709 年英国颁布了世界上第一部著作权法律《安娜法》，明确保护作者的经济权利，主要是指复制权的保护。大陆法系使用的著作权或作者权的概念，是源于大陆法系的法国受到天赋人权观念的影响，于 1793 年颁布了《作者权法》，从此大陆法系一直沿用著作权的概念。但是随着国际公约的签订，大陆法系和英美法系的法律制度出现了融合，版权和著作权的概念的差异日益缩小，因此我国著作权法将这两个法律术语当做同义语看待。

（二）邻接权的概念

邻接权是与版权相关的权利，是在作品的传播过程中产生的权利。因为作品创作完成后，通过一定的传播形式例如出版、发行、表演、录音录像、广播等形式向社会公众传播。作品的传播者在传播作品的过程中付出了一定的智力性劳动，因此有必要对作品的传播者进行保护，邻接权概念由此产生。作品的邻接权人在国际保护层面通常是指表演者、录音录像制作者、广播电视组织者。我国采用广义的邻接权概念，除了表演者、录音录像制作者、广播电视组织者以外，邻接权人还包括图书、报刊的出版者。

(三) 版权和邻接权的关系

版权和邻接权有着密切的联系,这两者都是以作品为纽带,版权保护的是作品的创造者的权利,邻接权保护的是作品传播者的权利。《罗马公约》第1条阐释了版权和邻接权的关系,即本公约所授予的保护不触及而且也不以任何方式影响与文学和艺术作品的版权保护。因此,不得对本公约的任何规定作出有损于版权保护的解释。该条表明邻接权人即表演者、录音制作者和广播组织者应该尊重作品的版权人的权利,在行使邻接权时不得损害原作品版权人的利益。

同时,邻接权相对于版权具有相对的独立性,邻接权和版权具有一定的差异性。首先,两者的主体不同,版权的主体包括自然人和法人。邻接权人除了表演者是自然人之外,其他的邻接权人主要是法人。其次,两者的保护对象不同。版权保护的是作品的创作过程中所投入的智力性劳动,主要是对作者的智力性成果的保护。而邻接权保护的是作品传播过程中的智力性劳动的保护。最后,权利的内容不同,版权保护的是作者对其作品享有的署名权、修改权等精神权利以及复制、发行、表演等经济权利。邻接权是指表演者对于表演活动的享有的精神权利和经济权利,录音录像制作者对其录音录像制品享有的经济权利以及广播电视组织者对其广播、电视享有的经济权利。

二、版权的特征与国际保护

版权与其他所有的知识产权一样,具有地域性的特征。所谓地域性是指依据一个国家或地区的法律所获得的著作权,只在该国家或地区有效。如果作者希望他的作品在其他国家或地区获得版权的保护,必须依据其他国家的法律取得版权并获得保护。作者不得以在本国获得版权为由,要求在另一个国家获得保护。与版权的地域性相悖的是作品的利用却不受国界的限制,这是因为作品作为一项智力性成果,是一种无形的财产权,既可以在受到保护的国家得到广泛应用,也可以在没有受到保护或者保护水平低的国家得到广泛使用。那么著作权的国际保护就显得尤为重要。正是由于版权的无形性特征和地域性特征,才促使各国通过缔结国际条约的方式,协调各国参差不齐的保护水平,实现版权的国际保护。

三、版权和邻接权的国际保护

(一) 版权和邻接权的国际保护历程

版权和邻接权的国际保护经历了从国内法保护到国际条约保护的阶段。

1. 英国早期的版权保护

1709年英国《安娜法》的颁布对于现代版权保护具有深远的意义。1862年的《美术作品版权法》及1882年的《音乐作品版权法》则使英国建立了完备的版权保护制度。但是上述法律只是保护英国本国国民。1884年,英国综合了原有的判例与法令,颁布了第一部《国际版权法》,宣布在互惠的条件下,可为任何外国作者的作品提供保护。

2. 法国早期的版权保护

1789年法国大革命中建立的"立宪会议"决定对作者权予以明确保护。作者权作为天赋人权的一种得到了法律的确认。1791年,法国首先颁布了保护直接传播作者之作品的法律——《表演权法》,1793年,又颁布了保护作品间接传播权的法律——《复制权法》。19世纪,法国的出版业相当发达,但是本国作者的作品在其他国家却不能得到保护。法国的邻国荷兰和比利时大量盗版法国出版的图书,又返销回法国,使法国出版业受到沉重打击。为了保护本国作者的作品在国外的权益,法国于1852年单方面宣布将保护所有外国作者在法国的作品,不问作者国籍与作品首次出版地。这种做法对于版权的国际保护起到了推动作用。至1860年前后,法国同20多个国家签订了有关版权保护的双边协定。

(二)《伯尔尼公约》的签订

自1884年至1886年,欧洲、亚洲、非洲及美国等一些国家的代表在瑞士首都伯尔尼召开了三次外交会议,讨论缔结一个版权国际保护公约的问题。至1886年9月,由英国、法国、瑞士、比利时、意大利、德国、西班牙、利比里亚、海地、突尼斯10国作为发起国,正式缔结了《保护文学艺术作品伯尔尼公约》。伴随着《伯尔尼公约》的签订,成员国全体组成了伯尔尼联盟,设立了各自的秘书处,负责公约本身的各项事务及各成员国之间的协调。

《伯尔尼公约》的签订和伯尔尼联盟的成立标志着版权保护完成了从国内法保护到国际保护的转变。

四、版权和邻接权国际保护的进一步深化

《伯尔尼公约》签订之后,版权国际保护的作用进一步凸显出来。一系列的版权和邻接权的国际条约相继签订。1952年,联合国教科文组织管理的《世界版权条约》在瑞士的日内瓦签订。1961年第一个有关邻接权保护的国际公约《罗马公约》签订。1994年世界贸易组织的与贸易有关的知识产权协议对于版权和邻接权作出了专门规定。1996年为了保护网络环境下的版权和邻接权,世界知识产权组织制定了《世界知识产权组织版权条约》和《世界知识产权组织表演和录音制品条约》。至此,版权和邻接权的保护进入一个新的保护阶段。

版权和邻接权保护的国际法律规范包括与版权相关的双边协定、多边国际公约以及与版权相关的国际法基本准则。

版权国际保护主要有在公约中规定版权保护的基本原则,如国民待遇原则、起源国待遇原则等;并且在公约中规定缔约国必须遵守的最低保护标准,从而消除版权在各国保护的差异,平衡各国在版权保护中的利益。

第二节 保护文学艺术作品伯尔尼公约和世界版权组织公约

一、《伯尔尼公约》的订立与发展

《保护文学艺术作品伯尔尼公约》简称《伯尔尼公约》于1886年9月在瑞士的伯尔尼缔结。1896年在巴黎增补一次;1908年在柏林修订一次;1914年在伯尔尼又对柏林文本增补一次;1928年、1948年、1967年及1971年又分别在罗马、布鲁塞尔、斯德哥尔摩和巴黎进行了修订。该公约最新的文本是1971年的巴黎文本。截至2014年12月2日,随着科威特的加入,已经有168个成员国,其中绝大多数均已批准了公约的巴黎文本。我国于1992年10月加入该公约,并适用巴黎文本。《伯尔尼公约》是世界上第一个著作权国际公约,参加该公约的国家组成伯尔尼联盟,是世界上第一个著作权国际组织。这一公约的目的是保护文学、艺术作品的作者对其作品享有的著作人身权和财产权。

《伯尔尼公约》是版权保护方面的最重要和基本的国际公约,《伯尔尼公约》广泛的保护框架对欧洲和亚洲大陆法系国家的立法产生了深远的影响,公约确定的基本原则都在各国的相关立法中得到体现。《与贸易有关的知识产权协议》(TRIPs协议)将其纳入其范围之内,《伯尔尼公约》在更大的范围内影响着世界贸易组织成员的版权制度。《与贸易有关的知识产权协议》还规定,世贸组织成员即使不是《伯尔尼公约》的成员国,也必须尊重《伯尔尼公约》的实质性条款。可见《伯尔尼公约》的适用范围已经超越了成员国的范围,在整个世界知识产权领域都产生了作用。

《伯尔尼公约》的正文有38条,另有一个附录。其中第1—21条为实体规定,其余的均为行政性条文。实体性条文主要包括四个方面的内容:基本原则、受保护的作品、最低限度保护的规定、对发展中国家的特殊规定。

二、伯尔尼公约的基本原则

(一) 国民待遇原则

1. 国民待遇的含义:《伯尔尼公约》第5条第1款规定,根据本公约得到保护的作品的作者,在除作品来源国外的本联盟各成员国,就其作品享受各该国法律现今给予或今后将给予其国民的权利,以及本公约特别授予的权利。依据此条的规定,受公约保护的作品的作者享有的待遇包括两种:(1) 公约成员国依据本国法已经或将要为其本国国民提供的著作权的保护;不仅是该成员国单行的著作权法的保护,还包括涉及著作权的民法、民事诉讼法、刑法、刑诉法等;(2)公约特别授予的权利,就是指公约提出的最低保护要求。

2. 享受国民待遇的主体。公约规定的享受国民待遇的主体的适用标准,采用了两种标准,一个是适用作品的作者的国籍标准,或人身标准。在不满足国籍标准时,也可以适用作品发表地标准。具体内容如下:

(1)作者的国籍标准。作者是本公约成员国国民的,其作品无论是否发表,应受到保护。如果作者有双重国籍或多重国籍的,只要其中一个是成员国国籍的,就可以享受公约规定的国民待遇。如果作者不是成员国国民但在成员国有居所地,也享有公约提供的著作权国际保护。《伯尔尼公约》要求的是居所地,巴黎公约却要求必须是住所地,可见在国民待遇的问题上,《伯尔尼公约》的保护水平更高。

(2)作品发表地标准。非为《伯尔尼公约》任何一成员国公民的作者,其作品首次在本公约一成员国出版或在本联盟一成员国和一非本联盟成员国内同时出版的,应受到《伯尔尼公约》所提供的国际保护。在这里出版的概念与发表相等,具体是指著作是在作者同意下出版的;未经作者同意不能视为已发表的作品;复制件的发行在数量和方式上需要满足公众的合理需要,公众是指不特定的多数人;另外,戏剧、音乐戏剧或电影作品的上演,音乐作品的演奏,文学作品的当众朗诵,文学或艺术作品的广播或转播,美术作品的展出及建筑作品的建造不是发表。换句话说,伯尔尼公约所指的"发表"只包括出版这一种形式,即将作品固定为复制件向公众传送。"同时发表"是指"在首次发表后30天内在两个或两个以上国家出版的任何作品视为同时在几国发表"。①

除了作者国籍标准与作品发表地标准,公约还规定了几种方式确定享受国民待遇的主体。

(3)非伯尔尼公约成员国的国民,如果在某一成员国有惯常居所,应当视为该成员国的国民,适用上述第一种情况中的"作者国籍"标准。

(4)对于电影作品的作者而言,如果电影作品的制片人是法人、其总部或经常居所在某一成员国境内的;该成员国被视为有关电影作品的"来源国",电影作品的作者应该比照作品发表地标准享有国民待遇。

(5)对于建筑作品和建筑作品中的艺术品的作者而言,只要有关建筑物位于公约成员国境内,或建筑物中的艺术品位于公约成员国境内,则该成员国被视为建筑作品和建筑作品中的艺术品的"来源国",其作者应该比照作品发表地标准享有国民待遇。

---

① 参见《保护文学艺术作品伯尔尼公约》第5条。

关于"来源国"的概念，《伯尔尼公约》指的是：① 对于首次在本联盟一成员国发表的作品，应以该国家为来源国；对于在给予不同保护期的本联盟数成员国同时发表的作品，来源国为立法给予最短保护期的国家；② 对于在非本联盟成员国和本联盟某一成员国同时发表的作品，应视后者为来源国；③ 对于未发表的作品或首次在非本联盟成员国发表而未同时在本联盟成员国发表的作品，则以作者为其公民的本联盟成员国为来源国，然而对于其制片人于本联盟某一成员国有住所或经常居所的电影作品，则以该国为来源国；以及对于建立在本联盟某一成员国内的建筑物或设置在本联盟某一成员国内房屋中的绘画和造型艺术作品，应以该国为来源国。

公约规定的国民待遇，使版权能够在更广泛的范围内受到保护。只要作者在某一成员国有国籍，或者在某一成员国内有居所，或者在某一成员国首次出版，都可以在所有成员国内受到版权保护。

（二）自动保护原则

公约第5条第2款规定，受保护作品的作者享受和行使根据国民待遇而获得的权利，不需要履行任何手续。不需要履行任何手续是指，无须注册或登记，无须交存样书，缴纳相关费用，也无须加注任何版权保留的标记等。

自动保护原则是指，作品的作者在享有及行使根据国民待遇其他成员国所提供的权利时，不需要履行任何手续。也就是说，公约成员国的国民或在成员国有居所的非成员国国民只要作品创作完成，就在所有成员国自动享有著作权；非成员国国民在成员国无居所，但其作品是在成员国首次出版，或在成员国与非成员国同时出版时，就受到所有成员国的著作权法的保护。

《伯尔尼公约》的自动保护原则，为作品的保护和版权的获得提供了一个非常便捷的方式。但是这样的做法与有些国家的做法不同，例如美国的版权法要求在作品上加注版权标记等内容，为此美国一直不愿意加入《伯尔尼公约》。为了解决这个问题，《伯尔尼公约》针对此类情况作出规定，一个国家即使在加入公约以后，仍然可以保留形式要件，但是前提是这类形式要件只适用于本国国民，而不适用于其他成员国国民。

（三）独立保护原则

《伯尔尼公约》虽然规定了国民待遇原则和自动保护原则，使版权可以自动在成员国内获得和本国国民一样的版权保护。但是，《伯尔尼公约》规定作者在各个成员国获得的版权保护是相互独立的，并互不影响。作者只能在该成员国获得该国版权法给以的保护，所以《伯尔尼公约》并没有创立"国际版权"。① 这就是公约规定的版权独立保护原则。

---

① 唐广良、董炳和：《知识产权的国际保护》，知识产权出版社2002年版，第102页。

《伯尔尼公约》第5条第2款规定,成员国在符合公约最低要求的情况下,保护其他成员国的作品是依据本国法的规定,而独立于其在来源国受到的保护。这就是独立保护原则。例如,一位英国作者的作品在法国被人剽窃,该英国人在法国提起侵权之诉,法国法院只能依据法国法律进行处理,即使英国法律认为剽窃不构成侵权,法国法律认为构成侵权,法国法院只能判定侵权。独立保护原则表明伯尔尼公约虽然承认著作权自动保护,但没有因此就突破了版权的地域性特点。

版权独立保护原则具有两方面的意义:(1)它维护了各成员国版权法的独立性,有利于吸引更多国家加入《伯尔尼公约》。(2)它保证了作者在起源国以外要求版权保护时,不受他在起源国所受保护的影响,当起源国的保护水平较低时,这项原则对维护作者的合法权益显得尤为重要。[①]

(四)最低保护标准原则

著作权独立性原则,使更多的国家加入到公约中来,确保了著作权国际保护的普遍性。但是由于各国依据本国法对其他成员国的作品给予保护,会使保护的水平参差不齐,因此公约强调根据本公约得到保护作品的作者,在除作品起源国外的本联盟各成员国,就其作品享受各该国法律现今给予或今后将给予其国民的权利,以及本公约特别授予的权利。本公约特别授予的权利就是指公约规定的最低保护标准。各成员国对于本国或他国作者作品的保护水平不得低于公约规定的最低保护标准,但是不妨碍成员国的法律可能给予更广泛的著作权保护。

三、伯尔尼公约的主要内容

(一)受保护的作品范围

《伯尔尼公约》第2条规定了受保护作品的范围:(1)伯尔尼公约保护科学和文学艺术领域内的一切作品,而不论其表现方式或形式如何,诸如书籍、小册子及其他著作;讲课、演讲、讲道及其他同类性质作品;戏剧或音乐戏剧作品;舞蹈艺术作品及哑剧作品;配词或未配词的乐曲;电影作品或以与电影摄影术类似的方法创作的作品;图画、油画、建筑、雕塑、雕刻及版画;摄影作品以及与摄影术类似的方法创作的作品;实用美术作品;插图、地图;与地理、地形、建筑或科学有关的设计图、草图及造型作品。但是允许成员国的本国立法只保护上述作品中的一种或数种。公约对作品的范围进行列举规定,既可以统一各国对作品范围的差异,避免对作品范围的误解,也可以具有适用的灵活性。(2)翻译作品、改

---

① 张汉林、黄玮:《智慧财产的卫士——知识产权国际保护的比较研究》,中国经济出版社1997年版,第225页。

编作品、改编乐曲以及某件文字或艺术作品的其他改变形式都应得到与原著同等的保护，但不能损害原著作者的权利。(3) 文字或艺术作品的汇集本，诸如百科全书和选集，由于对其内容的选择和整理而成为智力创作品，应得到与此类作品同等的保护，而不损害作者对这种汇集本内各件作品的权利。(4) 本联盟成员国可以自行以立法规定涉及实用美术作品及工业设计和模型的法律适用范围，并规定此类作品，设计和模型的保护条件。在起源国仅仅作为平面与立体外观设计而受保护的作品，在其他成员国也可以获得该国给予平面与立体外观设计的特别保护。但如果某成员国没有这种特别保护，则这类作品必须作为艺术作品而受保护。(5) 本公约所提供的保护不得适用于日常新闻或纯属报刊消息性质的社会新闻。(6) 对于立法条文、行政及法律性质的官方文件，以及这些作品的官方译本的版权保护问题，公约规定由各成员国国内立法自行决定。

(二) 对著作人身权的保护种类

《公约》第6条之2规定了各缔约国应当保护的著作人身权。著作的人身权又叫精神权利，是作者因创作作品享有的与作者的身份相关的权利。《伯尔尼公约》规定了两项人身权。这些精神权利，不依赖于经济权利而独立存在，甚至在作者将其经济权利转让之后仍然存在。同时，精神权利至少应保护至经济权利期满为止。对于通过何种救济方式保护这些权利，公约规定适用保护有关权利的国家的法律。

1. 署名权。也称为表明作者身份权，是指作者有权在其作品上署名，以表明其作为作者所享有的权利。这种署名权首先允许作者以任何方式在作品上署名（包括真名、假名或不具名），另外作者还有权禁止他人在其作品上署名。

2. 保护作品完整权。指作者有权反对对其作品的歪曲、篡改等造成伤害作者的名誉和荣誉的行为。在许多国家的版权法上，都把这项权利分为"修改权"和"保护作品完整权"，前者是指修改或者授权他人修改作品的权利，后者则指保护作品不受歪曲、篡改的权利。

(三) 对著作财产权的保护种类

著作财产权是指作者使用作品并获取经济利益的权利。《伯尔尼公约》主要规定了以下种类的财产权。

1. 翻译权。是指文学艺术作品的作者，在对原著享有权利的整个保护期内，享有翻译和授权翻译其作品的专有权。[①] 公约将翻译权放在首要的权利的位置，在复制权之前。是由于公约的国际性所决定的，因为各个成员国之间的语言是不同的，一成员国国民的作品要在其他成员国被大众接受，会存在语言的障碍，能直接读懂外文原著的读者毕竟不多，所以这些作品多数以译文的方式在其

---

① 参见《保护文学艺术作品伯尔尼公约》第8条。

他成员国出版,如果不能保证原著作者的翻译权,就无法保证该作者在其他成员国的其他权利。所以将翻译权放于首位。

2. 复制权。《伯尔尼公约》第 9 条规定,受本公约保护的文学艺术作品的作者,享有批准以任何方式和采取任何形式复制这些作品的专有权。至于复制以何种方式或采取何种形式公约并未作明确界定,但是规定所有录音或录像均应视为本公约所指的复制。① 实际上公约采用的复制概念是作了广义的解释。

3. 表演权。《伯尔尼公约》第 11 条第 1 款规定,戏剧作品、音乐戏剧作品或音乐作品的作者享有下述专有权:(1) 许可公开演奏和公演其作品,包括用各种手段和方式的公开演奏和公演;

4. 许可用各种手段公开播送其作品的表演和演奏。此条规定的表演权含义包括两层意思,即公开表演权和对公开表演的现场直播权。享有这一权利的主体是戏剧作品、音乐戏剧作品或音乐作品的作者,而不是属于表演者。因为表演者享有的是邻接权的一种——表演者权。另外,戏剧作品、音乐戏剧作品或音乐作品的作者对作品的表演权还包括作品的译作。所以译作的表演权仍属于原作作者而非译作作者。

5. 广播权。《伯尔尼公约》第 11 条之 2 规定文学、艺术作品的作者,享有广播权。具体内容是:(1) 许可以无线电广播其作品或以任何其他无线播送符合、声音或图像方法向公众发表其作品;(2) 许可由原广播机构以外的另一机构通过有线广播或无线广播向公众发表作品;(3) 许可通过扩音器或其他任何传送符号、声音或图像的类似工具向公众传送广播作品。从以上规定可以看出,作者享有广播权的传播方式,除了广播组织以外,还包括一些以营利为目的的经营机构通过自己的有线广播电视系统使用作品,如酒店、机场等利用闭路的传送仍然要经过作者的许可,另外通过扩音器等工具的传送,也属于作者广播权的传输形式。公约规定,作者许可以无线或有线传输图像或声音来使用作品,但不包括利用录音或录像工具录制广播作品的许可。也就是说,作者许可他人以广播的形式使用其作品,但是并未许可他人可以将作品用录音或录像工具加以固定。广播权里并没有包含复制的方式。但是公约还规定本联盟成员国法律有权为某一广播机构使用其自己设备并为其自己播送之用而进行短期录制制定规章。公约允许成员国国内法对临时录制或为官方档案馆保存文献的录制作出许可性规定。

6. 公开朗诵权。《伯尔尼公约》第 11 条第 3 款还规定了文学作品的作者享有的公开朗诵权。(1) 许可公开朗诵其作品,包括用各种手段或方式公开朗诵其作品,以及(2) 许可用各种手段公开播送其作品的朗诵。公开播送是指以有

---

① 参见《保护文学艺术作品伯尔尼公约》第 9 条第 3 款。

线或无线的方式公开传送作品朗诵的声音和图像。而且,与作者的表演权一样,文学作品作者在对其原著享有权利的整个期限内,对其作品的翻译也享有公开朗诵权。

7. 改编权。是指文学和艺术作品的作者享有批准对其作品进行改编、整理和其他改变的专有权。①

8. 录制权。此种权利只限于音乐及歌曲的词作者对其作品录制的权利。《伯尔尼公约》第13条规定,本联盟每一成员国得就乐曲作者及允许歌词与乐曲一道录音的歌词作者对允许录制上述乐曲及乐曲连同歌词(如有歌词时)的专有权的保留及条件为本国作出规定;但这类保留及条件之效力严格限于对此作出规定的国家范围内,而且在任何情况下均不应损害作者获得在没有友好协议情况下由主管当局规定的公正报酬的权利。同时规定了对这种录制权的限制条件在本联盟任何一成员国内录制的乐曲录音,自本条约文本在该国生效之日起两年内,可以不经乐曲作者同意在该国进行复制。但如未经利益关系人批准而输入认定此种录音属于违法行为的国家的,可在该国予以没收。

9. 制片权。《伯尔尼公约》规定的作者享有摄制电影的权利:(1) 许可把这类作品改编或复制成电影以及发行经改编或复制的作品;(2) 许可公开演出演奏以及向公众作有线广播经改编或复制的作品。根据文学或艺术作品制作的电影作品以任何其他形式进行改编,在不损害其作者批准权的情况下,仍须经原著作者批准。公约认为在以文学、艺术作品的摄制电影权的基础上产生的电影作品可以作为原著受到保护,但电影作品的作者享有的权利不得损害原作作者的权利。然而,电影作品的作者权是不完整的。在其法律承认参加电影作品制作的作者应属于版权所有者的本联盟成员国内,这些作者,如果曾承担参加此项工作的义务,除非有相反或特别的规定,无权反对对电影作品的复制、发行、公开演出演奏、向公众有线广播、无线电广播、向公众发表、配制解说和配音。除非国内法另有规定,公约对电影作品作者权利的限制不适用于为电影作品创作的剧本、台词和音乐作品的作者,也不适用于电影作品的主要导演。

上述是公约规定的对经济权利的最低保护标准。公约第19条明确规定,本公约的规定不妨碍作品要求得到本联盟成员国的法律所给予作者的、高于公约规定的保护。实际上,许多国家的版权法的保护水平要高于《伯尔尼公约》的最低保护标准。

除此之外,公约还规定了对于艺术作品原件和作家作曲家的手稿,公约允许(不是强制)各成员国立法规定"延续权"即作者死后,法律授权的人或机构,有权在作者将作品第一次转让后,对作品任何的出售中获得利益。

---

① 《保护文学艺术作品伯尔尼公约》第12条。

（四）权利的保护期限

《伯尔尼公约》第 7 条规定对作者一般作品的财产权给予保护的期限为作者终生及其死后 50 年。如果是合作作者，不少于最后一个去世的作者死后 50 年。并规定了几种特殊作品的保护期。电影作品保护期限自作品在作者同意下公映后 50 年届满，如自作品摄制完成后 50 年内尚未公映，则自作品摄制完成后 50 年届满。对于不具名作品和具笔名作品，本公约给予的保护期为自其合法向公众发表之日起 50 年。但如作者采用的笔名不致引起对其身份发生任何怀疑时，或者不具名作品或具笔名作品的作者在上述期间内披露其身份，则适用一般作品所规定的保护期限即作者有生之年加死后 50 年。摄影作品和实用艺术品的保护期由各成员国内国法规定，但至少应是该作品完成之日起的 25 年。

《伯尔尼公约》规定对人身权的保护期至少要与经济权利的保护期相等，也可以提供永久保护。

（五）权利的限制

公约在规定作者享有公约所保护的最低的保护标准的同时，也对作者的权利进行了一定的限制。

1. 某些特殊情形下的复制。

公约赋予作者的复制权是作者一项很重要的财产权，但是公约仍然对作者的复制权规定了限制条款。《公约》第 9 条第 2 款规定本联盟成员国法律有权允许在某些特殊情况下复制文学艺术作品，即公约授权成员国国内立法直接对复制权作出限制，而无须作者的许可。至于在哪些特殊情形下，也是由内国法自行规定。公约又规定，内国法对复制权限制的前提条件是不致损害作品的正常使用也不致无故危害作者的合法利益。

2. 对作品的合理使用的规定。

公约规定了在一定的条件下，使用作者的作品，可以不经作者许可，也不必支付报酬的合理使用的情形。

（1）从一部合法向公众发表的作品中摘出引文，包括以报刊摘要形式摘引报纸期刊的文章，只要符合善良习惯，并在为达到正当目的所需要范围内，就属合法。这是关于引用的合理使用，这种引用必须为达到正当的目的，在合理的范围和习惯之内。被引用的作品必须是合法获得的，也就是应当经作者同意获得，或依法律规定获得。但引用时，应当指明出处，如原出处有作者姓名，也应同时说明。

（2）为教学目的使用他人作品。《伯尔尼公约》第 10 条规定本联盟成员国可以立法或者依据成员国之间现已签订或将要签订的特别协议的规定许可，在出版物、无线电广播或录音录像制品中，使用文学艺术作品作为教学解说的权利，只要这种使用是在为达到正当目的所需要的范围内使用，并且符合正当习惯。这种使用必须具备的条件:使用的目的只能是为了教学;使用的范围是为达到正当的目的;使用的方法是符合正当习惯。使用时,要像引用一样应当指明出处,如原出处有作者姓名,也应同时说明。

(3) 对时事性文章的转载复制为合理使用。公约第 10 条第 2 款规定对在报纸或期刊上已发表的经济、政治和宗教问题的时事性文章,或无线电已转播的同样性质的作品,本联盟成员国法律有权准许在报刊上转载,或向公众作无线或有线广播,这种合理使用适用的前提是:第一,作者声明未经许可不得使用的则不能使用本条;第二,任何时候均应明确指出出处,未指明出处的后果由成员国的规定。

(4) 为报道时事新闻而使用作品为合理使用。《伯尔尼公约》第 10 条之二第 2 款规定本联盟成员国法律也有权规定,在何种条件下,对在时事事件过程中出现或公开的文学和艺术作品,在为报导目的正当需要范围内,可予以复制,或者以摄影或电影手段或通过无线电或有线广播向公众作时事新闻报道。

四、对发展中国家的优惠政策

《伯尔尼公约》的保护水平高,对于发展中国家而言负担很重,但为了本国科学技术和文化的发展,又必须使用发达国家的作品。公约考虑到这些因素,为了吸引更多的发展中国家的加入,使公约的效力具有普遍性,在公约的附件部分对发展中国家作出特别优惠的决定。

根据《伯尔尼公约》附件的规定,根据联合国大会的惯例被视为发展中国家的任何缔约国,由于其经济情况及社会或文化需要而又不能在当前采取恰当安排以确保对本文本规定的全部权利进行保护的,可在其交存批准书或加入书的同时,或依据附件第 5 条第 1 款 c 项规定,在以后任何日期,在向总干事提交的通知中声明,将利用附件第 2 条或第 3 条所规定的优惠,即翻译权和复制权的优惠。根据这一规定,享有优惠政策的是发展中国家,其享有翻译权和复制权的两项优惠,如要求优惠需要提交声明,声明的效力到作出声明的国家依联合国大会惯例不再是发展中国家为止。

1. 关于翻译权的优惠

公约附件第 2 条规定发展中国家在下列条件下,享有翻译权的优惠,即可以颁布非专有的不可转让的许可证,以代替第 8 条的翻译专有权:

(1) 当一部作品自其初次出版起算 3 年或有关国家本国法规定的更长期限届满尚未以该国通行文字由翻译权所有者或在其授权下出版译本时,该国任何国民都有权得到用该国通行文字翻译该作品并以印刷形式或其他任何类似的复制形式出版该译文的许可证。

(2) 任何许可证之发给只限于学校、大学教育或研究之用。

(3) 如果翻译权所有者或经其授权出版的一部译作的价格同在有关国家内同类著作通行的价格类似,这本译作的文字和基本内容又同根据许可证批准出版的译文的文字和内容一样,则应撤销缔约国根据本条发给的许可证。

(4) 广播机构用于教学广播或向特定专业的专家传播科技情报成果的广播,可以申请强制许可证。

2. 关于复制权的优惠

公约附件第 3 条规定任何声明利用关于复制权优惠的国家,均有权以主管当局在下述条件下并根据附件第 4 条发给的非专有和不可转让的许可证制度来代替第 9 条规定的专有复制权。(1) 颁发许可证的目的是满足广大公众或学校及大学教学之需要。(2) 适用以强制许可证代替专有复制权的作品仅有以印刷形式,或类似的形式出版的作品。(3) 申请颁发许可证的期限,一般是作品首次出版后 5 年为限,但是对有关精密科学和自然科学以及技术的作品则为 3 年;对属于想象领域的作品,如小说、诗歌、戏剧和音乐作品以及艺术书籍,则为 7 年。

3. 关于发展中国家翻译权、复制权优惠的共同规则

发展中国家无论是适用翻译权还是复制权的优惠都需要遵守:(1) 申请人按照有关国家的现行规定,证明已向权利所有者视不同情况提出翻译和出版译本,或复制和出版版本的要求,而又未能得到批准,或经过相当努力仍未能找到权利所有者。(2) 译本或复制本的所有印制件上都应列出作者姓名。在所有印制件上应有作品名称。如系译本,原著作名称在任何情况下应列于所有印制件上。(3) 译本或复制本只适用于在发给许可证的国家领域内出版发行,不得用于出口。(4) 被许可人应向作者支付合理的报酬,其数额相当于两国有关方面在通过谈判给予许可证情况下正常支付的版税费率;而且用国际通用货币支付。其数额相当于两国有关方面在通过谈判给予许可证情况下正常支付的版税费率。

五、著作权保护的追溯力

《伯尔尼公约》第 18 条第 1 款规定,公约适用于在公约开始生效时尚未因保护期满而在其来源国成为公共财产的所有作品。例如,我国于 1992 年 10 月 15 日正式成为《伯尔尼公约》的成员国,在这一天之前,来源于已经加入公约国家的作品,在我国是可以被自由使用的;而在这一天之后,那些一直被自由使用的作品,如果在来源国还没有过保护期,我国就必须要给予保护。因此,《伯尔尼公约》对作品的保护是有追溯力的。但是,新加入的国家可以要求选择保留,不对其加入公约时在来源国未过保护期的作品予以保护。例如美国在 1988 年 10 月 31 日加入该公约时,声明对公约的追溯力条款的保留。

六、伯尔尼公约与 TRIPs 协议的关系

《伯尔尼公约》作为版权领域最重要、最基本的国际公约的作用得到了世贸组织的《与贸易有关的知识产权协议》（简称 TRIPs 协议）的认可和吸纳。TRIPs 协议第 2 部分第 1 节涉及版权及相关权利时，首先强调各成员应遵守《伯尔尼公约》(1971)第 1 至 21 条及其附录的规定。《伯尔尼公约》第 1 至 21 条正是其全部的实质性条款。从此处可知，TRIPs 协议继承了《伯尔尼公约》的内容。协定基本上沿用了《伯尔尼公约》的最低保护标准，并在遵守《伯尔尼公约》的基础上，TRIPs 协议又对一些特殊问题进行了补充规定。对这些特殊问题的研究，有利于掌握 TRIPs 协议对版权保护的发展趋势。但是值得一提的是在继承《伯尔尼公约》基础上对该公约的完善，而非制定了世贸组织成员国统一的新版权规则。因此，深入研究这些完善规定，与《伯尔尼公约》的规定进行比较，有利于了解这两部公约之间的关系。

（一）应保护的作品

TRIPs 协议对应保护的作品类型增加的内容是其第 10 条：计算机程序及数据汇编。第 10 条第 1 款规定："无论以源代码或以目标代码表达的计算机程序，均应作为《伯尔尼公约》(1971)所指的文字作品给予保护。"随着计算机在全球的普及，计算机软件的知识产权保护日益被各国所关注，但是一直没有一部保护计算机软件的国际公约。TRIPs 协议第一次将计算机软件纳入《伯尔尼公约》的版权保护体系。计算机软件作为版权保护有两个方面，一是程序，二是文档。计算机程序其表现形式与传统的文字作品类似，程序不论是书面形式还是显示在计算机显示器上，都是由文字、数学和符号组成的。非法复制是计算机软件侵权的主要形式，而版权法保护的是对作品的未经许可的非法复制行为。TRIPs 协议将计算机程序纳入到《伯尔尼公约》文字作品中进行保护。除计算机程序外，在第 10 条第 2 款中，协议还专门规定了对数据汇编的保护，即数据库或其他资料汇编，无论是机器可读形式还是其他形式，只要通过对其内容的选取或安排而构成了智力创造，就应作为智力创造加以保护，该保护不应延及数据或资料本身，并不应损害存在于数据或资料本身的任何版权。对于数据汇编的保护，《伯尔尼公约》第 2 条第 5 款中，有类似的规定："文学或艺术作品的汇编，诸如百科全书和选集，凡由于对材料的选择和编排而构成智力创作的，应得到相应的、但不损害汇编内每一作品的版权的保护。"与《伯尔尼公约》不同的是，TRIPs 协议把可用计算机处理的数据或其他资料汇编加入了版权法的保护范围。

（二）授予作者的权利

《伯尔尼公约》规定了作者的权利既有人身权又有财产权。人身权有署名权、修改权和保护作品完整权。而 TRIPs 协议没有对人身权保护的规定，留待成

员国根据国内法自行规定。因为《世界版权公约》没有对人身权的保护,为了照顾《世界版权公约》的成员国,TRIPs 协议才没有规定对人身权的保护。

《伯尔尼公约》对作者的财产权作了详尽的规定,但是随着科技和经济的发展,一些新型的侵权形式出现。一些侵权人利用《伯尔尼公约》的漏洞,出租计算机软件和影视作品牟利。《伯尔尼公约》没有对这种行为进行规范。因此,TRIPs 协议增加规定了作者的出租权。为了不妨碍正常的商业活动,同时又能保护作者的利益,TRIPs 协议还规定了两项例外:第一种是,只有电影作品的出租已导致该作品被广泛复制,从而实质性地损害了作者及其合法继承人的专有复制权时,各成员才必须规定该出租权;第二种是,计算机程序本身不是出租的必要客体时,各成员可以不规定作者的出租权。

(三) 保护期

《伯尔尼公约》对保护期的规定非常详细,TRIPs 协议只增加了两种情形:(1) 摄影作品和实用艺术作品仍按照《伯尔尼公约》规定的传统期限来进行保护,该期限为不少于自该作品完成之后的 25 年;(2) 如果一作品的保护期限不以自然人的寿命为基础计算,则该期限自作品准予出版的那一公历年年底起不得少于 50 年,或者如果作品创作后 50 年内未得授权出版,则自创作的那一公历年年底起不得少于 50 年。

(四) 版权保护的限制和例外

《伯尔尼公约》规定了三种例外,但是没有规定在何种情况下各国可对作者的权利进行限制,而何种情况下不能,这样不利于对作者权利的保护。TRIPs 协议因此补充规定了各成员对版权作出限制或例外规定时,应满足三项条件:(1) 这种限制或例外规定应限于某些特殊的情况;(2) 不会与对作品的正常利用相冲突;(3) 不会不合理地损害权利持有人的合法利益。

(五) 版权保护的执法

《伯尔尼公约》虽然在许多方面对版权保护作了细致的规定,包括保护的客体、授予版权持有人的权利以及版权保护的期限等方面,但是对于版权保护的执法规定得比较简单,只有关于扣押的简单条文,但是对于扣押之后怎么处理侵权货物、侵权者采取什么惩罚措施、被侵权者如何取得法律上的救济在《伯尔尼公约》并没有详细规定。针对《伯尔尼公约》的这些不足,TRIPs 协议作了详细的补充。通过对知识产权保护的民事和行政程序及救济、临时措施、边境措施以及刑事程序的规定,加强了版权的国际保护力度。

(六) 追溯力

《伯尔尼公约》第 18 条规定:"本公约适用于所有在本公约开始生效时尚未因保护期满而在其起源国进入公有领域的作品。"根据该条规定,可以看出《伯尔尼公约》对该法生效前的作品适用具有追溯力。TRIPs 协议则在其"最后条款"部分第 70 条中规定:对于成员方加入本协定时仍有效的知识产权,如果受该成员方法律保护符合 TRIPs 协议的保护标准,则应受本协定保护;如果某项知识产权在该成员方已失效,则不再受本协议的保护。从该条规定可以看出,TRIPs 协议不具有追溯力。但是为了与《伯尔尼公约》相协调,TRIPs 协议专门规定,在版权方面对现有作品的保护,应以《伯尔尼公约》为准,即采用起源国标准,具有追溯力。

综上所述,TRIPs 协议继承了《伯尔尼公约》所有的实质性条款,并在此基础上补充了《伯尔尼公约》的不足之处,使《伯尔尼公约》得到了多方面的完善和发展。各世贸组织成员国在履行成员国有关版权保护的义务时,同时要履行《伯尔尼公约》的公约义务。

【案例 1】 涉外地毯图案著作权纠纷案

本案原告美国复兴地毯公司、被告山东省特艺品进出口公司(以下简称特艺品公司)、被告河北省吴桥县对外经济贸易局瑞丰公司(以下简称瑞丰公司)。原告复兴地毯公司系在美国登记注册主要生产经营地毯的公司。从 1995 年 12 月 12 日起,原告陆续将其委托他人创作的 14 幅中世纪风格的地毯图案向美国国家版权局申请版权登记,并获得美国国家版权局颁发的版权登记证书。被告特艺品公司是一家经营特种工艺品的进出口公司,被告瑞丰公司是一家生产地毯的公司。1996 年初,被告特艺品公司向被告瑞丰公司提供地毯图案,委托瑞丰公司加工生产地毯,在生产的地毯当中,有 6 种地毯的图案与原告版权登记的图案相同,且被告特艺品公司已将这部分地毯出口销售。原告认为两被告的行为侵犯了其著作权,遂向法院提起诉讼。原告诉称其创作的"奥比森"皇官地毯系列图案作为美术作品已在美国国家版权局进行登记。中美两国均是《伯尔尼公约》的成员国,根据该公约规定,原告的"奥比森"地毯图案作为美术作品应受中国著作权法的保护。两被告未经原告许可使用原告享有著作权的图案制造、收购、出口地毯的行为已构成对原告作品的复制发行,侵犯了原告的著作权。

被告进出口公司的主要抗辩理由为:被告是根据国外客户定单及图片制作地毯,主观上没有侵权恶意,客观上被告无法确认国外客户的委托加工的图片是否侵权,因此被告不应承担侵权责任。

被告瑞丰公司辩称,本案所涉及货物的图案系由特艺品公司提供,委托瑞丰公司加工。瑞丰公司从事大量的委托加工业务,没有力量每批业务都去检查图案是否有人登记,在什么地方登记,因此瑞丰公司在主观上毫无侵权动机,更无侵权的故意,故不应承担侵权责任。青岛市中级人民法院经审理认为,原告诉称拥有著作权的 14 种专用于地毯的设计图案,已在美国国家版权局进行了登记,原告为上述作品的著作权人。根据《伯尔尼公约》和我国著作权法,原告在美国发表的 14 种地毯设计图案最低应作为美术作品受我国著作权法保护,两被告的行为构成了对原告著作权的侵权。青岛市中级人民法院依据《伯尔尼保护文学艺术作品公约》(1971 年,巴黎文本)和《中华人民共和国著作权法》判决两被告停止侵权行为、赔偿原告损失。

【案例 2】 日本圆谷制作株式会社诉广州连合科技电子钟表厂著作权侵权纠纷案

原告日本圆谷株式会社(以下简称圆谷会社)在其制作的系列影像作品中创作了科幻英雄人物"奥特曼"(ULTRAMAN)形象。其主要特征为:头部为头盔形,两眼突起呈椭圆形,两眼中间延至头顶部有突起物,无眉,无发,有嘴,方耳。2000 年 3 月,原告在被告广州连合钟表厂处购买到"天美时"牌白色闹钟 1 只,其外观人物造型与"奥特曼"形象雷同,其人物的头部特征与奥特曼形象相近,且白色闹钟的包装盒的正面和后面印有奥特曼简笔漫画形象。原告向法院起诉,请求判令被告停止侵权、赔礼道歉并赔偿损失。一审法院认为,原告圆谷会社系日本国法人,其制作的"奥特曼"影像作品虽发表于中国境外,但日本国与中国都是《伯尔尼公约》的成员国,按照该公约第 5 条之 1 所规定的原则,作者圆谷会社在作品起源国以外的该公约成员国中享有各该国法律给予其国民的权利。该公约第 2 条之 1 明确了文学艺术作品的范围包括文学、科学和艺术领域内的一切成果,不论其表现形式或方式如何。"奥特曼"系原告制作的影像作品,该影像作品中的主人公"奥特曼"的形象与一般人有显著区别,主要表现在其头部特征方面,是其独创性所在。因此,原告对其创作的"奥特曼"形象的独创设计符合该公约文学艺术作品的条件,可以作为一种艺术作品,依据该公约规定享有著作权并受我国著作权法的保护。将被告制造、销售的被控侵权的超人闹钟与原告的"奥特曼"作品的人物造型相比较,该被控侵权的超人闹钟的人物造型包含了原告"奥特曼"作品独创性的主要特征。被告无证据证明其复制得到原告的许可,应认定被告制造、销售的被控侵权的超人闹钟构成对原告设计的"奥特曼"作品的侵权。一审法院根据我国著作权法和《伯尔尼公约》的规定,判定被告停止侵权,并赔偿损失。二审法院维持了一审判决。

七、世界版权公约

《世界版权公约》(简称为 UCC,英文全称为 Univrsal Copyright Convention),于 1952 年 9 月 6 日在瑞士日内瓦签订,该公约是在联合国教科文组织的主持下签订的,又称作《1952 年公约》《日内瓦公约》或《万国版权公约》。该公约于 1955 年 9 月 16 日正式生效,1971 年在巴黎作过修订。我国 1992 年 9 月 1 日向联合国教科文组织递交了世界版权公约的加入书,并于 1992 年 10 月 30 日起成为该公约的成员国。《世界版权公约》在保护的权利主体和客体、公约追溯力、保护期、精神权利、经济权利、国民待遇等方面的规定均与《伯尔尼公约》有所不同。前者担负着一种较低水平的国际版权保护。《世界版权公约》的主要内容基本上被《伯尔尼公约》所覆盖,只是最低保护标准要低于《伯尔尼公约》。

(一)《世界版权公约》的基本原则

1. 国民待遇原则

《世界版权公约》第2条规定,任何缔约国国民出版的作品或在该国首先出版的作品,均享有其他缔约国给予其本国国民在本国首先出版之作品同等保护;任何缔约国国民未出版的作品,亦享有其他缔约国给予其国民未出版作品之同等权利;任何缔约国须依本国法律将居于该国的任何人(包括无国籍人、流亡者)视为本国国民。由此可知,有权享受国民待遇原则的主体包括:(1)缔约国国民,无论作品是否发表,都享有国民待遇;(2)非缔约国国民,在缔约国有住所的,无国籍人、流亡者在缔约国有惯常居所,都被视为缔约国国民而享有国民待遇(3)非缔约国国民在缔约国虽无住所但其作品在成员国首次发表时,享有国民待遇。该原则与《伯尔尼公约》不同的是对于非缔约国国民在缔约国有住所或无国籍人和流亡者在缔约国有惯常居所都被视为国民,规定的范围比较宽泛,而《伯尔尼公约》则规定非缔约国国民在缔约国有惯常居所的被视为国民。

2. 版权独立性原则

版权独立性原则是指享有国民待遇的作者在公约任何成员国所得到版权保护不依赖其作品在来源国受到的保护,在符合公约中最低要求的前提下,该作者的权利受到保护的水平、司法救济方式等均完全适用提供保护的那个成员国的法律。《伯尔尼公约》和《世界版权公约》都确立了版权独立性原则。《世界版权公约》对该原则的规定散见于第2条、第3条第1、2款,第4条第1款中,而《伯尔尼公约》则规定在第5条第2款中。这些规定主要指以下三种情形:

(1)公约成员国中,有些成员国要求版权保护必须履行一定的手续,否则不予保护。公约对此不予干预,由本国法决定。但是当有关作者在其他成员国要求保护时,不能以其本国要求履行手续,而要求该作者的作品履行手续。

(2)作者居住地和首次出版地都在同一国的作品,在该国被以某种方式利用不构成侵权,而在另一成员国依照该国法同样的利用方式则构成侵权。那么,另一成员国不能以作品来源国此种利用方式不侵权为由,判定在该国的利用为不侵权。

(3)不能因为作品的来源国的保护水平低,而对该作品给以低水平保护。

版权独立性原则表明了一国版权法的实施不受他国干扰。例如某一作品在法国受到版权保护,那么在英国、日本同样受到保护;但是在英国适用的是英国版权法的保护,在日本适用的是日本版权法的保护,这是版权地域性特点的体现。

3. 非自动保护原则

美国及许多泛美版权公约成员国在未加入伯尔尼公约之前均实行版权的"登记保护制",这是与伯尔尼公约的自动保护原则冲突的。为取得平衡,世界版权公约采取了妥协性规定。它没有要求以登记作为版权保护的前提,也没有沿用伯尔尼公约自动保护。与《伯尔尼公约》规定的自动保护原则相反的是《世界版权公约》采取的是非自动保护原则,即要受到版权保护必须履行一定的手续。《世界版权公约》第3条规定,任何缔约国依其本国法律要求履行特定手续作为版权保护的条件的,对于依本公约受保护并在该国领土以外首次出版,而其作者又非本国国民的作品,经作者或版权所有者授权出版,自首次出版之日起,须标有©记、版权所有者姓名及首次出版年份,而其标注的方式和位置能适当地表明是要求版权的通告,且被认为符合本国法履行手续的要求,得依公约给予保护。未出版的作品则无须履行手续。关于载有版权标记的规定,并不妨碍任何缔约国要求凡在其领域内首次出版的作品,或其国民在任何地方出版的作品,为获得和享有版权履行手续或要求其他条件。

另外,《世界版权公约》也规定了独立保护原则与最低标准保护原则,其内容与《伯尔尼公约》基本相同。独立保护原则规定的条款分散于不同的条款中,没有《伯尔尼公约》规定的集中,就最低保护原则来说,其保护水平更低。

(二)《世界版权公约》的主要内容

1. 权利主体

《世界版权公约》规定的权利主体,包括作者及其他版权所有者。公约并不要求版权人一定参加创作,投资者也可以拥有版权。而《伯尔尼公约》认为只有创作才能产生作品,只有作品的作者才拥有著作权,因此只规定权利主体只能是作者。

2. 保护作品的范围

公约并未像《伯尔尼公约》那样详细列出受保护作品的种类,只作了概括性规定,成员国必须保护的文学、科学,及艺术作品应该包括文字的、音乐的、戏剧的、电影作品以及绘画、雕刻与雕塑。

3. 对人身权的保护与否

公约对人身权未作强制性规定,由各成员国立法决定。因为公约重视的是版权人的财产利益,而《伯尔尼公约》将作品与作者的人格联系起来,所以规定必须保护作者的精神权利。

4. 财产权

《世界版权公约》不仅没有规定著作的人身权,对财产权的规定有:本公约第1条所述的权利,即应包括保证作者经济利益的各种权利,其中有准许以任何方式复制、公演、及广播等专有权利。规定的内容相当概括,比《伯尔尼公约》少了改编权、朗诵权和摄制电影权。

5. 作品的保护期

公约第 4 条规定了作品的保护期:一般情况下,作品的保护期不少于作者有生之年加死后 25 年;如果成员国在加入本公约之前,作品是从首次出版之日或出版前登记之日计算保护期,可以保留原计算方法,但不得少于自首次出版日或出版前登记日起 25 年。成员国对摄影作品或实用艺术作品提供保护,则保护期不得少于 10 年。《伯尔尼公约》规定的保护期一般是作者有生之年加死后 50 年,保护水平明显高于《世界版权公约》。

6. 公约的追溯力

在追溯力方面,《世界版权公约》和《伯尔尼公约》的规定截然不同。《伯尔尼公约》规定公约具有追溯力,即对公约生效时在其来源国进入公有领域,而保护期依公约的规定尚未届满的作品仍给予公约提供的保护。《世界版权公约》恰恰相反,《公约》在第 7 条规定:本公约不适用于当公约在其成员国生效时,已永久进入该国公有领域的那些作品或作品中的权利。该条表明《世界版权公约》不具有追溯力,公约在成员国生效时,对该国进入公有领域的作品无论是否保护期届满,都不给予保护。《世界版权公约》看的是作品在受保护国的状态(处于专有领域还是公有领域),而不是看作品在来源国的状态。这样一来,一个新参加世界版权公约的国家,对其原来已经自由使用着的外国作品仍可以自由使用,而不必转过头去再给以保护。例如,阿尔及利亚于 1973 年 8 月 28 日正式参加该公约。在这天之前于其他成员国首次出版的作品,对阿尔及利亚来讲即永远"进入公有领域了,阿只有义务保护在这一天之后其他成员国出版的作品。这对于减轻一个发展中国家经济上的负担,无疑是有利的。"[①]但是,同时参加了《伯尔尼公约》和《世界版权公约》的国家,由于《伯尔尼公约》的内容很多覆盖了《世界版权公约》的内容,对于这些国家来说,不能再援引《世界版权公约》第 7 条了。

7. 对公约条款的保留

《世界版权公约》因为保护水平不高,公约内容又多为原则性规定,所以公约第 20 条规定,成员国不能对公约条款保留。《伯尔尼公约》因为提供的是高水平的保护,为了保证公约应有的普遍性,规定了公约条款的保留,目的是吸引更多发展中国家加入。

---

① 郑成思:"两个主要版权公约与版权的国际保护",载《国际贸易》1992 年第 5 期。

八、《世界版权公约》与《伯尔尼公约》之间的关系

因为《世界版权公约》没有规定自动保护原则以及保护期较短,承认自己的保护水平低于《伯尔尼公约》,所以为了保证《伯尔尼公约》高水平的保护,《世界版权公约》在第17条规定,已经参加《伯尔尼公约》的,可以再参加《世界版权公约》,但不能退出《伯尔尼公约》,否则《世界版权公约》不提供公约给予的保护。为了制止规避《伯尔尼公约》的高水平保护,而只适用《世界版权公约》的低水平保护,《世界版权公约》还规定,只要作品的原出版国是《伯尔尼公约》的成员国,应援引《伯尔尼公约》的规定而非《世界版权公约》的规定。

九、《世界版权公约》与TRIPs协议之间的关系

TRIPs协议第2条专门规定了TRIPs协议与其他知识产权公约的关系,在该条中保证第一至第四部分的任何规定不背离各成员之间现有的依《巴黎公约》《伯尔尼公约》《罗马公约》和《关于集成电路的知识产权条约》所相互承担的义务。《世界版权公约》并不在协定所列举的公约之内,也就是说协定的某些条款有可能违反《世界版权公约》的规定。TRIPs协议没有将《世界版权公约》列入,是因为TRIPs协议已经继承了《伯尔尼公约》实体性条款,达到了较高的保护水平,没有必要再遵守较低水平的《世界版权公约》。但是,TRIPs协议并没有完全抛弃《世界版权公约》,而是在一定程度上借鉴了公约的规定。在授予作者的权利方面,协定第9条规定,"全体成员均应遵守《伯尔尼公约》(1971年文本)第1条至第21条及公约附录。但对于《伯尔尼公约》第6条之2规定无权利对于从该条引申的权利,成员应依本协议而免除权利或义务。"《伯尔尼公约》第6条之2是对作者人身权的保护,包括作者的署名权、修改权和保护作品完整权。可以看出,TRIPs协议并不要求各成员保护作者的精神权利。TRIPs协议并不保护作者的人身权,就是考虑到不保护作者人身权的《世界版权公约》成员国的利益。

第三节 《世界知识产权组织版权条约》和《世界知识产权组织表演和录音制品条约》

一、两个条约的签订

在国际互联网的环境下,由于应用数字技术使用作品而产生的版权和邻接权保护的新问题需要通过条约的形式在世界范围内解决。1996年12月20日,在世界知识产权组织的主持下,有一百多个国家代表参加的日内瓦外交会议上,

缔结了《世界知识产权组织版权条约》和《世界知识产权组织表演和录音制品条约》(简称《版权条约》和《表演和录音制品条约》)。因为是为了适应网络环境而缔结的条约,所以也被称作因特网条约。在数字环境下,通过《版权条约》《表演和录音制品条约》,表演艺术家如歌唱家和音乐家、录音公司,其他门类的创作者如作曲家、艺术家和作家,以及文化与信息产业的公司,将第一次能够充满信心地从事创作、传输、买卖并控制使用其作品表演和录音。

《版权条约》(简称 WCT)于 2002 年 3 月 6 日生效,作为其姐妹条约的《表演和录音制品条约》(简称 WPPT)也于 2002 年 5 月 20 日生效。这标志着国际版权保护迈入了一个新时代,我国于 2007 年加入这两个条约。《版权条约》共计 25 条,其中实质性条款 14 条,程序性条款 11 条,此外还附有"议定声明"9 条,对条约中容易发生歧义的问题进行解释。《表演和录音制品条约》共计 33 条,其中实质性条款 23 条,程序性条款 10 条,此外还附有"议定声明"10 条。该条约共五章,第一章为"总则",第二章为"表演者的权利",第三章为"录音制品制作者的权利",第四章为"共同条款",第五章为"行政条款和最后条款"。

两个条约的程序性条款基本相同,主要包括所谓的行政条款和最后条款。这些条款规定了大会的运作、成为条约缔结方的资格、条约的签署、生效、保留、退约及工作语言等内容。这两个条约及所附的议定声明,是在新技术发展和国际贸易的新环境下,为解决版权和邻接权领域的新问题而签订的条约,在一定程度上弥补了原有的《伯尔尼公约》和《罗马公约》的不足,给版权的国际保护产生极其重要的影响。

二、《版权条约》主要内容

(一)《版权条约》与《伯尔尼公约》的关系

《版权条约》与《伯尔尼公约》具有特殊的关系。《版权条约》是在继承《伯尔尼公约》的基本原则和规则的基础之上,对《伯尔尼公约》中没有规定的内容或者规定不明确的内容进行了补充规定。早在 1989 年,伯尔尼联盟和世界知识产权组织大会就决定,制定一项符合新技术发展的版权保护的新条约必须在《伯尔尼公约》的框架内进行。此后在公约的制定过程中世界知识产权组织成立的专家委员会一直遵循这一原则进行工作。《版权条约》第 1 条就明确规定了条约与《伯尔尼公约》(1971 年巴黎文本)的关系。条约第 1 条的标题为"与《伯尔尼公约》的关系",主要有三个方面的内容。

1.《版权条约》是《伯尔尼公约》第 20 条意义下的一个特别协定。根据条约第 1 条第 1 款的规定,对于《伯尔尼公约》的成员国而言,本条约是《伯尔尼公约》第20条含义下的一个特别协定。根据《伯尔尼公约》第20条的规定，成员国政府之间订立的"授予作者的权利比公约所授予的权利更为广泛，或其中包括并不违反本公约的其他条文"的特别协定。《版权条约》将自己纳入《伯尔尼公约》第20条含义下的一个特别协定的好处在于既可以利用《伯尔尼公约》的影响力，促进条约的生效、实施，又可以不必重复《伯尔尼公约》已有规定，简化了条约的内容。但是有一点需要明确，条约作为《伯尔尼公约》第20条含义下的一个特别协定，并非针对条约的所有成员国而言的，而只对于也同为《伯尔尼公约》成员国而言的，即条约具有一定的独立性。

另外，《条约》第1条第1款除了前述规定外，还有一句话规定了条约与其他条约的关系，本条约与《伯尔尼公约》之外的其他条约无任何关系，不得减损根据其他条约所产生的任何权利和义务。这句话表明《版权条约》与除了《伯尔尼公约》之外的其他条约没有关系，即使该条约与TRIPs协议有很多相似之处，但是与之是各自独立的。

2. 条约不影响缔约方根据《伯尔尼公约》承担的义务。《条约》第1条第2款规定，本条约中的任何规定均不得减损缔约方根据《伯尔尼公约》应相互承担的现存义务。因为条约是在不违背《伯尔尼公约》精神的基础上制定的新规则，而不是《伯尔尼公约》的修订本。因此作为《伯尔尼公约》的成员国仍然要承担该公约规定的义务，不能以加入《版权条约》为由而拒绝承担《伯尔尼公约》规定的义务。

3. 缔约方应遵守《伯尔尼公约》第1条至第21条和附件的规定。《条约》第1条第4款特别规定，缔约方应遵守《伯尔尼公约》第1条至第21条和附件的规定。条约的成员国既可以是《伯尔尼公约》的成员国，也可以是《伯尔尼公约》的非成员国，因为根据《条约》第17条的规定，世界知识产权组织成员国、经大会批准的政府间国际组织以及欧盟，都可成为本条约的缔约方。但是，无论是否是《伯尔尼公约》的成员国，都要遵守《伯尔尼公约》第1条至第21条和附件的规定。这就是说，条约扩大了《伯尔尼公约》的适用范围，将其扩大到非《伯尔尼公约》成员国而是《版权条约》的成员国。

（二）公约对《伯尔尼公约》的适用

《版权条约》第3条规定："缔约各方对于本条约所规定的保护应比照适用《伯尔尼公约》第2至第6条的规定"。条约将《伯尔尼公约》第2条至第6条的规定转换为条约的规定，要求条约各成员国遵守。根据《伯尔尼公约》第2条至第6条的规定，主要包括以下内容：

1. 版权的保护范围。《版权条约》是文学艺术作品。《伯尔尼公约》第2条第1款规定，"文学艺术作品"一词包括科学和文学艺术领域内的一切作品，而不论其表现方式或形式如何，包括书籍、小册子及其他文字作品；讲课、演讲、讲道及其他同类性质的作品;戏剧或音乐作品;舞蹈艺术作品及哑剧作品;配词或未配词的乐曲;电影作品或以电影摄影术类似的方法创作的作品;图画、油画、建筑、雕塑及版画;摄影作品及以摄影术类似的方式创作的作品;实用美术作品;插图、地图、与地理、地形、建筑或科学有关的设计图、草图及造型作品。《伯尔尼公约》第 2 条第 3 款规定演绎作品是对原作品进行翻译、改编或其他改变而形成的新作品,可以独立享有版权,只要不损害原作版权。《公约》第 2 条第 4 款规定,对于立法条文、行政及法律性质的官方文件,以及这些作品的官方译本的版权保护问题,由各缔约国国内立法自行决定。《公约》第 2 条第 5 款规定,文学艺术作品的汇编,诸如百科全书、文选,由于其内容的选择与编排而构成智力创作的,在其本身不损害构成它的各个作品的版权的情况下,同样受到保护。《公约》第 2 条第 7 款规定,各成员国可自行以立法决定本国法律对实用艺术品、工业品平面与立体外观设计等的适用程度,以及这些艺术作品、工业品平面与立体外观设计的受保护条件。在起源国仅仅作为平面与立体外观设计而受保护的作品,在其他成员国也可以获得该国给予平面与立体外观设计的特别保护。但如果某成员国没有这种特别保护,则这类作品必须作为艺术作品而受保护。

作品的保护范围,除了依照《伯尔尼公约》第 2 条至第 6 条的规定,条约还特别规定计算机程序和数据库受到保护,数据库要求内容的选择或编排构成智力创作而受保护,而不论采用的形式如何;也就是说公约只对有独创性的数据库进行保护,而不保护无独创性的数据库。计算机程序作为文字作品受保护。本公约版权保护范围的规定与 TRIPs 协议相一致。

2. 保护的标准

依《伯尔尼公约》第 3 条的规定,本公约提供的保护适用于:具有本联盟成员国国民身份的作者,无论其作品是否已出版;非本联盟成员国民的作者,其作品首次系于某一成员国出版,或在本联盟成员国及非成员国同时出版。

3. 国民待遇原则、自动保护原则和版权独立原则。《伯尔尼公约》第 5 条规定了国民待遇原则、自动保护原则和版权独立原则,这些原则早已成为世界各国保护版权的基本准则,上文在介绍《伯尔尼公约》时已经详细论述,在此不再赘述。

4. 对某些非联盟成员国国民的作者的限制。《伯尔尼公约》第 6 条规定,如果非联盟成员国未能为联盟成员国的国民提供充分保护,则成员国可对在该成员国内无惯常居所的该非联盟成员国国民首次于其境内出版的作品在保护上予以限制。本联盟其他成员国对于该特定作品提供保护的范围,无须宽于首次出版国提供的保护,但运用限制权的国家应书面通知世界知识产权组织总干事。

(三)《版权条约》新增加的内容

《条约》除了遵循《伯尔尼公约》的基本原则和适用条款之外,还增加了新的内容。具体来说有以下几个方面:

1. 保护范围

作品的保护范围,除了依照《伯尔尼公约》第2条至第6条的规定,条约还特别规定计算机程序和数据库受到保护,数据库要求内容的选择或编排构成智力创作而受保护,而不论采用的形式如何;也就是说公约只对有独创性的数据库进行保护,而不保护无独创性的数据库。计算机程序作为文字作品受保护。《条约》第4条规定:"计算机程序作为《伯尔尼公约》第2条意义下的文字作品受到保护,此种保护适用于各计算机程序,而无论其表达方式或表达形式如何。"该条规定与《与贸易有关的知识产权协议》相一致。TRIPs协议第10条第1款规定,"无论以源代码或以目标代码表达的计算机程序,均应作为伯尔尼公约1971年文本所指的文字作品给予保护。"《条约》的规定说明计算机程序的性质是一种文字作品。

在《伯尔尼公约》中,只规定了以作品为保护对象,但是没有就作品中哪些因素受保护作出规定,其他的国际公约和国内立法也没有相关的规定。为解决这个问题,TRIPs协定第9条第2款首次明确规定:"版权保护应延及表达,而不延及思想、工艺、操作方法或数学概念之类。"TRIPs协议的这一规定被《版权条约》几乎照搬过来,只是在文字上将"应"在删去了,即①规定:"版权保护延及表达,而不延及思想、过程、操作方法或数学概念之类。"

《版权条约》第5条规定:"数据或其他资料的汇编,无论采用任何形式,只要由于其内容的选择或排列构成智力创作,其本身即受到保护。"该条是从TRIPs协议第10条第2款②发展而来,此种保护不及于数据或其他材料本身,且不得减损汇编中所包含的数据或其他材料的所享有任何权利。

2. 新增经济权利

该公约所规定的经济权利包括:(1) 发行权。该《条约》第6条规定文学和艺术作品的作者应享有授权通过销售或其他所有权转让形式向公众提供其作品或复制品的专有权。该条表明条约规定的发行权具有两个方面的内容:第一,发行权的范围是文学和艺术作品,即《伯尔尼公约》规定的作品的范围;但是《伯尔尼公约》规定的发行权的范围只有电影作品享有发行权,而条约却扩大到了所有作品。第二,发行的形式是指通过销售或其他所有权转让形式,但是不包括非

---

① 《世界知识产权组织版权条约》第2条。
② TRIPs第10条第2款规定:"不论是机读的还是其他形式的数据或其他材料的汇编,其内容的选择和安排如构成了智力创造即应作为智力创造加以保护。这种不得延及数据或材料本身的保护不应妨碍任何存在于数据或材料本身的版权。"

所有权转让的形式,如出租、展览等。发行的对象是作品的原件和复印件。发行达到的目的是向公众提供了作品原件或复印件即可,而不问公众是否利用了作品。从对发行权的解释可知,条约规定的发行与我国《著作权法》规定的发行概念不同,我国《著作权法实施条例》第5条第5项规定,"发行,指为满足公众的合理需求,通过出售、出租等方式向公众提供一定数量的作品复制件",发行方式包括了除转移所有权之外,还有不转移所有权的出租行为。《版权条约》第6条第2款对发行权的穷竭问题进行了规定,即"对于在作品的原件或复制品经作者授权被首次销售或其他所有权转让之后适用本条第1款中权利的用尽所依据的条件(如有此种条件),本条约的任何内容均不得影响缔约各方确定该条件的自由"。条约所规定的发行权穷竭是针对经作者授权而首次出售或以其他方式转让所有权的作品的原件或特定的复制件,对于那些未经作者授权而发行的作品原件或未经作者授权而复制的复制件,并不适用权利穷竭。权利穷竭也不适用于其他针对作品本身的行为,如复制、修改等。(2)出租权。《条约》第7条规定计算机程序、电影作品和唱片的作者享有出租作品原件或复制件的专有权。但是计算机程序并非出租的主要目的的除外。而且电影作品的商业出租严重损害复制权时,电影作品的作者不能享有出租权。关于出租权的规定与《与贸易有关的知识产权协议》相同。(3)向公众传输权。《条约》第9条规定作者有权以有线或无线的方式向公众传播其作品。这里的传输必须是向公众即向不特定的多数人的传输,如果通过电子信箱的通信方式传输他人作品,不应属于传输权控制范围。

3. 摄影作品的保护期限。《条约》第9条规定:"对于摄影作品,缔约各方不得适用《伯尔尼公约》第7条第4款的规定。"在《伯尔尼公约》中,摄影作品的保护期短于一般作品的保护期。根据《伯尔尼公约》第7条第1款的规定,公约所提供的保护期,为作者有生之年加死后50年。而对于摄影作品,公约第7条第4款允许成员国自行确定保护期,最短不少于作品完成之后25年。摄影作品的保护期限从《伯尔尼公约》规定的25年延长到50年,与《与贸易有关的知识产权协议》规定的摄影作品的保护期相同。

4. 权利的限制与例外

《条约》第10条第1款规定,对于本条约授予文学艺术作品的作者的权利,缔约方得在其国内法中规定某些特殊情况下的限制或例外,但不得与作品的正常使用相冲突,也不得不合理地损害作者的合法利益。该条规定与《伯尔尼公约》的规定相似,依公约第9条第2款的规定,成员国可以准许在某些特殊情况下复制有关作品。这两部公约都允许国内法规定某些特殊情况下的限制或例外,不同的是条约将《伯尔尼公约》规定的复制作品的例外扩大到对版权其他权利的限制。

依条约第10条第2款的规定,在适用《伯尔尼公约》时,缔约方应将公约规定的限制与例外限定于某些特殊情况,不得与作品的正常利用相冲突,也不得不合理地损害作者的合法利益。该条表明条约在适用《伯尔尼公约》所规定的限制或例外条款时,必须满足一定的条件,即不得与作品的正常利用相冲突,也不得不合理地损害作者的合法利益。

5. 对技术保护的保护措施

近年来,出现了对权利人对自己的数字化作品的加密保护方式专门进行解密,或对其他保护手段进行类似的反向行为的个人或企业。多数解密者的目的并不是自己研究或娱乐,而是提供给复制者进行非法营利。条约第11条规定,缔约方应提供充分的法律保护和有效的法律救济,以反对那些破坏作者为行使本条约或《伯尔尼公约》规定的权利或为限制那些未经有关作者同意或法律准许的与作品有关的行为而采取的技术措施的行为。条约规定这种解密或其他反向破坏权利人的保护措施的行为是违法行为。有关技术措施的规定,对于版权保护具有很大的推动作用,从单纯的制止侵权行为到制止为侵权提供装置和服务的行为,可以从根本上制止侵权行为。

但是条约规定的技术措施比较原则,而要求由各成员国自己立法去规定以何种方式禁止反措施和保护权利人。也就是说,条约规定把禁止未经许可的解密等活动作为版权人的一项法定权利,由各成员国立法采取措施保护。

6. 权利管理信息的保护措施

在网络环境下,版权人通常在其作品上附有有关作品的作者、作品版权保留等电子管理信息。在实践中常常发生将版权人要求付费使用的作品从计算机内存中下载后,删除或更换作者姓名或作品名称再上载,或将"公告版"上他人享有版权的作品删改作品的管理信息。这些行为对互联网传播信息事业的发展造成了不利的影响,也不能保护版权人的合法权利。条约第12条规定,缔约方应提供充分的法律保护和有效的法律救济,以制止任何人明知或有合理理由知道其行为将导致、促使、便利或隐藏侵犯本条约或《伯尔尼公约》所规定的权利而故意实施下列行为:未经授权移走或改变任何电子权利管理信息;未经授权发行、为发行而进口、广播或向公众传播明知电子权利管理信息未经授权已被移走或改变的作品或作品的复制件。也就是说,条约确定版权人有权禁止对其作品的管理信息的删除或更换行为。擅自改动他人作品的电子管理信息是违法行为。

7. 权利实施的规定

根据条约第14条第1款,缔约方承诺,根据其法律制度,采取必要措施保证本条约的实施。权利的实施关系到条约所规定的版权保护能否真正实现,因此是条约规定的一项重要内容。依条约第14条第2款规定,缔约方应保证其实施程序能够对任何侵权行为提起有效的法律诉讼,包括为制止侵权行为而规定及时高效的救济和足以对进一步的侵权起威慑作用的救济。根据该条规定,实施的关键包括两个方面,一是适当快捷的诉讼程序或其他程序,二是及时高效的救济和足以对进一步的侵权起威慑作用的救济。条约规定的权利实施的条款借鉴了 TRIPs 的相关规定,在版权保护方面比《伯尔尼公约》更为有力和具有可操作性。

8. 生效日条款

以往世界知识产权组织管理的条约多是有 5 个国家批准即可生效。而《版权条约》规定必须是 30 个国家批准方可生效。《表演和录音制品条约》也是如此规定的。

三、世界知识产权组织表演和录音制品条约(WPPT)的主要内容

（一）WPPT 与其他国际公约的关系

WPPT 第 1 条明确规定了与其他公约尤其是《罗马公约》的关系。《罗马公约》是邻接权保护领域的基础性公约,因此该条约第 1 条第 1 款对《罗马公约》是尊重和接纳的态度。根据该条规定,任何人不得以该条约为依据减损缔约方相互之间依照《罗马公约》已承担的各项义务。

WPPT 还明确了表演者和录音制品制作者与原作品版权的关系。条约第 1 条第 2 款规定,依本条约授予的保护不得触动或以任何方式影响对文学和艺术作品版权的保护。关于条约第 1 条第 2 款指出,"不言而喻,第 1 条第 2 款澄清本条约规定的对录音制品的权利与以录音制品体现的作品的版权之间的关系。在需要以录音制品体现的作品的作者与对录音制品持有权利的表演者或制作者许可的情况下,获得作者许可的需要并非因同时还需获得表演者或制作者的许可而不复存在,反之亦然。"

WPPT 条约第 1 条第 3 款明确规定,本条约不得与任何其他条约有任何关联,亦不得损害依任何其他条约的任何权利和义务。该条表明 WPPT 不是《伯尔尼公约》或《罗马公约》框架内的协定或条约。

（二）保护的对象及国民待遇

条约第 3 条第 1 款要求,缔约各方应将依本条约规定的保护给予其他缔约方国民的表演者和录音制品制作者。该条涉及三个概念"其他缔约方国民""表演者"和"录音制品制作者"。条约对这三个概念给以解释。"其他缔约方国民"是指"符合《罗马公约》规定的标准、有资格受到保护的表演者或录音制品制作者,如同本条约的全体缔约方均假设为该公约缔约国的情形"。所谓表演者,是指演员、歌唱家、音乐家、舞蹈家以及表演、歌唱、演说、朗诵、演奏、表现,或以其他方式表演文学艺术或艺术作品或民间文学艺术作品的其他人员。所谓录音制

品制作者,是指对首次将表演的声音、或其他声音、或声音表现物录制下来提出动议并负有责任的自然人或法人。

根据条约第4条第1款的规定,在本条约所专门授予的专有权以及本条约第15条所规定的获得合理报酬的权利方面,每个缔约方均应将其给予本国国民的待遇给予其他缔约方的国民。该条表明,条约成员国之间给予国民待遇。

(三) 表演者的权利

1. 表演者的精神权利

《条约》第5条第1款规定,不依赖于表演者的经济权利,甚至在这些权利转让之后,表演者仍应对于其现场有声表演或以录音制品录制的表演有权要求承认其系表演的表演者,除非使用表演的方式决定可省略不提其系表演者,并有权反对任何对其表演进行将有损其名声的歪曲、篡改或其他修改。表演者精神权利在表演者死亡之后应继续保留,至少到其经济权利期满为止,并应可由被要求提供保护的缔约方立法所授权的个人或机构行使。如果缔约方在批准或加入条约时其立法尚未规定在表演者死亡后保护上述全部精神权利的,可规定其中部分权利在表演者死亡之后不再保护。

2. 表演者对其尚未录制的表演的经济权利

对于尚未录制的表演,表演者享有下列专有权,以授权:(1) 广播和向公众传播其尚未录制的表演,除非该表演本身已广播表演;(2) 录制其尚未录制的表演。

根据《条约》第2条的定义,所谓录制,是指对声音或声音表现物的体现,从中通过某种装置可感觉、复制或传播该声音。所谓广播,是指以无线方式的播送,使公众能接收声音、或图像和声音、或图像的表现物;通过卫星进行的此种播送亦为"广播";播送密码信号,如果广播组织或经其同意向公众提供了解码的手段,则是"广播"。所谓向公众传播表演,是指通过除广播以外的任何媒体向公众播送表演的声音或以录音制品录制的声音或声音的表现物。

3. 表演者的复制权

表演者应享有授权以任何方式或形式对其以录音制品录制的表演直接或间接地进行复制的专有权。根据条约第2条的定义及议定声明,复制不仅指利用原有录音制品相同的介质再现表演,还包括在电子媒体中以数字形式存储受保护的表演。

4. 表演者的发行权

表演者应享有授权通过销售或其他所有权转让形式向公众提供其以录音制品录制的表演的原件或复制品的专有权。这里的"复制品"和"原件和复制品",专指可作为有形物品投放流通的固定的复制品。条约允许缔约方规定发行权的穷竭及适用条件。即对于在已录制的表演的原件或复制品经表演者授权被首次销售或其他所有权转让之后适用本条第 1 款中权利的用尽所依据的条件(如有此种条件),本条约的任何内容均不得影响缔约各方确定该条件的自由。

5. 表演者的出租权

表演者应按缔约各方国内法中的规定享有授权将其以录音制品录制的表演的原件和复制品向公众进行商业性出租的专有权,即使该原件或复制品已由表演者发行或根据表演者的授权发行。任何缔约方如在 1994 年 4 月 15 日已有且现仍实行表演者出租其以录音制品录制的表演的复制品获得公平报酬的制度,只要录音制品的商业性出租没有引起对表演者复制专有权的严重损害,即可保留这一制度。

6. 表演者的提供已录制表演的权利

表演者应享有专有权,以授权通过有线或无线的方式向公众提供其以录音制品录制的表演,使该表演可为公众中的成员在其个人选定的地点和时间获得。

(四) 录音制品制作者的权利

《表演和录音制品条约》专门授予了录音制品制作者的四项基本权利:复制权、发行权、出租权和提供录音制品的权利

1. 复制权

根据 WPPT 第 11 条,录音制品制作者应享有授权以任何方式或形式对其录音制品直接或间接地进行复制的专有权。

2. 发行权

WPPT 第 12 条规定,录音制品制作者应享有授权通过销售或其他所有权转让形式向公众提供其录音制品的原件或复制品的专有权。与表演者的发行权同样,公约允许缔约方在国内法中规定发行权的穷竭及其适用条件。

3. 出租权

根据 WPPT 第 13 条,录音制品制作者应享有授权对其录音制品的原件和复制品向公众进行商业性出租的专有权,即使该原件或复制品已由录音制品制作者发行或根据录音制品制作者的授权发行。与表演者的出租权同样,WPPT 规定 1994 年 4 月 15 日已存在相关制度,允许录音制品制作者出租其录音制品的复制品获得公平报酬的国家,可以保留这类制度,只要录音制品的商业性出租没有引起对录音制品制作者复制专有权的严重损害。

4. 向公众提供录音制品的权利

WPPT 第 14 条规定,录音制品制作者应享有专有权,以授权通过有线或无线的方式向公众提供其录音制品,使该录音制品可为公众中的成员在其个人选定的地点和时间获得。

5. 保护期。表演者的精神权利的保护期不受限制。表演者和唱片制作者的经济权利的保护期至少应为 50 年。

（五）表演者和录音制品制作者共同适用的条款

1. 因广播和向公众传输获得的权利。根据 WPPT 第 15 条的规定，如果为商业目的发行的录音制品被直接或间接地用于广播，或用于向公众传播，表演者和录音制品制作者均享有获得一次性报酬的权利。此条款所称的"为商业目的的发行"是指以有线或无线的方式向公众提供，可为公众中的成员在其个人选定的地点和时间获得的录音制品。WPPT 规定，缔约方可在其国内法中明确规定，该一次性合理报酬应由表演者和录音制品者其中之一，或者由二者共同向使用者索取。这个问题也可以通过表演者和录音制作者通过协议的方式解决。

2. 权利的限制与例外。此项与《版权条约》规定相同，即条约并未明确规定对表演者和录音制品制作者的权利限制和例外情形，但是允许缔约国通过国内立法规定，条件是不得损害表演者和录音制品制作者的合法权利，或与录音制品的正常使用相冲突。

3. 对技术保护的保护措施。条约规定解密或其他反向破坏权利人的保护措施的行为是违法行为，并要求由各成员国自己立法规定以何种方式禁止反措施和保护权利人。此项与《版权条约》规定相同。

4. 权利管理信息的保护措施。条约确定表演者和录音制品制作者有权禁止对其表演和录音制品的管理信息的删除或更换行为。他人擅自改动表演和录音制品的电子管理信息，是违法行为。

5. 保护期限。表演者的保护期限，应自表演以录音制品录制之年的年终算起，至少持续到第 50 年期满为止。录音制品制作者的保护期限，应自该录音制品发行之年的年终算起，至少持续到第 50 年期满为止。如果录音制品自录制完成之日起 50 年内未被发行，保护期限应自录制完成之年的年终起至少持续 50 年。

第四节　保护表演者、唱片制作者和广播组织者的《罗马公约》

一、公约的产生

《罗马公约》是世界上第一个关于与著作权相关的邻接权保护的国际公约，该公约在 1961 年由世界劳工组织、教科文组织和世界知识产权组织共同发起，于意大利的罗马缔结的。该公约又被称为《邻接权公约》，公约在 1964 年 5 月 18 日生效。《罗马公约》对成员国的资格是有限制的，即只有参加了《伯尔尼公约》或《世界版权公约》才能有资格参加《罗马公约》。因此《罗马公约》是一个非开放性的公约。到 2004 年 11 月 4 日，《罗马公约》共有 79 成员国，目前我国尚未加入。但是《与贸易有关的知识产权协议》却规定,凡是世界贸易组织成员国的国民,在其他成员国有资格得到《罗马公约》的保护,即世界贸易组织的所有成员自然成为《罗马公约》的成员国。因为我国已经加入世界贸易组织,所以我国也可以适用《罗马公约》。

公约正文共有34条,其中实体条文包括第1至第22条,第23至第34条为行政条文。公约对《伯尔尼公约》和《世界版权公约》的所有成员国开放,批准书或加入书必须交联合国秘书长保存。公约的行政管理工作,由世界知识产权组织、国际劳工组织和联合国教科文组织共同负责。

二、邻接权保护和版权保护的关系

邻接权保护和版权保护具有密切的关系。公约首先规定了这两者的关系。《罗马公约》第1条规定:"本公约给予之保护不更动也决不影响文学和艺术作品的版权保护。因此,本公约的条款不得作妨碍此种保护的解释。"这一规定表明了《罗马公约》与《伯尔尼公约》《世界版权公约》的关系。适用《罗马公约》的前提是适用《伯尔尼公约》《世界版权公约》。《罗马公约》保护的邻接权与版权的关系紧密,但是同时强调《罗马公约》保护的邻接权也与著作权有一定的区别。根据该条的规定,邻接权和版权保护的内容首先是不相同的。邻接权保护的是在作品传播过程中的权利,传播的主体可以是表演者,录音制品制作者和广播组织者,这些主体因为在作品的传播过程中投入的智力性劳动而享有权利。版权保护的是被传播的作品的权利,版权的主体是作者及其他著作权人,这些主体是基于作品的创作而享有版权。但是邻接权又是在作品的前提之下享有的,因此邻接权人在行使邻接权时,首先要尊重版权人的权利,不得对版权保护造成损害。

三、公约的基本原则

国民待遇原则,是指表演者表演的节目在被要求给予保护的缔约国内表演、广播或首次录制;录音制品制作者的录音制品在该缔约国境内首次录制或首次发行,或广播组织的广播节目从设在该缔约国领土上的发射台发射总部播送的,该表演者、唱片制作者、广播组织享有该国国民同等的作为表演者、唱片制作者、广播组织的待遇。① 该公约规定表演者、唱片制作者、广播组织各自享有国民待遇的前提条件。

1. 表演者享有国民待遇,必须满足下面前提条件中的任意一条:(1) 表演

---

① 参见《罗马公约》第2条。

活动发生在罗马公约的成员国中;(2) 表演活动已经被录制在罗马公约保护的录制品上;(3) 表演活动虽未被录制,但在罗马公约所保护的广播节目中播放了。①

2. 录音制品制作者享有国民待遇,必须满足下面前提条件中的任意一条:(1) 该录音制品制作者是罗马公约成员国国民;(2) 录音制品是在罗马公约成员国首次录制的;(3) 录音制品是在罗马公约成员国首次发行的。所以录音制品制作者享有国民待遇可以适用"国籍标准""录制标准"或"发行标准"。而且,如果录音制品在非罗马公约成员国与成员国同时发行的也享有国民待遇。所谓同时发行是指,录音制品在非成员国首次发行后的30天内又在成员国发行,都享受公约的国民待遇。公约还规定,对"录制标准"和"发行标准"公约成员国可以声明保留。

3. 广播组织。享有国民待遇,必须满足下面前提条件中的任意一条:(1) 该广播组织的总部设在罗马公约的成员国内;(2) 有关的广播节目是从罗马公约成员国中的发射台首先播出的。

从上述规定可以看出,公约规定的国民待遇原则是非常宽松的。例如,表演者的表演只要与成员国有最低限度的联系,这种联系可以是表演被录制在某一成员国的录音制品上,表演者就可以在该成员国享有国民待遇。公约的国民待遇对于表演者、录音制作者和广播组织者这些邻接权人的保护是非常有利的。

《罗马公约》还规定了对国民待遇原则的限制。也就是说国民待遇原则要受到公约特别规定的限制和约束。公约成员国不得将国内法规定的邻接权的保护标准低于公约的规定,也不得以国民待遇为理由对其他成员国国民给予低于公约保护标准的保护。

四、公约的主要内容

(一) 邻接权的内容

1. 表演者权。《罗马公约》规定的表演者是指演员、歌唱家、舞蹈家和朗诵、演奏或以其他方式表演文学、艺术作品的人。但是公约规定各成员国有权在自己的国内立法中规定不表演文学艺术作品的人同样是表演者。

表演者的最低保护标准。根据《公约》第7条的规定,表演者应享有制止下列三种行为的可能性:(1) 未经其同意而将其表演进行广播或向公众传播,但专为广播或向公众传播而作的表演以及根据已固定的表演而作的表演例外;(2) 未经其同意而将其未固定的表演加以固定;(3) 未经其同意而复制其已经

---

① 参见《罗马公约》第4条。

固定的表演,如果原始固定本身未经其同意,或者复制的目的不同于表演者同意的目的,或者原始固定是根据第 15 条(邻接权的例外)的规定而为,但复制却出于不同于该条规定的目的。

根据《公约》第 7 条的用语说明,罗马公约对表演者的保护级别比之录音制作者和广播组织者要低。因为该条使用的术语是表演者应享有制止行为的可能性,这里可能性并非权利,表明公约在要求成员国保护表演者时未必赋予表演者以权利,而是只要能制止公约所规定的行为即可。

《公约》第 9 条规定了如果所表演的不是文学或艺术作品,如杂耍、马戏等,是否应受保护的问题即"任何缔约国均可根据国内法律和规章,将本公约提供的保护扩大到不是表演文学或艺术作品的艺人。"也就是说杂耍、马戏这些非文学艺术作品也受到公约的保护。

2. 录音制品制作者的权利。《罗马公约》规定向录音制品制作者提供的最低保护标准是许可或禁止直接或间接录制其录音制品的权利。对于录音制品制作者权,《罗马公约》第 10 条、第 11 条和第 12 条作出具体规定。

(1) 录音制品制作者的最低限度保护《公约》第 10 条规定,录音制品制作者应享有授权或禁止直接或间接复制其录音制品的权利。这里使用的术语是"权利"而非"可能性"说明公约对录音制品给予更高的保护水平。

(2)《罗马公约》对录制者权采取的是非自动保护原则。公约对表演者就其表演享有的表演者权和广播组织就其广播节目享有的广播组织者权的保护要求专门的程序或形式上的规定,但是对录制者享有录制者权则提出了形式上的要求,同时对表演者对其载有表演的录音制品同样有形式要求。公约规定,受保护的录音制品的复制件上必须标有符号 ⓟ、首次发行年份,主要表演者及权利人的姓名,如果录制品的包装上标明了主要表演者及权利人的姓名,则复制件上可以不必标明。

(3) 录音制品的二次利用。《罗马公约》第 12 条规定,如果将为商业目的而出版的录音制品或其他复制品直接用于广播或任何公共传播,使用者应向表演者和/或录制品制作者支付一笔公平的补偿金。在当事人无协议的情况下,国内法得规定该补偿金的分配条件。

3. 广播组织的权利。《罗马公约》第 13 条规定了对广播组织的最低限度保护。依该条规定,广播组织享有授权或禁止下列行为的权利:(1) 转播其广播;(2) 将其广播进行固定;(3) 复制未经其同意的其广播的固定,以及,如果该未经其同意的固定是根据第 15 条规定而制作,为了不同于该规定的目的而进行的复制;(4) 向公众传播其电视广播,如果传播发生在公众付入场费才能进入的地方。行使这项权利的条件由被请求保护的国家的国内法决定。

(二) 权利的保护期

《罗马公约》第 14 条规定,本公约项下临接权的保护期不得少于 20 年。保护期的起算日分别是:对于录音制品和已经录制在录音制品中的表演都是从录制之日起算;对于为录制在录音制品中的表演,从表演活动发生之日起算;对于广播节目,从播出之日起算。

(三) 对权利的限制

《罗马公约》对邻接权的限制有合理使用和强制许可两种情况。合理使用,在以下的情形下使用他人的邻接权可以不经权利人许可,也无须支付报酬:(1) 私人使用;(2) 在时事报道中有限的引用;(3) 广播组织为便于广播而暂时将受保护的客体固定在物质形式上;(4) 仅为教学、科研目的而使用。强制许可,在不违反本公约规定的范围内,成员国可以颁发公约所保护的邻接权的强制许可证。

(四) 追溯力

《罗马公约》第 20 条规定公约不具有追溯力。具体表现在:公约不影响在某个成员国参加之前,已经在国内立法中给予保护的权利;公约不要求成员国对它们参加公约前已发生的表演、广播、或已录制的录音制品给予保护。

(五) 电影中的表演者权的特殊规定

根据《公约》第 19 条的规定,虽然公约规定了表演者的权利,但是一旦表演者同意将其表演用于影像或视听固定上,第 7 条的规定不再适用。这就是说,对于视听作品中的表演,表演者不能主张表演者权。

(六) 公约的保留条款

《罗马公约》规定各成员国可以在国内法对公约作出保留。主要针对以下几种情况:(1) 任何成员国可以声明在对广播组织的保护中,对公约要求具备的两个选择条件必须同时具备方可给予国民待遇,即必须是总部设在成员国,以及广播节目从成员国发射台播出同时满足方可授予邻接权。(2) 任何成员国在对录制者保护时,可以声明不采用"录制标准"或不采用"发行标准"。(3) 任何成员国可以声明对表演者权、录制者权和广播组织权的"二次使用"进行限制。(4) 某些成员国在加入罗马公约之前一直在国内法中对录制者权的保护采用录制标准,而未采用国籍标准或发行标准,可以声明只采用录制标准。成员国的声明的方式是通过向联合国秘书长致函的形式达到。成员国只能对以上四种情形保留,除此之外,公约不允许保留。

五、公约与 TRIPs 协议的关系

在 TRIPs 协议第一部分"一般义务和基本原则"阐述了协议与其他知识产权公约的关系,指出协议第一至第四部分的任何规定不应背离各成员之间现有

的依这些知识产权公约所相互承担的义务,这些知识产权公约中就有《罗马公约》。《罗马公约》在 TRIPs 协议中占有相当重的分量。在 TRIPs 协议第二部分第一节"版权及相关权利"之中,涉及 TRIPs 协议与《罗马公约》的具体联系。这里的"相关权利"就是指邻接权。协议对于《罗马公约》中规定的国民待遇原则,在 TRIPs 协议中没有再作重复规定,但是对于《罗马公约》的具体内容,作了补充性规定。

对于邻接权的内容,TRIPs 协议规定表演者应有可能阻止下列未经其授权的行为:录音制品制作者应有权准许或禁止直接或间接翻录其录音制品;广播组织应有权禁止下列未经其授权的行为录制、翻录,以无线广播手段转播,以及向公众传播同一录音制品的电视广播。与《罗马公约》规定的邻接权相比,具有很大的相似性,对于表演者来说,使用的术语都是"应有可能阻止"而不是"应有权阻止",对于录音制品和广播组织者来说则使用了"有权禁止或许可"某些行为。这与《罗马公约》规定的相同,都是对录音制品制作者和广播组织者授予较高的保护水平。但是对广播组织者的权利却有所不同,TRIPs 协议允许成员国不授予广播组织者以许可某些行为的权利而只授予禁止某些行为。这点在《罗马公约》中没有规定。

《罗马公约》对邻接权的保护期限较短,为表演、录制或广播发生的年份末起算 20 年。TRIPs 协议加强了对表演者和录音制品制作者的保护,将这一期限延长为 50 年。TRIPs 协议还对录音制品制作者赋予了一项出租权,即录音制品制作者有权许可或禁止向公众出租其制作的录音制品。

总之,TRIPs 协议对邻接权的权利内容的规定与《罗马公约》类似,只是对表演者和录音制品制作者的保护比《罗马公约》的保护水平有所提高。

第五节 保护录音制品制作者防止未经许可复制其录音制品公约

一、公约签订概况

1971 年 10 月 29 日,在世界知识产权组织主持下,世界各国缔结了一项邻接权公约即《保护录音制品制作者防止未经许可复制其录音制品公约》(简称《录音制品公约》或《唱片公约》)。由于该公约是在日内瓦缔结的,又称"日内瓦公约"。在邻接权国际保护领域,《罗马公约》是一个基础性的公约,但是《罗马公约》的局限性导致了《录音制品公约》产生。首先,《罗马公约》是一个封闭性的公约,只有《伯尔尼公约》和《世界版权公约》的成员国才可以加入,《罗马公约》的参加国不多。其次,《罗马公约》对录音制品制作者权的规定相对于表演者权和广播组织权的规定要简单一些,但是录音制品相较于其他两者更容易被他人非法复制和发行。因此,《罗马公约》对录音制品保护的不力和录音制品保护的迫切性催生了《录音制品公约》的签订。中国于1992年4月加入该公约①。《录音制品公约》非常简短,共13条,其中第1条至第7条为实体条款,第8条至第13条为行政条款。

二、对《录音制品公约》几个重要概念的解释

《录音制品公约》第1条首先对四个关键概念进行了界定。这四个概念是:"录音制品""录音制品制作者""复制品"和"向公众发行"。

1. 录音制品

"录音制品"是指任何仅听觉可感知的、将表演声音或其他声音固定下来的制品。该规定主要从以下四个方面理解:(1) 录音制品只是声音的固定物,不能含有其他非听觉可识别的内容。公约将那些仅有图像或同时含有声音和图像的固定物排除在外。(2) 公约未列举录音制品具体的物质形式。只要能够从其中再现出声音来,而不论是由何种材料或介质构成,如磁带、唱片、激光唱盘、磁盘等等,均是录音制品。(3) 录音制品所包含的声音内容,可以是由表演所产生的声音,如朗诵、歌唱、演奏等,也可以是表演之外的其他声音,如自然界中的各种声音。(4) 录音制品只包括声音的原始固定物,不包括其复制件。

2. 录音制品制作者

所谓录音制品制作者,是指首次将表演声音或其他声音固定下来的自然人或法人。

3. 复制品

所谓复制品,是指一制品中的音响直接或间接来自另一录音制品,并含有该录音制品中已固定的声音之全部或实质性部分。

4. 向公众发行

所谓向公众发行,是指直接或间接向公众或公众中的一部分提供录音制品的复制品的任何活动。

三、录音制品保护的基本内容

(一) 国民待遇原则

《录音制品公约》与《伯尔尼公约》和《罗马公约》一样,也规定了国民待遇原则。不过,在适用条件上有所不同。按照《公约》第2条的规定,具有某一成

---

① 李明德主编:《知识产权法》,社会科学文献出版社2007年版,第546页。

员国国籍的录音制品制作者,在其他成员国应该获得相应的保护。又据《公约》第7条第4款,如果某一成员国在1971年10月29日(公约缔结之日)以前,以录音制品的首次固定地作为提供保护的依据,可以声明该国将继续采用首次固定地的标准,而不采用录制者国籍的标准。根据上述条款的规定,在国民待遇的适用上,成员国不能同时选定两个标准,而只能适用一个标准,要么是录制者的国籍标准,要么是录音制品的首次固定地标准。

(二) 保护的范围

1. 保护的主体

《录音制品公约》第2条规定,每一缔约国应保护作为其他缔约国的国民的录音制品制作者,以防止未经制作者同意而制作复制品、进口此种复制品,只要制作或进口的目的在于向公众发行,以及向公众发行此种复制品。根据该条规定可知,公约保护的主体是其他缔约国国民的录音制品制作者。关于国民的含义公约没有明确说明,通常理解是录音制品制作者的国籍来确定。如果制作者具有了除了被请求保护的国家之外的成员国的国籍,就受到公约的保护。《公约》第7条第4款规定,如果任何缔约国在1971年10月29日之前,仅仅以录音制品的首次固定地为依据提供对录制者的保护,可向世界知识产权组织总干事交存一份通知,声明该国将采用首次固定地标准,而不采用录制者国籍标准。

2. 应该制止的行为

公约制止的行为应该是未经制作者同意而制作复制品、进口此种复制品,但是前提条件是只有当制作或进口的目的在于向公众发行,以及向公众发行此种复制品时,成员国才有权制止。

(三) 保护的方法

《录音制品公约》并没有统一规定各缔约方采用何种方法保护录音制品制作者。《公约》第3条规定,实施本公约所采用的方式,应由各缔约国国内法自行确定,其中应包括下列一种或几种方式:通过授予版权或其他专门权利的方式加以保护;通过有关不正当竞争的法律的方式加以保护,通过刑事制裁的方式加以保护。因此,录音制品的保护方法由缔约国在其版权法、刑法或反不正当竞争法中自行保护。

(四) 获得保护的手续

根据公约规定,录音制品的保护需要履行一定的手续,这点与《罗马公约》的要求一致。《录音制品公约》第5条在允许各缔约国要求履行一定手续的前提下,将所有的手续简化为在录音制品复制品或其包装上加以适当标记。标记由三个部分构成,即℗标记,录音制品的首次发行年份、录制者及其继承人、考有许可证持有人的姓名。如果录音制品的包装上已经显示了录制者或其继承人、考有许可证持有人,则上述第三项则可以被省略。

(五) 保护期

《公约》第4条规定保护期问题应由缔约国国内法来确定。同时,公约提出了一个最低限度,即如果国内法规定了保护期限,该期限不得少于20年,从录音制品中包含的声音首次被固定之年或录音制品首次出版之年的年末起算。

四、保护的限制

《录音制品公约》第6条对保护的限制作出了规定。对录音制品保护的限制主要有两个方面:一般例外和强制许可。

(一) 一般例外

公约规定,以版权或其他专门权利提供保护或以刑事制裁方式提供保护的缔约国,可在其国内法中针对录音制品的保护,作出类似于对文学艺术作品的作者保护时所允许的权利限制的规定。这种权利限制包括强制许可在内,但公约对强制许可提出了明确的条件。对于强制许可之外的其他限制的采取及条件,公约未作任何规定。

(二) 强制许可

根据公约规定,颁发强制许可需要满足下述三个条件:(1)仅为教学或科学研究目的而进行复制;(2)复制许可证仅在颁发许可证当局所在国地域内有效,复制品不得用于出口;(3)有关当局对于依照这种许可证进行的复制,在考虑到将复制的数量的基础上,规定公平的付酬额。

五、保留性规定

(一) 对录音制品的保护与其他版权和邻接权保护的关系

《录音制品公约》第7条第1款规定,不得以任何方式将本公约解释为限制或减损根据国内法或国际协定给予作者、表演者、录音作品制作者或广播组织的其他保护。

(二) 录音制品与对表演者保护的关系

根据《公约》第7条第2款的规定,对于其表演被固定于录音制品中的表演者,其是否有权享受保护、享受保护的范围以及享受此种保护的条件,均应由缔约国国内法确定。

(三) 追溯力

根据《公约》第7条第3款的规定,公约不具有追溯力。因此,在本公约对一缔约国生效之前已经固定的录音制品,不得要求该缔约国适用本公约的规定。

第六节 《关于播送由人造卫星传播载有节目的信号的公约》

一、公约的概况

20世纪60年代,卫星技术在通讯技术中得到广泛的应用。卫星广播电视发展非常迅速,人造卫星传送带有节目的信号在数量和范围上增长迅猛,但是盗用经由卫星传送的电视信号的现象经常发生并日益严重。这样严重损害了广播电视组织者的利益。在此背景下,《卫星公约》面世了。

《卫星公约》全名为《关于播送由人造卫星传播载有节目的信号的公约》于1974年5月21日在布鲁塞尔缔结,截至2003年10月15日,共有24个缔约国。这个公约是由联合国国际劳工组织、联合国科教文组织与世界知识产权组织三家共同管理。公约并不直接保护任何版权或邻接权,只要成员国承担义务,防止本国广播组织或个人非法转播通过卫星发出、但并非给该组织或该人做转播之用的节目信号。公约只有12条,有实质性条款而未直接保护任何著作权和邻接权,另一方面对公约的某些条款作出解释时,要注意技术、概念等方面的问题。总之,该公约既十分简单,同时又具有一定的复杂性。

二、公约中有关概念的定义

(1)"信号"是指一种能传播节目的电子载波。(2)"节目"是指为了供最大限度的传播而发射的信号中所包含的一个由图像、声音或由二者构成的实况或录制材料的整体。(3)"人造卫星"是指能在地球大气层外的空间传播信号的任何装置。(4)"发射信号"是指送往或通过人造卫星的任何载有节目的信号;"接收信号"是指通过改变发射信号的技术性能而得到的信号,不论是否存在一种或数种中间的装置。(5)"起源组织"是指决定发射的信号将载有何种节目的人或法律实体。(6)"播送者"是指决定将接收信号传播给公众或任何一部分公众的人或法律实体。(7)"播送"是指播送者将接收信号传播给公众或任何一部分公众的操作。

三、保护内容

(一)保护的主体

公约在起草过程中,遇到了一个障碍即如何协调广播组织和节目制作者(包括作者、表演者、录音制品制作者)的利益。某些代表团表示新公约应该保护录音制品制作者、表演者等的利益,并且不损害《罗马公约》,否则不加入新公约。这种主张受到了广播组织者的反对,他们不愿意看到新公约对节目制作者利益的强化保护。这个难题在1973年的制定《卫星公约的第三次会议上得到了解决。《卫星公约》的正式文本采用了保护卫星传送的载有节目的信号这一表述,回避了被保护的主体是谁的问题,这种只明确保护对象、不谈及被保护者的做法为许多国家所接受。

(二) 保护的对象

《公约》第2条第1款规定:各缔约国保证采取适当的措施,防止任何播送者在该国领土上或从该国领土上播送任何发射到或通过人造卫星但并非为了提供给他们的、载有节目的信号。这种保证应当适用于以下情况,即起源组织是另一个缔约国的国民和播送的信号是接收信号。《公约》第3条规定,如果由起源组织或以它的名义发射的信号是供一般公众从人造卫星直接接收的,则本公约将不适用。从上述条款可知,公约不适用于由公众直接从卫星接收的情况,而只适用只保护那些通过地面广播组织接收后再播出的信号,暗含的意思是公约实际上是对广播组织的保护。

(三) 保护方式

《卫星公约》也未列举缔约国可选择的保护方式,给予了各成员国自由选择的空间。

(四) 公约禁止的行为

根据《公约》第1条第4款和第5款,表明公约要禁止的四种与信号有关的行为,即未经授权的非法拦截或播放信号的行为,未经授权的信号上传到卫星的行为,未经权的信号在卫星中存储的行为和未经授权的卫星向下传输信号的行为。《卫星公约》与传统的邻接权公约不同,根据第2条的规定,公约禁止的是播送载有节目信号的行为,而非禁止信号所包含内容的转播。也就是说,保护的是信号本身,即一种能传播节目的电子载波,绝不是信号所载有的内容。而传统的邻接权公约则是保护信号所包含的内容。

(五) 免责条款

《卫星公约》并非对上述行为的绝对禁止,《公约》第4条规定了免责条款,即三种情况下可以免除公约第2条下的义务:(1) 在发射信号所承载的是时事报道节目短小片段的情形下播送信号,但仅限于这种片段系以提供情况为目的的合理范围内;(2) 对发射信号所载节目的短小片段进行引用,只要这种引用正当并且以提供情况为目的;(3) 发展中国家为教育和科研目的而使用的。同时,为保护版权及邻接权,公约规定,对公约的解释不得限制或妨碍任何国内法律或国际协议给予作者、演员、唱片制作者或广播组织的保护。

(六) 保护期限

公约主张不设定保护期限,但如果成员国国内法律对此有规定,则依从国内法的规定但此种期限应当在批准、接受或加入公约时,或者在相关国内法律生效或修改后 6 个月内,书面通知联合国秘书长。

第七节 《视听表演北京条约》

2012 年 6 月 26 日,世界知识产权组织保护音像表演外交会议在北京正式签署了《视听表演北京条约》(简称《北京条约》),这是关于表演者权利保护的国际条约,确认了对视听表演者权利的国际保护,该条约的缔结结束了表演者权利不能享有完整知识产权保护的历史,填补了视听表演领域全面版权保护国际条约的空白,进一步丰富完善了国际知识产权保护体系,对于促进国际知识产权合作、推动全世界的文化产业发展具有里程碑意义。《视听表演北京条约》是新中国成立以来中国承办的第一个涉及条约缔结的外交会议,也是联合国机构首次在中国审议并缔结国际条约。《视听表演北京条约》是对此前缔结的涉及对表演者权利保护的三大国际条约——《保护表演者、录音制品制作者与广播组织的国际公约》(简称《罗马公约》)、《世界知识产权组织表演和录音制品条约》(简称 WPPT)、《与贸易有关的知识产权协议》(简称 TRIPs 协议)的有益补充。

一、缔结《视听表演北京条约》的背景

1961 年,世界上第一部保护邻接权的国际公约《罗马公约》仅赋予表演者可以阻止未经许可在现场用摄像机录制表演,以及对现场表演进行视频直播等极为有限的权利,可一旦表演者许可他人将表演用摄像机录制下来,对由此形成的"视听录制品"则再无控制的权利。与此相反,对于他人利用"声音表演"的行为,《罗马公约》则赋予表演者完全的控制权。① 随着网络和数字传播技术的快速发展,表演者在视频、音像和网络状态下的知识产权保护问题日趋复杂。尽快完善国际保护机制,使影视、音乐、舞蹈、曲艺等表演者的权利在视频和录音状态下获得充分保护,已逐渐成为各国政府和国际演艺界的共识。② 为此,各国开始讨论通过制定新的国际邻接权条约,以弥补《罗马公约》的缺憾,提高对表演者的国际保护水平。但是,美国担心新条约会影响其极为强大的影视产业,反对向"视听录制品"中的表演提供保护。在美国立场的影响下,1994 年通过的 TRIPs 协定和 1996 年通过的 WPPT 均延续了《罗马公约》的做法。TRIPs 协议第 14 条第 1 款只规定表演者应有权阻止未经许可对其表演进行现场直播,以及未经许可将其现场表演录制在"录音制品"中和对"录音制品"进行复制。换言之,表演

---

① 参见王迁:"《视听表演北京条约》简介",载《中国版权》2012 年第 6 期。
② 参见郑晓红:"《视听表演北京条约》,开放中国的骄傲——世界知识产权组织保护音像表演外交会议综述",载《中国版权》2012 年第 4 期。

者不能禁止未经许可将其表演录制在"视听录制品"上,以及复制该未经许可录制的"视听录制品"。WPPT 为表演者规定了众多权利,包括表明身份权和禁止歪曲权(精神权利)、现场直播权、录制权、复制权、发行权、出租权、提供权(我国称为"信息网络传播权")和对广播及向公众传播的"获酬权"。然而,精神权利只针对利用"现场声音表演"和"以录音制品录制的表演"的行为。在经济权利中,除了适用于现场表演的直播权之外,其他权利均只针对"以录音制品录制的表演",也即不保护以视频方式录制的表演。[①]

为给予表演者更多保护,世界知识产权组织从 1996 年开始进行保护表演者声音和形象的条约起草工作,该条约草案最初简称《音像表演条约》。1998 年世界知识产权组织版权常设委员会应成员国要求开始着手就该议题进行讨论,并就缔结条约的可能性及相关事宜进行磋商。世界知识产权组织曾于 2000 年 12 月在日内瓦总部举行了保护音像表演的外交会议,就有关可能缔结的条约案文进行讨论和谈判,但终因在表演方和制作方之间权利转让问题上存有分歧而未果。但世界知识产权组织及相关成员国从未停止努力,历经十多年磋商,该条约起草取得重大进展,各成员国意见基本达成一致。2012 年 6 月 20 日至 26 日,世界知识产权组织保护音像表演外交会议在中国北京召开,这是我国首次承办知识产权外交会议。会议于 2014 年 6 月 26 日成功缔结《视听表演北京条约》,122 个世界知识产权组织成员国当场签署了条约的最终文本,其中包括中国、美国在内的 48 个国家直接签署了条约,创世界知识产权组织历届外交会议签约数量新高。[②]

二、《视听表演北京条约》的主要内容

(一) 条约宗旨及与其他公约和条约的关系

《视听表演北京条约》在序言中提出"出于以尽可能有效和一致的方式发展和维护保护表演者对其视听表演的权利的愿望……承认有必要采用新的国际规则,以提供解决由经济、社会、文化和技术发展所提出的问题的适当方法,承认信息与通信技术的发展和交汇对视听表演的制作与使用的深刻影响,承认有必要保持表演者对其视听表演的权利与广大公众的利益,尤其是教育、研究和获得信息的利益之间的平衡"。[③]

条约要求各缔约方之间不得减损基于 WPPT 和《罗马公约》规定所承担的现有义务,也不得依条约给予的保护触动或以任何方式影响对文学和艺术作品版权的保护,并要求除《世界知识产权组织表演和录音制品条约》之外,本条约

[①] 王迁:《〈视听表演北京条约〉简介》,载《中国版权》2012 年第 6 期。
[②] 参见郑晓红:《〈视听表演北京条约〉,开放中国的骄傲——世界知识产权组织保护音像表演外交会议综述》,载《中国版权》2012 年第 4 期。
[③] 参见《视听表演北京条约》序言。

不得与任何其他条约有任何关联,亦不得损害任何其他条约所规定的任何权利和义务。①

(二) 条约涉及的用语定义②

1. "表演者":指演员、歌唱家、音乐家、舞蹈家以及对文学或艺术作品或民间文学艺术表达进行表演、歌唱、演说、朗诵、演奏、表现或以其他方式进行表演的其他人员。

2. "视听录制品":指活动图像的体现物,不论是否伴有声音或声音表现物,从中通过某种装置可感觉、复制或传播该活动图像。

3. "广播":指以无线方式的传送,使公众能接收声音或图像,或图像和声音,或图像和声音的表现物;通过卫星进行的此种传送亦为"广播";传送密码信号,只要广播组织或经其同意向公众提供了解码的手段,即为"广播"。

4. "向公众传播"表演:指通过除广播以外的任何媒体向公众传送未录制的表演或以视听录制品录制的表演。"向公众传播"包括使公众能听到或看到,或能听到并看到以视听录制品形式录制的表演。

5. "权利管理信息":指识别表演者、表演者的表演或对表演拥有任何权利的所有人的信息,或有关使用表演的条款和条件的信息,以及代表此种信息的任何数字或代码,各该项信息均附于以视听录制品录制的表演上。

(三) 条约保护的受益人及国民待遇规定

各缔约方应将本条约规定的保护给予其他缔约方国民(包括非缔约方国民但在一个缔约方境内有惯常居所的表演者),每一缔约方应将其给予本国国民的待遇给予其他缔约方的国民③

(四) 表演者享有的权利

1. 精神权利。指表演者对其现场表演或以视听录制品录制的表演享有的不依赖于其经济权利而存在的权利。包括:(1)要求承认其系表演的表演者,除非因使用表演的方式而决定可省略不提其系表演者;(2)反对任何对其表演进行的将有损其声誉的歪曲、篡改或其他修改,但同时应对视听录制品的特点予以适当考虑。④

表演者享有的精神权利并不因经济权利的转让而发生变化,甚至在其死亡后仍应继续保留,至少到其经济权利期满为止,并可由被要求提供保护的缔约方立法所授权的个人或机构行使。但批准或加入本条约时缔约方立法尚未规定在表演者死亡后保护条约规定的精神权利,则可规定其中部分权利在表演者死亡

---

① 参见《视听表演北京条约》第1条。
② 参见《视听表演北京条约》第2条、第16条。
③ 参见《视听表演北京条约》第3条、第4条。
④ 参见《视听表演北京条约》第5条。

2. 对其尚未录制的表演的经济权利。即表演者享有专有权,对下列表演予以授权:(1) 广播和向公众传播其尚未录制的表演,除非该表演本身已属广播表演;(2) 录制其尚未录制的表演。②

3. 复制权。即表演者应享有授权以任何方式或形式对其以视听录制品录制的表演直接或间接地进行复制的专有权。③

4. 发行权。即表演者应享有授权通过销售或其他所有权转让形式向公众提供其以视听录制品录制的表演的原件或复制品的专有权。④

5. 出租权。即表演者应享有授权按缔约各方国内法中的规定将其以视听录制品录制的表演的原件和复制品向公众进行商业性出租的专有权,即使该原件或复制品已由表演者发行或经表演者授权发行。但是,倘若缔约方国内未出现因商业性出租导致录制品的广泛复制而严重损害表演者的专有复制权,则该缔约方可免除规定保护"出租权"的义务。⑤

6. 提供已录制表演的权利⑥。即表演者应享有专有权,以授权通过有线或无线的方式向公众提供其以视听录制品录制的表演,使该表演可为公众中的成员在其个人选定的地点和时间获得。⑦

7. 广播和向公众传播的权利。即表演者应享有授权广播和向公众传播其以视听录制品录制的表演的专有权。⑧ 值得注意的是,条约为缔约方提供了多种选择:(1) 缔约方可以规定表演者"享有授权广播和向公众传播其以视听录制品录制的表演的专有权"(简称广播权);(2) 缔约方可以声明不规定"广播权",而可以规定一项"对于以视听录制品录制的表演直接或间接地用于广播或向公众传播获得合理报酬的权利"(简称广播获酬权),在这种情况下,表演者不得阻止他人以广播和其他方式向他人传播视听录制品中的表演,但却有权从他人的这种行为中获得报酬;(3) 缔约方可以在规定上述广播权或广播获酬权时,声明对其适用条件或范围加以限制,如仅适用于商业性广播。条约甚至允许缔约方声明完全不规定广播权或广播获酬权。⑨

(五) 权利的转让

《北京条约》第 12 条第 1 款规定:"缔约方可以在其国内法中规定,表演者

---

① 参见《视听表演北京条约》第 5 条。
② 参见《视听表演北京条约》第 6 条。
③ 参见《视听表演北京条约》第 7 条。
④ 参见《视听表演北京条约》第 8 条。
⑤ 参见《视听表演北京条约》第 9 条。
⑥ 该项权利在我国被称为"信息网络传播权"。
⑦ 参见《视听表演北京条约》第 10 条。
⑧ 参见《视听表演北京条约》第 11 条。
⑨ 参见王迁:"《视听表演北京条约》视野下的著作权法修订",载《法商研究》2012 年第 6 期。

一旦同意将其表演录制于视听录制品中,本条约第 7 条至第 11 条所规定的进行授权的专有权应归该视听录制品的制作者所有,或应由其行使,或应向其转让,但表演者与视听录制品制作者之间按国内法的规定订立任何相反合同者除外。"根据该规定,条约对视听表演的"复制权""发行权""出租权""提供已录制表演的权利"(即信息网络传播权)、"广播和向公众传播的权利"在权利转让上推荐了法定和合同两种规定方式:(1) 法律直接规定由视听录制品的制作者所有/或行使/或应向其转让上述专有权;(2) 允许表演者与视听录制品制作者按国内法规定通过订立合同约定由表演者所有/或行使上述专有权,此种同意或合同应采用书面形式,并应由合同当事人双方或由经其正式授权的代表签字。此外,第 12 条第 3 款还规定"不依赖于上述专有权转让规定,国内法或者具有个人性质、集体性质或其他性质的协议可以规定,表演者有权依照本条约的规定,包括第 10 条和第 11 条的规定,因表演的任何使用而获得使用费或合理报酬。"

值得注意的是,表演者"权利转让"曾是困扰保护视听表演国际条约制定工作的瓶颈问题,《北京条约》关于表演者"权利转让"的规定是该条约的一大亮点。该条款针对已录制的视听表演规定了表演者权转让制度,但并非强制性规定,

条约以"缔约方可以在其国内法中规定""缔约方可以要求""国内法或者具有个人性质、集体性质或其他性质的协议可以规定"等指示性、选择性用语为各国在关于表演者权转让制度方面的立法提供模板和备选方案,对各国立法起到示范作用。视听录制品作为一种文化产品,其经济效益和社会效益的实现有赖于畅通的传播途径,由于视听录制品涉及的表演者众多,并综合了多种类型的表演,在没有合同约定的情形下,倘若要求视听录制品的制作者必须在向表演者取得许可后才能使用其表演,将会严重影响视听录制品的传播效率和效益。因此,有必要在表演者和视听录制品制作者之间设定一种权利转让机制,在一定条件下将表演者的部分权利转让给视听录制品制作者,以确保视听录制品制作者、使用者的利益,为视听表演和相关录制品的有序传播创造条件。[①]

(六) 限制与例外

缔约各方可以对给予表演者的保护规定适当的限制或例外,该类限制或例外仅限于某些不与表演的正常利用相抵触、也不致不合理地损害表演者合法利益的特殊情况。[②]

(七) 保护期

依本条约给予表演者的保护期,应自表演录制之年年终算起,至少持续到

[①] 参见雨田:"视听录制品上表演者权转让问题初探——从《视听表演北京条约》第 12 条谈起",载《中国版权》2012 年第 6 期。

[②] 参见《视听表演北京条约》第 13 条。

50年期满为止。①

(八)关于技术措施的义务和权利管理信息的义务

缔约各方应规定适当的法律保护和有效的法律补救办法,制止规避由表演者为行使本条约所规定的权利而使用并限制对其表演实施未经该有关表演者许可的或法律不允许的行为的有效技术措施。②

缔约各方应规定适当和有效的法律补救办法,制止任何人明知,或就民事补救而言,有合理根据知道其行为会诱使、促成、便利或包庇对本条约所规定的任何权利的侵犯,而故意实施以下活动:(1)未经许可去除或改变任何权利管理的电子信息;(2)未经许可发行、为发行目的进口、广播、向公众传播或提供明知未经许可而被去除或改变权利管理电子信息的表演或以视听录制品录制的表演的复制品。③

(九)组织机构

1.大会。大会应处理涉及维护和发展本条约及适用和实施本条约的事项,应对召开任何修订本条约的外交会议作出决定,并给予世界知识产权组织总干事筹备此种外交会议的必要指示。每一缔约方应有一名代表出席大会。凡属国家的每一缔约方应有一票,并应只能以其自己的名义表决;凡属政府间组织的缔约方可以代替其成员国参加表决,其票数与其属本条约缔约方的成员国数目相等。大会应由总干事召集,如无例外情况,应与世界知识产权组织大会同时同地举行。大会应努力通过协商一致作出决定,并应制定自己的议事规则。④

2.国际局。与本条约有关的行政工作应由世界知识产权组织国际局履行。⑤

(十)程序性规定

1.手续:享有和行使本条约所规定的权利无须履行任何手续。⑥

2.保留:"除第11条第3款的规定外,本条约不允许有任何保留。"⑦即除有关"广播权"和"广播获酬权"的规定外,条约不允许有任何保留。

3.时间上的适用范围:(1)缔约各方应对本条约生效之时存在的已录制的表演,以及本条约对缔约各方生效之后进行的所有表演,给予本条约所规定的保护;(2)缔约方可通过声明的方式,使本条约仅适用于该缔约方生效之后进行的表演;(3)本条约规定的保护不得损害本条约对每一缔约方生效之前实施的任

---

① 《视听表演北京条约》第14条。
② 《视听表演北京条约》第15条。
③ 《视听表演北京条约》第16条。
④ 参见《视听表演北京条约》第21条。
⑤ 《视听表演北京条约》第22条。
⑥ 《视听表演北京条约》第17条。
⑦ 《视听表演北京条约》第18条。

何行为、订立的任何协议或取得的任何权利。①

4. 关于权利行使的条款:(1)缔约各方承诺根据其法律制度采取必要的措施,以确保本条约的适用;(2)缔约各方应确保依照其法律可以提供执法程序,以便能采取制止对本条约所规定权利的任何侵权行为的有效行动,包括防止侵权的即时补救和为遏制进一步侵权的补救。②

5. 成为条约缔约方的资格:(1)世界知识产权组织的任何成员国均可以成为本条约的缔约方;(2)根据任何政府间组织所作符合条约规定内容的声明,大会可以决定接纳该政府间组织成为本条约的缔约方;(3)欧洲联盟在通过本条约的外交会议上作出符合条约规定内容的声明后,可以成为本条约的缔约方③。

6. 条约的签署和生效:本条约通过后即在世界知识产权组织总部开放以供任何有资格的有关方签署,期限一年;④本条约应在有符合条约规定条件的30个有资格的有关方交存批准书或加入书3个月之后生效⑤。

三、《视听表演北京条约》的意义

《视听表演北京条约》是关于视听表演者权利保护的国际条约,是国际多边知识产权领域合作的又一重大成果。条约规定,各缔约国应依法保护演员、歌唱家、音乐家、舞蹈家以及对文学或艺术作品或民间文学艺术表达进行表演、歌唱、演说、朗诵、演奏、表现或以其他方式进行表演的其他人员等视听表演者对其视听表演作品所享有的表明其表演者身份和保护其表演不被恶意歪曲、篡改等的精神权利,以及广播和向公众传播、录制、发行、复制等经济权利。条约的签署进一步完善了国际表演者权利保护的法律体系,标志着在国际层面上对表演者的权利实现了全面保护,从过去只保护表演者对其表演录音的权利,到现在既保护其对表演录音的权利,又保护其对表演录像的权利(即对录音制品上的表演和以视频方式录制的表演都给予保护)。这对促进各缔约国对本国著作权法体系的修订完善,进一步提升对表演者权利的保护水平,推动各国的文化产业发展繁荣与国际文化贸易,以及对具有悠久文化历史的国家保护传承其民间文艺作品和进行相关国际交流都具有重要意义。⑥

---

① 参见《视听表演北京条约》第19条。
② 《视听表演北京条约》第20条。
③ 参见《视听表演北京条约》第23条。
④ 《视听表演北京条约》第25条。
⑤ 参见《视听表演北京条约》第25条。
⑥ 参见李玉龙:"《视听表演北京条约》是中国文艺界维权的又一新契机",载《中国艺术报》2012年10月26日。

第四章 专利权国际保护

要点提示

本章重点掌握的知识点：(1) 专利合作条约中所规定的国际阶段与国家阶段，特别是国际阶段中的国际申请、国际检索、国际公布和国际初步审查的具体要求；(2) 洛迦诺协定中国际分类法的组成、性质和地位；(3) 布达佩斯条约所确定的国际保存的承认与效力，以及微生物国际保存的具体要求。

第一节 专利权国际保护概述

作为典型的知识产权，专利权具有地域性、无形性和期限性的特征。因此，专利权的效力受到地域限制，只在被授权的国家领土范围内存在和行使。同时，作为无形财产的发明创造也很容易流往国外，受到侵害时往往也难以觉察。故而，发明创造需要在外国获得保护，而各国为了共同的发展和繁荣也开始积极寻求发明创造的相互保护，这种趋势随着全球一体化的发展愈加明显。为此目的，各国政府经过谈判在专利权领域里订立了一系列的国家条约，形成了完整的专利权国际保护体系。参加这些条约的国家都同意：缔约国的国民在其他缔约国内可以获得与该国国民同样的保护，即国民待遇原则。除此之外，国际条约还规定了一些共同的规则，从便利专利申请的提交逐渐扩展到专利授权的实质保护。这些条约在协调和规范各国专利保护的最低标准、统一专利技术分类标准、促进国际技术交流、实现经济的共同繁荣与发展方面起着日益重要的作用。

作为当今世界经济增长的重要一极，我国也在积极推进专利权的国际保护，加入国际公约、条约并调适国内法来促进技术、经济和社会的全面发展。至今为止，我国加入的与专利保护相关的国际条约主要由三种类型：(1) 涉及多种知识产权保护、以协调世界各国知识产权保护制度为目标的综合性国际条约，包括《保护工业产权巴黎公约》《与贸易有关的知识产权协议》和《成立世界知识产权组织公约》；(2) 简化专利申请程序，为发明人在多国申请专利提供便利的专门性国际条约，包括《专利合作条约》《国际承认用于专利程序的微生物保存布达佩斯条约》；(3) 为专利技术或设计分类提供统一标准的专门性国际条约，包括《国际专利分类斯特拉斯堡协定》和《建立工业品外观设计国际分类洛迦诺协定》。这些条约对我国国内专利保护制度的建立和完善产生了很大的影响。

第二节 专利合作条约

一、《专利合作条约》概况

为了加强各国在专利保护领域的国际合作,简化专利国际申请的程序,方便申请人提交申请材料,在 1966 年 9 月保护工业产权巴黎联盟执行委员会会议上,美国提议了签订一个在专利申请案的接受和初步审查方面进行合作的多边条约的草案。1970 年 6 月 19 日,《专利合作条约》(Patent Cooperation Treaty,以下简称 PCT)在华盛顿召开的《巴黎公约》成员方外交会议上正式通过,自 1978 年 6 月 1 日起生效,并于 1979 年 9 月 28 日、1984 年 2 月 3 日和 2001 年 10 月 3 日经过三次修改,我国则于 1998 年 8 月 2 日加入该条约。我国国家知识产权局是根据 PCT 指定的受理局、国际检索机构和国际初步审查机构,中文也是该条约规定的国际申请程序的工作语言。《专利合作条约实施细则》于 1970 年 6 月 19 日通过后,历经多次修订,现行有效的是 2006 年 10 月 3 日修订、2007 年 4 月 1 日施行的版本。

除某些地区性专利体系中一项专利申请可产生跨越国境的地区效力外[①],传统的专利保护体系受到地域性的限制,一个发明人要想就同一发明在几个国家取得专利权保护的话,他就必须准备几份专利申请分别在各个国家提出申请。这些申请文件必须分别使用各该国的官方语言,按照各该国专利法的要求进行撰写,在各国分别缴纳申请费,还必须在各国分别委托代理人。接受申请的各个国家的专利局也要分别使用大致相似的方法进行检索、审查,决定是否授予专利。申请人和专利局都要旷日持久地完成冗长程序,耗费大量人力物力。随着技术发明的迅猛增加,各国必须找出一个合理办法以应对专利申请大量积压的难题。设法减少发明人和专利局的重复劳动,简化对一项发明在多个国家要求专利保护所必须采取的重复手续,使其更为经济有效,从而使专利申请人和专利局都能够从中受益,这就是 PCT 的目的。依照 PCT 所建立的国际体系,使得在一个专利局以一种语言提交的一项专利申请在申请人所指定的 PCT 成员国内都具有相同的效力。PCT 是一个封闭性条约,只有《巴黎公约》成员国才有资格加入。三十多年来,PCT 取得了很好的效果。1978 年 PCT 生效时只有 18 个成员国,截至 2013 年 7 月,PCT 成员国已经增加到 148 个。

---

① 如非洲知识产权组织(OAPI)、非洲地区工业产权组织(ARIPO)体系、欧亚专利体系以及欧洲专利体系。

二、《专利合作条约》的主要内容

PCT 的主要程序分别规定在条约第一章"国际申请和国际检索"和第二章。第一章规定的国际阶段是每一个国际申请的必经程序,包括国际申请的提出、国际检索和国际公布。第二章规定的国际阶段主要是国际初步审查,不是必经程序。申请人在完成第一章所规定的国际阶段以后可以选择进入指定国的国内阶段,也可以选择利用第二章的程序,要求对其国际申请进行初步审查,然后再进入选定国的国内阶段。

(一) 国际阶段

1. 国际申请。PCT 缔约国的国民或居民都可以提交国际申请。大多数情况下,国际申请都是向国家局提出,这时该国家局就是 PCT 的受理局。如果是欧洲专利条约、欧亚专利条约等成员国的国民或居民,也可以向欧洲专利局或欧亚专利局等提交。此外,PCT 所有缔约国的国民或居民,都可以向 WIPO 国际局提交国际申请。

(1) 申请人。根据该条约第 9 条的规定,国际申请的申请人包括:(A) 缔约国的任何居民或国民;(B) 由大会决定允许的《巴黎公约》缔约国但不是本条约缔约国的居民或国民。

(2) 申请文件。根据该条约第 3 条的规定,申请文件包括请求书、说明书、权利要求、附图(需要时)及摘要。摘要仅用作技术情报,不能作任何其他目的之用,特别是不能作为解释所要求的保护范围。国际申请应当使用规定的语言,符合规定的形式要求,符合规定的发明单一性的要求,按照规定缴纳费用。

(3) 申请的提出。根据该条约第 10 条的规定,国际申请应向受理局提出。在中国,按照该条约程序提出国际申请的受理局是中国知识产权局。申请人将条约和实施细则所要求的文件提交受理局,即提出了国际申请。从国际申请日开始,一项国际申请的效力,等于在申请人指定的 PCT 缔约国中都提出了申请。

请求书中应指定一个或者几个缔约国,要求这些国家在国际申请的基础上对发明给予保护,这些国家称为"指定国"[①]。请求书中可以写明要求享有在巴黎公约缔约国提出或对该缔约国有效的一项或者几项在先申请的优先权[②]。

不论指定国有多少,申请人只需提交一份国际申请,并缴纳各种费用,经受理局进行形式审查合格后,即应授予国际申请日。被授予国际申请日的国际申请,在每个指定国内自国际申请日起具有正规的国家申请的效力[③]。国际申请

---

① 《专利合作条约》第 4 条(1)。
② 《专利合作条约》第 8 条。
③ PCT 第 11 条(3)。

日应当认为是在每一指定国的实际申请日。

(4) 受理局对申请的处理。根据该条约第12条的规定,受理局应按条约和实施细则的规定对国际申请进行检查和处理。国际申请一份由受理局保存(受理本),一份送交国际局(登记本),另一份送交主管的国际检索单位(检索本)。其中登记本应被视为国际申请的正本。

根据《专利合作条约实施细则》第20条规则的要求,国际申请的受理程序基本上是:(1)注明日期和编号;(2)检查;(3)确定国际申请日和国际申请号;(4)对不符之处的处理;(5)制作复制件并送交文本;(6)国际局及国际检索单位的通知;(7)对国际申请中缺陷的检查。

2. 国际检索。国际检索是每一国际申请都必须经过的程序,检索的目的是从现有技术中发现有关的现有技术。国际检索应在权利要求书的基础上进行,并适当考虑到说明书和附图(如果有的话)。对每项国际申请都要进行国际检索,国际检索单位应在其条件允许的情况下,努力尽量发现有关的现有技术,但无论如何应当查阅细则规定的文献。[1] 国际检索的高质量是由PCT国际检索单位的文献管理、工作人员的素质以及检索方法所规定的标准来保证的。

(1) 国际检索单位。国际检索由国际检索单位担任,该单位可以是一个国家局,或者是一个政府间组织,其任务包括对作为申请主题的发明提出现有技术的文献检索报告。国际检索单位是由PCT联盟大会在具备规定条件的专利局中选定[2]。目前国际检索单位有11个,它们是澳大利亚专利局、奥地利专利局、中国知识产权局、欧洲专利局、日本特许厅、韩国知识产权局、俄罗斯联邦工业产权局、西班牙专利商标局、瑞士专利与注册局、美国专利与商标局和加拿大专利局(2003年增加)。国际检索单位必须具备PCT规定的最低文献量,即从1920年以来主要工业化国家的专利文献和规定的非专利文献。

(2) 国际检索单位的程序。国际检索依国际检索单位的程序进行。该程序应依照条约、实施细则以及国际局与该单位所签订的协议的规定,但协议不得违反条约和实施细则的规定。如果国际检索单位认为国际申请涉及的内容按细则的规定不要求国际检索单位检索,而且该单位对该特定案件决定不作检索;或者说明书、权利要求书或附图不符合规定要求,以至于不能进行有意义的检索的,上述检索单位应作相应的宣布,并通知申请人和国际局将不作出国际检索报告[3]。

(3) 国际检索报告。国际检索单位经过检索,应当在收到检索本之日起3

---

[1] PCT第15条(1)、(2)、(3)、(4)。
[2] PCT第16条(1)和(3)。
[3] PCT第17条(1)和(2)。

个月内,或者自优先权日起 9 个月内(以到期在后者为准)提出报告。① 其中列出与国际申请的权利要求相关的已有技术的文件,并指出这些文件与申请中专利的新颖性和创造性可能的关联,但不对发明的价值做出评价。申请人在看了国际检索报告所引用的文件以后,能对其国际申请在指定国获得专利的可能性有所估计,并据以决定是否值得在这些指定国中继续寻求专利保护。如果他认为值得继续申请,必要时可以向国际局提交对权利要求书的修改。② 如果他认为报告表明其发明不大可能获得专利,应当迅速撤回申请,以便组织国际局对该申请的公布,并节省向外国申请的各种开支。国际检索报告应在规定的期限内按规定的形式作出,国际检索报告应尽快送交申请人和国际局,国际局应将国际申请连同国际检索报告按实施细则的规定送达每一指定局。③

(4) 权利要求书的修改。申请人在收到国际检索报告后,有权享受一次在规定期限内对国际申请的权利要求向国际局提出修改的机会。申请人可以按实施细则的规定同时提出一项简短声明,解释上述修改并指出其对说明书和附图可能产生的影响。但是,修改不应超出国际申请提出时对发明公开的范围;如果指定国的本国法准许修改超出上述公开范围,超出上述规定的修改在该国不应产生任何后果④。

(5) 向指定局的送达。国际申请连同国际检索报告、所作的宣布,应按细则的规定送达每一个指定局,除非该指定局全部或部分放弃这种要求。送达的材料应包括上述报告或宣布的译文。如果作出了修改,送达的材料应包括原提出的和经过修改的权利要求的全文,或者包括原提出的权利要求的全文并具体说明修改的各点。国际检索单位根据指定局或申请人的请求,应按细则的规定,将国际检索报告中引用的文件副本分别送达上述指定局或申请人。⑤

3. 国际公布。根据 PCT 第 21 条第 1 款的规定,国际局应公布国际申请。

(1) 国际公布的时间。国际公布的目的,主要是向公众公开该发明和确定可能最终获得的专利的保护范围。在申请人没有请求撤回的情况下,除了有关国家按 PCT 第 64 条第 2 款规定提出保留的以外,国际申请优先权日后 18 个月,即进行国际公布,公布国家申请和国际检索报告,并通知每一个指定国的专利局。申请人可以要求国际局在上述期限届满之前的任何时候公布其国际申请,国际局应予以办理。⑥

---

① PCT 实施细则第 42 条。
② PCT 第 19 条。
③ PCT 第 18 条。
④ PCT 第 19 条。
⑤ PCT 第 20 条。
⑥ PCT 第 21 条(1)和(2)。

(2) 国际公布的形式。国际申请应以小册子形式公布,小册子的形式与方式的要求,由 PCT 第 58 条第 4 款规定的行政指示确定。《专利合作条约实施细则》第 48 条规则第 2 款对小册子应包括的内容作了具体规定。国际公布的内容包括申请人提供的著录项目、国际检索单位确定的国际专利分类号、摘要、说明书、权利要求书、附件和国际检索报告。

(3) 国际公布的语言。国际申请时,用中文、英文、法文、德文、日文、俄文或西班牙文的,用所用的语言公布。但是,用中、德、日和西班牙文公开的,发明名称、摘要和国际检索报告还要用英文公布。以其他语言申请的,需翻译成英文公布。国际公布都在 PCT 公报上刊载。

(4) 国际公布的要求。申请人在收到国际检索报告后,决定继续进入指定国的国内阶段,其应当不迟于自优先权日起 30 个月届满之日,向每个指定局提交国际申请的副本(除非已按 PCT 第 20 条规定送达)及其译文各一份,并缴纳国家费用。应注意,依照 PCT 第 24 条第 1 款,如果在国际阶段对国际申请作出过修改,译文应包括修改部分的内容。如果对有的指定国没有按期提供国际申请的译文和缴纳费用,那么对该指定国而言,国际申请已经视为撤回。

如果国际申请在其公布的技术准备完成以前被撤回或者被认为撤回,即不进行国际公布。如果国际局认为国际申请含有违反道德或公共秩序的语句或附图,或者国际局认为国际申请含有细则所规定的贬低性陈述,国际局公布时可以删去这些语句、附图和陈述,同时指出删去的文字或附图的位置和字数或号数。根据请求,国际局提供删去部分的副本。①

(5) 公布文件的传送。PCT 第 25 条规定,如果受理局拒绝给予国际申请,或者宣布国际申请已被认为撤回,或者国际局在规定期限没有收到登记本而被认为撤回,国际局应根据申请人的请求,立即将所有文件的副本送交申请人指明的任何指定局。如果受理局宣布对某一国家的指定已被视为撤回,国际局应根据申请人的请求将所有文件副本送交该国的国家局。

(6) 文件的改正和修改。任何指定局在按照本国法所规定的对国家申请在相同或类似情况下允许改正的范围和程序,给予申请人以改正国际申请的机会之前,不得以不符合本条约和细则的要求为由驳回国际申请。② 申请人应有机会在规定的期限内,向每个指定局提出对权利要求书、说明书和附图的修改。除经申请人明确同意外,任何指定局,在该项期限届满前不应授予专利权,也不应拒绝授予专利权。修改不应超出国际申请提出时对发明公开的范围,除非指定国的本国法允许修改超出该范围。在本条约和细则所没有规定的一切方面,修

---

① PCT 第 21 条(5)和(6)。
② PCT 第 26 条。

改应遵守指定国的本国法。如果指定局要求国际申请的译本,修改应使用该译本的语言。①

(7) 国际公布的效力。根据该条约第 29 条的规定,就申请人在指定国任何权利的保护而言,国际申请的国际公布在该国的效力,除另有规定外,应与指定国的本国法对未经审查的国际申请在国内强制公布所规定的效力相同。但如国际公布所用的文字和在指定国按本国法公布所用的文字不同,则从本国文字译本公布日起产生上述效力。

如果申请人在得到国际检索报告经过 3 个月左右时间的考虑后,决定进入指定国的国内阶段,他应当在自优先权日起 30 个月届满之前,向他希望得到保护的指定国提供国际申请的译文,并缴纳国家费用。② 如果在国际阶段对国际申请作过修改,译文应包括修改部分的内容。如果对有的指定国没有按期提供国际申请的译文和缴纳费用,那么对该指定国而言,国际申请已经被视为撤回。③

4. 国际初步审查。PCT 第二章对国际初步审查的有关问题进行了规定。根据条约的规定,国际初步审查并不是国际申请的必经步骤,成员国加入公约时可以不适用,申请人在成员国选择适用的情况下也可以保留。审查结果对指定国专利局无法律约束力,但在实际中受到各国专利局的普遍尊重。

(1) 国际初步审查的目的。申请人在接到对其申请的国际检索报告并进行研究后,如果希望其发明获得专利的可能性有更好的基础,或者在不实行审查制的国家更好地评估其发明的价值的,申请人可以选择要求对其申请进行国际初步审查。国际初步审查的目的是对请求保护的发明是否有新颖性、创造性和工业实用性提出初步的无约束力的意见。申请人收到国际检索报告后,可以要求国际初步审查,以便得知该项发明是否具有新颖性、创造性和工业实用性。申请人可以自行决定是否进行国际初步审查。要求进行初步审查的,需交付相应费用。国际初步审查单位提出的国际初步审查报告,是一种不具有拘束力的意见,仅供选定国参考。申请人可根据情况撤回申请、修改申请或让申请自动失效。如果申请人根据这些报告资料,认为可以获得专利,即可进行下一步程序,进入国家阶段。

(2) 国际初步审查单位。国际初步审查应在国际初步审查单位进行。国际初步审查单位由 PCT 联盟委员会确定。目前共有 9 家,除西班牙专利商标局外,其余与国际检索单位相同。初步审查请求书应当在自优先权日起 19 个月届

---

① PCT 第 28 条。
② PCT 第 22 条(1)。
③ PCT 第 24 条(1)。

满以前提交国际初步审查单位。希望进行初步审查的申请人,应在其请求书中写明在哪些指定国中使用初步审查的结果。这些国家被称为"选定国"。据统计,现在有 80% 的国际申请,选择利用国际初步审查程序。

(3) 国际初步审查的程序。国际初步审查按照国际初步审查单位的程序进行。该程序应遵守条约、实施细则以及国际局与该单位签订的协议。根据该条约第 34 条到第 39 条的规定,国际初步审查单位按规定的程序进行初步审查之后,应在规定的期限内按规定的形式做出国际初步审查报告。国际初步审查报告,连同规定的附件,应送交申请人和国际局。国际局译成规定的语言后将国际初步审查报告及其译本递交每一选定局,申请人应按条约和实施细则的规定向每一个选定局提交国际申请的副本和译本,并缴纳国家费用,由此转入国家处理程序。

根据 PCT 第 42 条的规定,接到国际初步审查报告的选定局,不得要求申请人提供任何其他选定局对同一国际申请的审查有关的任何文件副本、或有关其内容的情报。这表明,国际初步审查报告相当于根据选定国法律规定的国内初步审查报告的效力。

国际初步审查不同于国际检索。国际检索报告仅仅单纯引证一些与国际申请有关的现有技术文献,而国际初步审查报告则对每项权利要求看来是否具有条约所规定的新颖性、创造性和工业实用性提出初步的无拘束力的意见,供选定国专利局参考。① 条约对什么是新颖性、创造性和工业实用性的要求作了规定,但说明它所规定的标准只供初步审查之用。任何缔约国为了决定请求保护的发明在该国是否可以获得专利,可以采用附加或不同的标准。② 至于有关发明按照任何选定国的法律是否可以获得专利的问题,国际初步审查报告不得作出说明,因为这属于选定国专利局的权限。此外,国际初步审查单位还可以对申请人的修改是否超出了原始公开范围、说明书公开是否足够以及是否缺乏发明单一性等问题发表意见。

国际初步审查单位应将初步审查报告送交国际局和申请人,国际局则应将初步审查报告翻译成规定语言后把报告及其译本送交各选定局。③ 在国际初步审查阶段,申请人应有机会在规定期限内向每一个选定局提出对权利要求书、说明书和附图的修改。除经申请人明示同意外,任何选定局在该期限届满前,不应授予专利权,也不应拒绝授予专利权。但修改不应超出国际申请提出时对发明公开的范围,除非选定国本国法允许修改超出该范围。④ 申请人在自优先权日

---

① PCT 第 33 条(1)。
② PCT 第 33 条(5)。
③ PCT 第 36 条。
④ PCT 第 41 条(1)和(2)。

起第 28 个月时可以得到一份国际初步审查报告。申请人在看了报告以后,大约有 2 个月的时间可以考虑。如果审查报告的意见对他是有利的,新产品在技术上和经济上有可能成功,就可以决定进入选定国的国内程序。

如果申请人决定进入选定国的国内程序,他应当在自优先权日起第 30 个月届满之前向全部或者部分选定国专利局提供国际申请的译文,并缴纳国家费用。① 如果在国际阶段已经对国际申请作过修改,译文应包括修改的内容。以后,选定局应根据其本国法对国际申请进行处理。在申请人没有提供国际申请译文和缴纳费用的选定国,他的国际申请的效力即告终止。②

(二) 国家阶段

申请人决定进入国家阶段,就必须向指定局缴纳规定的费用,并根据需要将国际申请翻译成官方语言译文及委托当地代理人。进入国际阶段后,各该国即须根据其国内法的规定,最终确定是否授予专利权。而获得授权的发明创造也按各该国的法律进行保护。

在上述程序完成后,国际申请即进入国家处理程序。根据条约和实施细则的要求,在国家处理程序,指定局将对转入国家申请程序的国际申请作为直接向本国提出的正规国家申请一样来处理。指定局在处理时应按照本国的法律和本条约及实施细则的要求办理。

总之,国际申请、国际检索和国际初步审查阶段,大大减少了重复工作,为申请人和有关专利局都节省了大量的人力、物力和时间。进入国家阶段后,由于主权国家法律并不相同,仍需各该国按照其法律分别办理。

(三) 条约提供的优越性和局限性

PCT 对于希望在多个国家就同一发明获得专利保护的申请人来说,具有明显的好处,这就是:

1. 申请人可以在本国用规定的语言(在中国,可以用汉语,也可以用英语),按照统一的形式要求,提出一个国际申请,在该申请指定的国家立即产生国内申请的效力,从而省去了重复申请的许多麻烦,节省了大量的精力和费用。

2. 申请人在其申请公布时就可以得到国际检索报告,可以据以评估其发明获得专利的可能性。如果需要更有把握地评估其发明获得专利的机会,还可以要求国际初步审查,以求得到一份报告。经过对这些资料进行研究后,再进入外国的程序,可以避免许多风险,从而也可节省大量的精力和费用。

3. 按照传统的专利申请程序,最迟自申请日(或者优先权日)起 12 个月之末必须进入外国的专利申请程序。但是按照 PCT 提出一个国际申请获得国际

---

① PCT 第 39 条(1)。
② PCT 第 39 条(2)。

申请日以后,则可以延迟到自优先权日起满 30 个月之末才进入外国的专利申请程序。这样就比传统程序多了 18 个月的时间以考虑是否进入外国的程序。考虑的时间更充分。

PCT 对各国专利局也有益处,因为国际申请进入国内阶段时,已经经过形式审查和公布,它们就省去了这些手续。而且它们还收到国际检索报告,有的还有国际初步审查报告,这就大大减少了它们检索和审查的工作量,从而可以提高工作效率。至于没有技术力量进行检索或者审查的国家,则可以依赖国际检索单位的检索结果进行审查,或者依赖国际初步审查单位的审查结果决定是否授予专利权。由于国际申请都与国际检索报告一起公布,而且每一份申请的摘要都是用英语公布的,这对于希望获得最新技术信息的企业和有关第三人来说,也是有益处的。

当然,也应看到 PCT 有其局限性。公约只是简化了专利申请手续,具体是否批准专利还要依成员国国内法而定,这正是条约在解决专利国际申请时不彻底之处。依条约提出国际申请虽然减少了一些重复劳动,申请人在各阶段所要缴纳的费用却是可观的,这就影响了发明人和企业、公司通过 PCT 途径提出申请的积极性。

第三节 建立工业品外观设计国际分类洛迦诺协定

一、《建立工业品外观设计国际分类洛迦诺协定》的概况

《建立工业品外观设计国际分类洛迦诺协定》(以下简称洛迦诺协定)于 1968 年 10 月 8 日在瑞士小城洛迦诺签订,生效于 1971 年 4 月 27 日,曾在 1979 年修订一次。根据该协定,成员国组成洛迦诺联盟以采用统一的工业品外观设计分类法,联盟国家的工业产权局应在工业品外观设计保存或注册的官方文件上,标明使用该外观设计商品所属洛迦诺分类表大类和小类号码。[①] 各成员国可以对这种分类规定其认为合适的法律后果。我国于 1996 年 9 月 19 日正式加入该协定,不过我国自 1985 年《专利法》施行时起即采用其中所规定的外观设计分类法方便我国的专利申请。

《洛迦诺协定》的主要目的是采用国际外观设计分类表对使用外观设计的各类商品进行分类,为成员国提供统一的工业品外观设计分类法,从而尽量减少各国在外观设计商品分类上存在的分歧。该协定共 15 条,1 个附件。其主要内容有:专门联盟的建立;国际分类法的采用;国际分类法的使用和法定范围;专家

---

① 《洛迦诺协定》第 2 条(3)。

委员会;国际分类法及其修正和补充的通知与公布;本专门联盟大会;国际局;财务;修正;批准和加入;生效;效力和有效期;修订;退出;领地;签字、语言、通知;过渡条款;附件,国际分类的大类和小类表。1999年1月1日开始实行的第七版国际外观设计分类表将各种商品分为32个大类、223个小类。它还包括一个按字母顺序排列的标明每种商品所属的大类和小类的商品表。根据协定设立的专家委员会定期对分类表进行修订。该分类表为我国外观设计专利审查和保护提供了一个重要的参考标准。《洛迦诺协定》所采用的国际分类法纯属管理性质,对各缔约国给予外观设计的保护性质和范围并不构成约束,每个国家可以将其认为适当的法定范围归属于国际分类法,有权保留将国际分类法作为主要的分类系统或者作为辅助的分类系统进行使用。①

根据该协定成立了洛迦诺联盟。联盟中设专门联盟大会和专家委员会。联盟大会的主要职责是管理与联盟生存和发展密切相关的事务,而专家委员会则是负责定期修改工业品外观设计分类方法、向本专门联盟国家提出旨在便利本分类法的使用和促进本分类法的统一应用的建议、帮助促进对用与审查的文献进行重新分类的国际合作、在对本专门联盟或本组织的预算不产生财政义务的情况下采取其他一切措施促进发展中国家应用本分类法、有权建立小组委员会和工作组。国际分类法的修正和补充的建议可由该专门联盟的任何国家主管局或由国际局提出。② 专家委员会关于国际分类法的修正和补充的决议应由该专门联盟国家的简单多数通过。然而,如果决议涉及建立新的大类或将一些商品由一个大类转移至另一大类时,需要全体一致同意。③ 世界知识产权组织国际局是该联盟的执行机构,总干事是该联盟的最高行政官员,并代表本联盟。④ 参加这个协定的国家必须是巴黎公约的成员国,通过签字并交存批准书或交存加入书的方式成为本协定的缔约国。⑤ 没有参加协定的国家,也有权使用该协定建立的国际分类法,但无权派代表参加修订这个分类法的专家委员会。

二、《建立工业品外观设计国际分类洛迦诺协定》的主要内容

(一) 工业品外观设计国际分类法

1. 建立工业品外观设计国际分类法的目的

《洛迦诺协定》是一个关于外观设计商品分类协定,也就是使用外观设计商品的分类,而不是设计本身的分类法,其目的主要是统一申请外观设计专利的分

---

① 《洛迦诺协定》第2条(1)和(2)。
② 《洛迦诺协定》第3条(3)。
③ 《洛迦诺协定》第3条(4)。
④ 《洛迦诺协定》第6条。
⑤ 《洛迦诺协定》第9条。

类。我国专利局也是采用洛迦诺分类法对外观设计专利申请和专利进行分类的,该公约于 1997 年 9 月 17 日在我国生效。

2. 工业品外观设计国际分类法的组成

该协定第 1 条第 3 款规定国际分类法应当包括:

(1) 大类和小类表;

(2) 使用工业品外观设计的按字母顺序排列的商品目录,包括这些商品分成大类和小类的分类标记;

(3) 用法说明。

3. 工业品外观设计国际分类法的语言

《洛迦诺协定》第 1 条第 7 款就国际分类法的语言作出了如下规定:

(1) 国际分类法应当使用英语和法语指定;

(2)《洛迦诺协定》专门联盟大会可以指定的其他语言的国际分类法正式文本,应当由《成立世界知识产权组织公约》所述的知识产权国际局与有关国家政府协商后制定。

(二) 工业品外观设计国际分类法的使用和法定范围

《洛迦诺协定》第 2 条对国际分类法的使用和法定范围作了如下规定:

1. 工业品外观设计国际分类法的性质

除《洛迦诺协定》规定的要求外,国际分类法纯属管理性质。然而,每个国家可以将其认为适当的法定范围归属于国际分类法。特别是《洛迦诺协定》专门联盟各国对本国给予外观设计的保护性质和范围应当不受国际分类法的约束。

2. 工业品外观设计国际分类法在缔约国分类法中的地位

《洛迦诺协定》专门联盟的每一国家保留将国际分类法作为主要的分类系统或者作为辅助的分类系统使用的权利。也就是说,每一国家既可把国际分类法作为本国的主要的分类系统,也可以将它作为该国辅助的分类系统使用。

3. 缔约国使用工业品外观设计国际分类法的义务

(1)《洛迦诺协定》专门联盟国家的主管局应当在外观设计保藏或注册的官方文件上以及在正式公布这些文件时在有关刊物上标明使用外观设计的商品所属国际分类法的大类和小类号。

(2) 在选择按字母顺序排列的商品目录中的用语时,专家委员会应相当谨慎,避免使用含有专有权的用语。但是,按字母顺序排列的索引中所列的任何用语并不表示专家委员会对该用语是否含有专有权的意见。

4. 工业品外观设计国际分类法的修正和补充

《洛迦诺协定》第 4 条对国际分类法及其修正和补充作出了规定。

(1) 专家委员会所通过的按字母顺序排列的商品名录和用法说明,以及该委员会所决定的国际分类法的修正或补充应当由国际局通知本专门联盟各国主管局。通知一经收到,专家委员会的决定就应当开始生效。然而,如果决定涉及建立新的大类,或将一些商品从一个大类转移至另一大类时,该决定应当自发出上述通知之日起 6 个月开始生效。

(2) 国际局作为国际分类法的保存机构,应当将已经开始生效的修正和补充编入国际分类法中。修正和补充的公告应当在大会指定的期刊上公布。

(三) 专家委员会①

1. 专家委员会的组成

专家委员会由《洛迦诺协定》专门联盟的每一国家的代表组成,该委员会应当按照出席国家的简单多数所通过的议事规则进行组织。

2. 专家委员会的职权

(1) 专家委员会可以对作为《洛迦诺协定》的附件的大类和小类作出修正和补充;

(2) 专家委员会依照《洛迦诺协定》第 3 条规定的程序通过商品目录和用法说明;

(3) 专家委员会可以依照《洛迦诺协定》第 3 条规定的程序对国际分类法进行修正和补充;

(4) 专家委员会的每个专家有通过邮寄投票的权利;

(5) 如果一个国家未指派代表参加专家委员会的一届会议,或者指派的专家在会议期间或者在专家委员会议事规则所规定的期间未参加投票,该有关国家应当认为已接受专家委员会的决定。

加入洛迦诺协定的国家工业产权局在其反映外观设计注册或者保存的官方文件上应当写明外观设计的国际分类号。工业产权局在其发行的关于外观设计注册或者保存的任何出版物中也必须这样做。②

(四) 本专门联盟大会③

1. 联盟大会的组成

本专门联盟大会设立大会,由联盟各国组成,每一国家的政府应当有一名代表,可辅以若干副代表、顾问和专家,每一代表团的费用应当由委派代表团的政府承担。

2. 联盟大会的职权

(1) 处理有关维持和发展本专门联盟以及执行本协定的一切事项;

---

① 《洛迦诺协定》第 3 条。
② 《洛迦诺协定》第 2 条(3)。
③ 《洛迦诺协定》第 5 条。

(2) 就有关修订会议的筹备事项对国际局给予指示;

(3) 审查和批准本组织总干事关于本专门联盟的报告和活动,并就本专门联盟职权范围内的事项对总干事给予一切必要的指示;

(4) 确定本专门联盟的计划和通过其3年预算,并批准其决算;

(5) 通过本专门联盟的财务规则;

(6) 决定英语和法语以外语言的国际分类法正式文本的制定;

(7) 除按第3条所设立的专家委员会以外,建立为实现本专门联盟目标而认为适当的其他专家委员会和工作组;

(8) 确定接受哪些非本专门联盟成员的国家以及哪些政府间组织和非政府间国际组织为观察员出席大会的会议;

(9) 通过相应修正案;

(10) 采取旨在促进实现本专门联盟的目标的任何其他适当的行动;

(11) 履行按照本协定是适当的其他职责。

第四节 国际专利分类斯特拉斯堡协定

一、《国际专利分类斯特拉斯堡协定》概况

随着现代科技的迅猛发展,世界各国的专利申请量急剧增加,大多数发明创造的专利申请不再局限于本国范围,国际专利申请所占的比例越来越大。面对此种情势,各国分别采用不同的专利分类方法显然会对国际申请的专利检索造成极大困扰。为了建立一种统一的发明和实用新型专利的分类系统以便各国专利主管部机关或专利申请人对专利文献进行有效检索,促进专利保护领域的国际合作,一些《巴黎公约》的成员国于1971年3月24日法国斯特拉斯堡签订了《国际专利分类斯特拉斯堡协定》(以下简称《斯特拉斯堡协定》)。我国于1997年6月正式加入该协定。

长期以来,世界各国都在使用自己的专利分类法,由此造成专利分类方法不统一,增加了专利检索的困难。建立一个国际专利分类法的工作,在1949年欧洲理事会成立后便已开始。1954年订立《发明专利国际分类欧洲公约》,缔约国承诺采用国际专利分类法作为本国主要专利分类法或者作为本国专利分类法的辅助分类法。这种分类法的第一版于1968年正式公布生效。该分类法不但在欧洲理事会的成员国,而且在东欧各国和美国、日本等国也都广泛采用。为了将这一行之有效的地区性专利分类公约扩展适用于全球范围,世界知识产权组织的前身"保护知识产权联合国际局"(BIRPI)便和欧洲委员会一道,着手准备制

定一个世界性的统一专利分类法。后经欧洲理事会和世界知识产权组织谈判，决定在《巴黎公约》的框架内，由《巴黎公约》的一些缔约国在1971年签订《斯特拉斯堡协定》，将原来依据欧洲理事会主持制订的专利国际分类法改变成为世界范围内政府间组织执行的一种制度，并由《斯特拉斯堡协定》设立的专家委员会进行后续修订。这样，经过修订的国际专利分类法第二版于1974年公布生效，以后每5年修订公布一次。自2006年1月1日起，国际专利分类表第八版正式生效。该分类表采用四级分类法，将全部技术领域分为8个部、118个大类、621多个小类和数万个组，每个组都有一个由拉丁字母和阿拉伯数字组成的分类号。其中第一级的8个部用大写英文字母标示，分别为：(A部)生活必需品；(B部)作业、运输；(C部)化学、冶金；(D部)防止、造纸；(E部)固定建筑物；(F部)机械工程、照明、加热、武器、爆破；(G部)物理；(H)电技术。

根据该协定成立了斯特拉斯堡联盟。联盟中设专门联盟大会和专家委员会。联盟大会的主要职责是管理与联盟生存和发展密切相关的事务，而专家委员会则是主要负责定期修改国际专利分类方法。国际分类法的修正和补充的建议可由该专门联盟的任何国家主管机关、国际局、依照有关规定有代表出席专家委员会会议的任何政府间组织和应专家委员会特别邀请对修订本分类法提出建议的任何其他组织提出。① 专家委员会的每个成员国应有一票表决权。专家委员会关于国际分类法的修正和补充的决议应由该专门联盟国家的简单多数通过。然而，如果出席并参加表决的国家的五分之一国家认为会引起本分类法基本结构的改变，或需要进行大量重新分类工作的，应有出席并参加表决的国家的四分之三多数票。② 世界知识产权组织国际局是该联盟的执行机构，总干事是该联盟的最高行政官员，并代表本联盟。③ 参加这个协定的国家必须是巴黎公约的成员国，通过签字并交存批准书或交存加入书的方式成为本协定的缔约国。④

二、《国际专利分类斯特拉斯堡协定》的主要内容

(一) 国际专利分类法

1. 国际专利分类法的范围、定义

《斯特拉斯堡协定》所称专利的范围，是指适用本协定的国家组成专门联盟，对发明专利、发明人证书、实用新型和实用证书采用相同的分类法，即已知的

---

① 《斯特拉斯堡协定》地5条(5)。
② 《斯特拉斯堡协定》第5条(6)。
③ 《斯特拉斯堡协定》第8条(1)。
④ 《斯特拉斯堡协定》第12条(1)。

"国际专利分类法"①(以下简称"本分类法")包括以下内容②:

(1) 依据1954年12月19日的发明专利国际分类欧洲公约(以下简称"欧洲公约")的规定而制定的、1968年9月1日生效并由欧洲理事会秘书长公布的分类法正文;

(2) 在本协定生效之前依据欧洲公约第2条第2款生效的修正案;

(3) 此后依据本协定第5条制定并依据本协定第6条生效的修正案;

(4) 本分类法正文中所包括的指南和注释是其组成部分。

2. 国际专利分类法的语言

该协定第3条规定了本分类法的语言。

(1) 现在适用的国际分类法应用英语和法语撰写,两种文本都是同等的文本。

(2) 本组织国际局应与有关国家政府协商,或在各该政府提交的译文的基础上,或通过对本专门联盟或对本组织的预算不产生财政义务的其他任何方法,制定德语、日语、葡萄牙语、俄罗斯语、西班牙语以及本协定第7条所述大会指定的其他语言的正式文本。

(二) 国际专利分类法的使用

1. 国际专利分类法在缔约国分类法中的地位

该分类法纯属行政管理性质,各缔约国也没有给予这种分类以任何保护的性质和范围。本专门联盟的每一国家有权将本分类法作为主要的分类系统或者作为辅助的分类系统使用。③ 这就是说,缔约国有自由保留原有的专利分类制度,而将国际专利分类法作为辅助的分类制度。不过,实行这种双轨制的国家是很少的。

2. 缔约国使用国际专利分类法的义务④

(1) 本专门联盟国家的主管机关应在以下文件上标明发明的完整分类号

第一,该机关所颁发的专利证书、发明人证书、实用新型、实用证书及其有关的申请文件,不论是公布的或仅供公众查阅的;

第二,官方期刊发表的关于前项所指文件的公布或供查阅的有关通知。

(2) 在本协定签字时或在递交本协定批准书或加入书时

第一,任何国家都可以声明,在仅供公众查阅的申请文件及其有关通知中,不承担标明组分类号或分组分类号。

第二,任何国家不进行即时的或延迟的新颖性审查,以及在授予专利证书或

---

① 《斯特拉斯堡协定》第1条。
② 《斯特拉斯堡协定》第2条(1)。
③ 《斯特拉斯堡协定》第4条(1)、(2)。
④ 《斯特拉斯堡协定》第4条(3)、(4)、(5)、(6)。

其他保护形式的程序中没有规定现有技术检索的,可以声明在规定文件和通知中不承担标明组分类号和分组分类号。如果上述情况仅在涉及某种保护形式或某些技术领域时才存在,有关国家可以在适用这些情况的范围内作出该项保留。

（3）分类号及其前面写明的"国际专利分类"或由专家委员会决定的缩写词,应用粗体字印刷,或以其他清晰可辨的方式,在包括这些符号的上述每一文件的上端标明。

（4）如本专门联盟的任何国家委托政府间机构授予专利的,应采取一切可能的措施,保证该机构依本条规定使用本分类号。

（三）专家委员会

1. 专家委员会的组成

《斯特拉斯堡协定》联盟设立专家委员会,每一国家应派代表参加。总干事应邀请以专利为其专业的、其成员至少有一国是本协定的缔约国的政府间组织,派观察员出席专家委员会的会议。总干事可以邀请,如经专家委员会请求,应该邀请其他政府间组织和非政府间组织派代表参加与其有关的讨论。[1]

2. 专家委员会的职权

专家委员会的职权如下[2]：

（1）修订本分类法；

（2）向本专门联盟国家提出旨在便利本分类法的使用和促进本分类法的统一应用的建议；

（3）帮助促进对用于发明审查的文献进行重新分类的国际合作,特别要考虑发展中国家的需要；

（4）在对本专门联盟或本组织的预算不产生财政义务的情况下,采取其他一切措施促进发展中国家应用本分类法；

（5）有权设立小组委员会和工作组。

（四）本专门联盟大会

1. 联盟大会的组成

本专门联盟大会设立大会,由联盟各国组成,每一国家的政府应当有一名代表,可辅以若干副代表、顾问和专家。经邀请的政府间组织可以派观察员出席大会的会议,如经大会决定,也可以出席大会所设立的委员会或工作组的会议。每一代表团的费用应当由委派代表团的政府承担。[3]

---

[1] 《斯特拉斯堡协定》第5条(1)、(2)。
[2] 《斯特拉斯堡协定》第5条(3)。
[3] 《斯特拉斯堡协定》第7条(1)。

2. 联盟大会的职权

(1) 处理有关维持和发展本专门联盟以及执行本协定的一切事项;

(2) 就有关修订会议的筹备事项对国际局给予指示;

(3) 审查和批准本组织总干事关于本专门联盟的报告和活动,并就本专门联盟职权范围内的事项对总干事给予一切必要的指示;

(4) 确定本专门联盟的计划和通过其 3 年预算,并批准其决算;

(5) 通过本专门联盟的财务规则;

(6) 决定除英语、法语和第 3 条第(2)款所列语言外的其他语言的国际分类法正式文本的制定;

(7) 建立为实现本专门联盟目标而认为适当的其他专家委员会和工作组;

(8) 确定接受哪些非本专门联盟成员的国家以及哪些政府间组织和非政府间国际组织为观察员出席大会的会议以及大会所设立的委员会或工作组的会议;

(9) 采取旨在促进实现本专门联盟的目标的任何其他适当的行动;

(10) 履行按照本协定是适当的其他职责。[①]

第五节 国际承认用于专利程序的微生物保存布达佩斯条约

一、《国际承认用于专利程序的微生物保存布达佩斯条约》概况

《国际承认用于专利程序的微生物保存布达佩斯条约》(简称《布达佩斯条约》)是世界知识产权组织 1977 年 4 月 27 日在匈牙利的布达佩斯召开的有 31 个国家和 12 个组织参加的会议上通过的,它是在《巴黎公约》的原则指导下为解决微生物发明专利申请的特殊性问题而签订的一个专门性条约。该条约于 1980 年 8 月 19 日正式生效。根据该条约还成立了"布达佩斯联盟",该联盟的成员国必须是《巴黎公约》的成员国,通过签字并交存批准书或交存加入书的方式成为本协定的缔约国。[②] 联盟大会的主要职责是管理与联盟生存和发展密切相关的事务,世界知识产权组织国际局是该联盟的执行机构,总干事是该联盟的最高行政官员,并代表本联盟。[③] 我国则于 1995 年 7 月 1 日加入该条约。

布达佩斯条约是为了解决微生物发明专利申请的特殊问题而签订的。按照各国专利法的要求,申请发明专利必须对发明作出清楚、完整的说明,以所属技

---

① 《斯特拉斯堡协定》第 7 条(2)。
② 《斯特拉斯堡协定》第 15 条(1)。
③ 《斯特拉斯堡协定》第 11 条。

术领域的技术人员能够实现为准,必要时还应当有附图。发明通常使用书面的说明公开的。但是,在涉及微生物的发明专利申请中,对于一些公众尚未知晓的微生物菌种,仅仅通过书面说明很难充分公开其发明内容。这样,申请就没有达到专利法关于足够公开的要求。申请人还必须将涉及的微生物公之于众。所以,各国专利法普遍要求,当发明涉及公众未知的微生物本身或者微生物的利用时,申请人应当将微生物样品提交专利局指定的机构保存。在本国申请微生物发明专利,这个要求是不难办到的。但是,如果在几个国家同时申请这样的专利,必须要向这些国家指定的保存机构分别提交微生物保存,事情就变得很复杂,费用也很高。特别是有些国家对微生物的进出口有限制,还有检疫制度。微生物在寄送过程中死亡时,又得重新寄送,这样就可能耽误申请日。因为一般要求将微生物最迟在申请日提交保存,微生物保存晚了,就会推迟申请日。而申请日的推迟就有可能破坏发明的新颖性。这是困扰着微生物发明专利申请的一个特殊问题。《国际承认用于专利程序的微生物保存布达佩斯条约》就是为了解决这一特殊问题而签订的。根据该条约,微生物发明专利的申请人只需向取得了国际保存单位资格的微生物保存单位提交其微生物菌种,即可依据该单位出具的证明向其希望获得保护的缔约国办理专利国际申请手续。目前为止,中国微生物菌种保藏管理委员会普通微生物中心(CGMCC)和中国典型培养物中心(CCTCC)两个保存机构取得了《布达佩斯条约》国际保存单位的资格。

二、《布达佩斯条约》的主要内容

(一)国际保藏单位:

1. 国际保存单位的资格

根据《布达佩斯条约》第6条第2款的规定,国际保存单位可以是一个政府机构,也可以是一个私人机构,但必须符合以下要求:(1)连续存在;(2)拥有施行细则所规定的必要人员和设施,执行按照本条约承担的科学和管理的任务;(3)公正和客观;(4)对任何要求保存的交存人按照同样条件提供服务;(5)按照施行细则受理各种或某些类别微生物的交存,审查其存活能力并给予保存;(6)按照规定向交存人出具存单以及关于微生物存活能力的声明;(7)按照规定对所保存的微生物进行保密;(8)按照规定的条件和手续提供所保存的微生物样品。[①]

2. 国际保存单位资格的取得

任何保存机构若要成为国际保存单位,必须是设在缔约国领土上或者是一

---

① 《布达佩斯条约》第6条(2)。

政府间工业产权组织的成员国领土上①,由该缔约国或该组织向世界知识产权组织总干事递交声明,保证该机构符合《布达佩斯条约》对国际保存单位规定的各项要求。经世界知识产权组织对声明的内容进行确认并公布之后,该机构一般可自公布之日起取得国际保存单位资格。②

3. 国际保存单位资格的终止和限制

对没有达到或不再符合《布达佩斯条约》要求的国际保存单位,除了曾经为该单位作出保证的缔约国或政府间工业产权组织之外,其他任何缔约国或任何政府间工业产权组织均可请求联盟大会终止或限制其国际保存单位资格。③ 若联盟大会确认该请求有充分的依据,经 2/3 多数的赞成票通过后,该单位的国际保存单位资格将被终止或限制其保存的微生物种类。④ 此外,为某一国际保存单位作出保证的缔约国或政府间工业产权组织也可以向世界知识产权组织总干事发出通知,就全部或只就某些种类的微生物保存撤回其曾经作出的保证声明,在此情形下,该国际保存单位的资格也将由此被终止或受到相应的限制。⑤

(二) 国际保存的承认和效力

《布达佩斯条约》中规定的国际保存单位是全体缔约国所承认的、可对用于专利程序的微生物进行保存的机构。微生物发明专利申请人,将其用于专利程序依法需要保存的微生物样品提交国际保存单位,并取得该单位发给的保存证明和存活证明后,缔约国应当承认为此种目的而在任何国际保存单位所作的微生物保存。这就是承认国际保存单位所说明的保存事实和保存日期,并承认作为样品提供的是所保存的微生物样品⑥,而不论这个机构是否设在该国境以内。换言之,为了用于专利程序,只需在任何一个国际保存单位保存了有关的微生物样品,就具有好像已经在所有缔约国都提交了保存一样的效力,不需要在所有其他缔约国再提交保存了。

任一缔约国均可索取由国际保存单位发出的存单副本。同时,任何缔约国均不得要求遵守和该约及实施细则不同或另外的规定。⑦ 在任何一个"国际微生物备案机构"备了案的标本,均对本国有效,而不能再要求有关申请人在本国另行提交标本;负责备案的国际机构必须对收到的标本进行审查,对不合乎要求的,应拒绝接受备案。这样,微生物专利的申请人只要在一个机构中备案,交纳一次手续费,就可以取得两个以上国家的承认。

---

① 《布达佩斯条约》第 6 条(1)。
② 《布达佩斯条约》第 7 条。
③ 《布达佩斯条约》第 8 条(1)a。
④ 《布达佩斯条约》第 8 条(1)b。
⑤ 《布达佩斯条约》第 8 条(2)。
⑥ 《布达佩斯条约》第 3 条(1)a。
⑦ 《布达佩斯条约》第 3 条(1)b 和(2)。

这个条约不仅适用于国家,也适用于政府间的工业产权组织,如欧洲专利局也承认按条约所作保存的效力。

(三) 微生物的国际保存

1. 原始保存和重新保存

原始保存是指在国际保存单位第一次交存的微生物保存。交存人应当按照国际保存单位所要求的形式和数量送交微生物,并附具包含下列内容的书面声明:(1) 说明该保存是以《布达佩斯条约》为依据;(2) 交存人的名称和地址;(3) 详细说明该微生物的培养、贮存和存活性检验所需的条件,在保存数种微生物的混合物时,还应当说明该混合微生物的组成以及至少一种能够确认各种微生物存在的方法;(4) 该微生物的鉴别符号;(5) 说明微生物所具有的或可能具有的对健康或环境的危害性。

国际保存单位所保存的微生物不能存活,或者微生物样品需要送出国外,但是因出入境限制受到阻碍的,该单位应立即通知交存人并说明原因,交存人享有将原来保存的微生物重新提交保存的权利。[1] 重新保存原则上应向原接受保存的国际保存单位提交,但是交存人在两种情形下可向另一国际保存单位交存保存:(1) 原保存单位丧失了国际保存单位资格或者对于特定微生物的保存职能被停止的情形;(2) 微生物样品的出入境受到限制的情形。[2] 在重新保存微生物时,交存人应声明其重新提交保存的微生物与原来保存的微生物相同。如果对交存人的声明有争议的,应根据适用的法律确定举证责任。[3] 若与原保存微生物存活能力相关的所有文件都表明该微生物能够存活,而且交存人在收到重新保存通知之日起 3 个月内提交保存的,重新保存的微生物即视为在原保存日交存。[4]

国际保存单位在收到交存保存的微生物后,应就每件微生物保存发给交存人一份存单,载明交存人名称和地址、交存日期、保存号等内容。[5]

2. 保存要求

国际保存单位对于其保存的任何微生物应采取一切必要措施保持其存活并不受污染。保存期间至少应自交存之日起 30 年,若在此期间根据《布达佩斯条约》的规定收到微生物样品提供请求,则保存时间应当延长至最近一份请求收到之日起至少 5 年期间。[6]

---

[1] 《布达佩斯条约》第 4 条(1)a。
[2] 《布达佩斯条约》第 4 条(1)b。
[3] 《布达佩斯条约》第 4 条(1)c。
[4] 《布达佩斯条约》第 4 条(1)d。
[5] 《布达佩斯条约实施细则》7.3。
[6] 《布达佩斯条约实施细则》9.1。

除此之外，国际保存单位对微生物的保存情况还负有保密义务。除了依照《布达佩斯条约》及其实施细则的规定有权获得微生物样品的单位或人员之外，任何人不得要求国际保存单位提供与微生物保存相关的任何情报。①

3. 微生物样品的提供

根据《布达佩斯条约》及其实施细则的规定，有权获得微生物样品的单位或人员具体包括②：

（1）缔约国专利主管机关或符合条约规定的政府间工业产权组织。任何缔约国专利主管机关或符合条约规定的政府间工业产权组织均有权请求国际保存单位提供其所保存的微生物样品，但在请求提供样品时应附具以下声明：① 已经受理与该微生物相关的专利申请；② 该申请正在进行审查中或拟授予专利权；③ 在该缔约国或该组织成员国适用的专利程序需要这种样品；④ 该样品以及与该样品相关的任何情报都将只用于该专利程序。

（2）微生物的交存人或交存人授权许可的其他人。微生物的交存人或其授权许可的单位或个人有权向国际保存单位请求提供微生物样品。被授权许可的单位或个人在提出请求时，应附具交存人允许提供样品的声明。

（3）依法享有权利的请求人。任何单位或个人可以提交规定的表格请求国际保存单位提供微生物样品，但应由缔约国专利主管机关在表格上证明该请求人依据缔约国法律有权获得该微生物样品。

向第三人提供微生物样品是一个重要问题。因为样品不同于普通的发明说明书。第三人获得了样品，实际上就是获得了发明本身，他不需要再进行特别的努力和投资，就可以付诸实施。所以不能使任何第三人都能容易地获得微生物样品，他必须有该国工业产权局的证明，国际保存单位才能向他提供样品。

（四）本专门联盟大会

1. 联盟大会的组成

本专门联盟设立大会，由联盟各国组成，每一国家的政府应当有一名代表，可辅以若干副代表、顾问和专家。各政府间工业产权组织在大会以及由大会建立的各委员会和工作组的会议上应由特别观察员代表。任何本组织成员或保护工业产权巴黎联盟成员而非本联盟成员的国家以及除政府间工业产权组织之外的专门从事专利方面事务的任何政府间组织，在大会的会议上，如经大会决定，在大会建立的各委员会和工作组的会议上，都可由观察员出席。③

---

① 《布达佩斯条约实施细则》9.2。
② 《布达佩斯条约实施细则》11.1、11.2、11.3。
③ 《布达佩斯条约》第 10 条(1)。

2. 联盟大会的职权

(1) 处理有关维持和发展本专门联盟以及执行本条约的一切事项；

(2) 行使本条约专门赋予的权利，执行本条约专门分配的任务；

(3) 就修订会议的筹备事项给予总干事指示；

(4) 审查和批准本组织总干事关于本专门联盟的报告和活动，并就本专门联盟职权范围内的事项对总干事给予一切必要的指示；

(5) 建立大会为促进本联盟的工作认为应当建立的委员会和工作组；

(6) 确定接受哪些非本专门联盟成员的国家以及哪些政府间组织和非政府间国际组织为观察员出席会议以及在何种范围内国际保存单位应作为观察员出席会议；

(7) 为促进实现本专门联盟的目标而采取任何其他适当的行动；

(8) 履行按照本条约是适当的其他职责。

第六节 专利法条约

一、《专利法条约》概况

《专利法条约》(Patent Law Treaty，简称 PLT)，于 2000 年 6 月在日内瓦召开的外交会议上通过，同时通过的还有《专利法条约实施细则》以及《外交会议的议定声明》。参加这次会议的有 130 多个国家、4 个政府间国际组织及 20 多个非政府间国际组织。根据《专利法条约》第 21 条的规定，该条约应在 10 个国家向总干事交存了批准书或加入书后 3 个月生效。2005 年 1 月 28 日，罗马尼亚成为第 10 个向 WIPO 递交加入《专利法条约》文书的国家。因此，《专利法条约》于 2005 年 4 月 28 日起生效。任何参加《巴黎公约》或属世界知识产权组织成员并且通过其本国的主管局或通过另一国家或政府间组织的主管局能授予专利的国家，均可通过签字并交存批准书或交存加入书的方式成为本条约的缔约国。任何至少有一个成员国参加《巴黎公约》或属世界知识产权组织的政府间组织也可在作出相关声明的情况下成为本条约的缔约方。[①] 截至 2012 年 5 月底，该条约共有 27 个缔约国。我国尚未加入该条约。

《专利法条约》很大程度上借鉴了《专利合作条约》(PCT) 及其法规的条款，从而保证条约内容尽可能简洁，并避免与国内和国际申请专利程序的国际标准发生分歧。统一各国国内法的专利审批程序有望促进全球范围内的专利保护，并尽可能减少专利申请程序所产生的非必要成本，同时也会减少发达国家和发

---

① 《专利法条约》第 20 条。

展中国家专利局的行政管理费用,从而使申请人能享受到更低廉的费用。该条约调整的主要内容有:(1) 取得申请日的要件和避免申请人因未满足形式要求而失去申请日的相关程序;(2) 同时适用于国际和国内申请的一套单一的国际标准化形式要求,该要求与《专利合作条约》的形式要求一致;(3) 各局均应接受的标准申请表格;(4) 简化的审批程序;(5) 避免申请人因未遵守期限而非故意情形下导致丧失权利的权利恢复机制;(6) 适用电子申请的基本规则。

二、《专利法条约》的主要内容

(一) 申请日①

一般情况下,缔约方应规定以其主管局收到根据申请人的选择以纸件或该局为申请日的目的所允许的其他形式提交的下列组成部分之日为申请的申请日:(1) 明示或暗示所提提交的组成部分意图是作为一份申请的说明;(2) 能使该局确定申请人身份或与申请人取得联系的说明;(3) 从表面看上去为一份说明书的部分。

如果在确定申请日时,主管局发现申请中似乎遗漏说明书某部分,或发现申请中述及某附图但似乎遗漏该附图,主管当局应立即就此通知申请人,并按照下列原则确定申请日:(1) 如果遗漏的说明书部分或遗漏的附图是在实施细则规定的期限内向主管局提交的,该说明书部分或附图应包括在申请中,应以主管局收到该说明书部分或该附图之日,或以缔约方提交相应文件且语言符合要求之日为申请日,二者中以日期晚者为准。(2) 如果所提交的遗漏的说明书部分或遗漏的附图是为了补齐在主管局第一次收到一项或多项组成部分之日对某在先申请提出优先权要求的申请中遗漏的部分,则应根据申请人在实施细则规定的期限内提交的请求,并在遵守实施细则规定要求的前提下,以缔约方提交相应文件且语言符合要求之日为申请日。(3) 如果提交的遗漏的说明书部分或遗漏的附图在缔约方确定的期限内撤回,应以缔约方提交相应文件且语言符合要求之日为申请日。

(二) 申请②

就申请的形式或内容而言,专利法条约规定除特殊情形外,任何缔约方不得要求遵守任何不同于或超出如下要求:(1)《专利合作条约》对国际申请所规定的形式或内容的要求;(2) 在根据《专利合作条约》开始对国际申请进行处理或审查,该条约的任何缔约国的主管局或代表该条约的任何缔约国的主管局可依该条约要求遵守的形式或内容的要求;(3) 实施细则规定的任何进一步要求。

---

① 《专利法条约》第5条。
② 《专利法条约》第6条。

就请求书的表格而言,缔约方可要求,符合该条约所规定的国际申请请求书内容的申请内容,须用该缔约方规定的请求书表格提出。

就译文而言,缔约方可要求提供申请中未使用其主管局接受的语言的任何部分的译文。缔约方还可要求,申请中使用主管局接受的语言提交的、实施细则所规定的部分,须提供译成该局所接受的任何其他语言的译文。

就费用而言,缔约方可要求对申请缴纳费用。缔约方可适用该条约有关缴纳申请费用方面的规定。

就优先权文件而言,对在先申请提出优先权要求的,缔约方可要求,须根据实施细则规定的要求提交一份该在先申请的副本,并在该在先申请未使用主管局接受的语言的情况下,提交一份译文。

就证据而言,缔约方可要求,只有在其主管局可能有理由对申请的内容或表格或优先权声明中所述任何事项的真实性,或对译文的准确性产生怀疑的情况下,方须在处理申请的过程中向该局提供该事项或该译文的证据。

如果申请人未能满足缔约方针对上述问题的要求,则主管局应通知申请人、并为在实施细则规定的期限内遵守任何此种要求和陈述意见提供机会。如果申请人在规定期限内仍未符合要求,则缔约方可根据其法律规定实行制裁,或导致其优先权要求被视为不存在。

(三) 专利的有效性及其撤销

在这一问题上,该条约第10条规定不得以任何形式要求未得到遵守为由而全部或部分撤销专利或宣告其无效,但因欺诈的意图致使未遵守形式要求者除外。同时,在未给予所有人机会以在合理期限内对准备撤销或宣告无效陈述意见,并在可适用的法律的允许下作出修正或更正的,不得全部或部分撤销专利或宣告其无效。

(四) 权利恢复

该条约第12条还规定了特定情形下的权利恢复,主要发生于在两种情形下:在主管局认为已作出应做的努力或认为属非故意行为。具体而言,缔约方应规定,申请人或所有人未能遵守采取主管局的程序中的行动所适用的期限,并且因未遵守而直接带来丧失对申请或专利的权利的后果的,如果符合以下规定,该局应恢复申请人或所有人对该有关申请或专利的权利:

(1) 按实施细则规定的要求向主管局提出这一内容的请求;

(2) 该请求是在实施细则规定的期限内提交的,而且采取这一行动所适用的期限方面的所有要求在实施细则规定的期限内均得到遵守;

(3) 该请求说明未遵守期限的理由;并且

(4) 主管局认为尽管已作出在具体情况下应做的努力而仍未能遵守期限,或根据缔约方的选择,主管局认为任何延误并非出于故意。

(五)大会①

1. 联盟大会的组成

本专门联盟设立大会,由各缔约方组成。每一缔约方应在大会中有一名代表,可辅以若干副代表、顾问和专家。每一代表只能代表一个缔约方。大会应努力通过协商一致作出决定,无法通过协商一致作出决定的,应通过表决对争议的问题作出决定。

2. 联盟大会的职权

(1) 处理有关维持和发展本条约以及适用和执行本条约的一切事宜;

(2) 在国际局的协助下制定示范国际表格和请求书表格;

(3) 修正实施细则;

(4) 确定每一示范国际表格和请求书表格以及每一修正案的适用日期的条件;

(5) 根据本条约第16条第1款,决定《专利法条约》的任何修订、修正或修改是否应适用于本条约和实施细则;

(6) 履行按照本条约是适当的其他职责。

(六)国际局②

国际局应执行有关本条约的行政任务。特别是,国际局应为大会及大会可能设立的专家委员会和工作组筹备会议并提供秘书处。总干事应召集举行大会所设立的任何委员会和工作组的会议。总干事及其指定的人员应参加大会的所有会议、大会所设立的委员会和工作组会议,但没有表决权。总干事或其指定的一名工作人员是大会以及大会所设立的工作委员会和工作组的当然秘书。国际局应按照大会的指示,筹备一切修订会议。国际局可就所述筹备工作与本组织的成员国、政府间组织和国际及国家非政府组织进行协商。总干事及其所指定的人员应参加修订会议的讨论,但没有表决权。国际局应执行所分派的与本条约有关的任何其他任务。

第七节 工业品外观设计国际保存海牙协定

一、《工业品外观设计国际保存海牙协定》

《工业品外观设计国际保存海牙协定》(以下简称《海牙协定》)是巴黎公约成员国缔结的专门协定之一,该协定于1925年11月6日在海牙缔结,1928年起生效,并由此成立了"海牙联盟"。该协定自签订后经过多次修订,有1925年海

---

① 《专利法条约》第17条。
② 《专利法条约》第18条。

牙文本、1934年伦敦文本、1960年海牙文本、1967年斯德哥尔摩文本(1979年经修订补充)和1999年的日内瓦文本。1999年《海牙协定》日内瓦文本的缔结,目的是为了方便那些由于其工业品外观设计制度的种种问题而不能加入1960年海牙文本的国家加入海牙协定。截至2004年12月31日,前4种文本的缔约方总数为31个国家;日内瓦文本的缔约方总数为16个国家①。我国尚未加入《海牙协定》,但正在积极准备中。

海牙体系的建立可以实现以下目的:为缔约方的外观设计人和注册人提供程序简单、费用不高、只进行一次国际注册即可能在指定缔约方获得外观设计保护;通过一地注册获得多地保护,便捷国际外观设计注册程序;通过一份申请实现多国变更或续展,简便国际外观设计管理程序。

二、《海牙协定》的主要内容

(一) 国际申请

1. 提交国际申请的权利

凡属于缔约方国家或缔约方政府间组织成员国国民者,或者在缔约方领土内有住所、经常居所或真实且有效工商业营业所的人,均有权提交国际申请。②

2. 提交国际申请的程序

国际申请既可以直接提交,也可以间接提交。根据该条约第4条的规定,国际申请可根据申请人的选择,直接提交给国际局,或通过申请人的缔约方局提交。如果任何缔约方以声明的形式通知总干事,国际申请不得通过缔约方局提交。任何缔约方局均可对由其提交的任何国际申请要求申请人向其缴纳传送费,由其享有相应利益。

3. 国际申请的内容

国际申请所要提交的内容包括必要内容、附加的必要内容和可能的其他内容。③

(1) 国际申请应使用规定的语言或规定的语言之一,并且应当包括或附具如下内容:① 依本文本提出的国际注册请求;② 关于申请人的规定的数据;③ 以规定方式提交的提出国际申请的工业品外观设计的一件,或根据申请人的选择,几件不同复制件的规定份数的副本;但如果工业品外观设计是平面的,并且提出了延迟公布请求的,则国际申请可附具工业品外观设计的规定份数的样本,而不包括复制件;④ 按规定对构成工业品外观设计的产品或将使用工业品

---

① 本节内容即介绍1999年日内瓦文本的相关规定。
② 《海牙协定》第3条。
③ 《海牙协定》第5条。

外观设计的产品的说明;⑤ 对被指定的缔约方的说明;⑥ 规定的费用;⑦ 任何其他规定的细节。

(2) 国际申请中附加的必要内容:(a) 凡局是审查局并且在参加本文本时其法律规定要求工业品外观设计保护的申请须包括本款 b 项所规定的任何内容才能依该法律被授予申请日的缔约方,可以声明的形式将这些内容通知总干事。(b) 可按本款 a 项通知的内容如下:① 就提出国际申请的工业品外观设计的设计人身份作出的说明;② 就提出国际申请的工业品外观设计复制件或就该工业品外观设计的特征的简要说明书;③ 权利要求书。(c) 如果国际申请中指定已依本款 a 项作出通知的缔约方,该国际申请亦应按规定的方式包括该通知中所规定的任何内容。

(3) 估计申请可包括或附具实施细则中所规定的其他内容。

(4) 在符合可能规定的条件的情况下,一件国际申请可包括两件或多件工业品外观设计。

(5) 国际申请中可包括延迟公布请求。

4. 优先权

根据该条约第 6 条的规定,申请人可在国际申请中要求优先权。具体而言,国际申请中可包括一份声明,根据《巴黎公约》第 4 条的内容,要求对在《巴黎公约》的任何缔约国或世界贸易组织的任何成员方所提出的一件或多件在先申请享有优先权。同时,实施细则可规定,优先权的声明可在国际申请提交之后作出,此种情况下实施细则应对可以作出这一声明的最晚时间作出规定。

5. 指定费

指定费包括规定的指定费和单独指定费。除特别规定的单独指定费外,规定费用中应包括对每一个被指定缔约方的指定费。凡局[①]是审查局的缔约方以及任何政府间组织缔约方,均可以声明的形式通知总干事,对于任何指定该缔约方的国际申请和任何源于此种国际申请的国际注册的续展,此时应以单独指定费取代规定的指定费,其数额应在声明中指明,并可在以后的声明中作出变更。无论何种指定费,均应由国际局转交给所缴纳的费用涉及的缔约方[②]。

6. 对不规范的更正

国际局如果在其收到国际申请时认为该国际申请不符合本文本和实施细则的要求,应要求申请人在规定的时限内作出必要的更正,未作更正的,国际申请应被视为放弃[③]。

[①] 根据第 1 条第(xvi)项的规定,"局"指受缔约方委托对在该缔约方领土内产生效力的工业品外观设计授权给予保护的机构。在我国即为国家知识产权局。
[②] 《海牙协定》第 7 条。
[③] 《海牙协定》第 8 条。

7. 申请日

根据该条约第 9 条的规定,国际申请申请日的确定因直接提交、间接提交和有部分不规范的提交而有区别:国际申请直接提交给国际局的,申请日应为国际局收到该国际申请的日期;国际申请通过申请人的缔约方局提交的,申请日应按规定来确定;如果在国际局收到国际申请之日,该国际申请中有被规定为会致使国际申请的申请日推后的不规范,申请日应为国际局收到对此种不规范作出更正的日期。

(二) 国际注册

1. 国际注册日①

国际局应在其收到国际申请时立即,或在对不规范内容作出更正后立即对每一件提出国际申请的工业品外观设计进行注册。国际注册应由国际局予以公布。此种公布应在所有缔约方被视为具有足够的公开性,不得再对注册人要求任何其他形式的公开。国际局应在公布之前对每一件国际申请和每一件国际注册保密。

2. 驳回②

《海牙协定》对国际注册申请的驳回也有详细的规定。具体而言,任何被指定缔约方的局,在被提交国际注册的任何或全部工业品外观设计未符合该缔约方的法律给予保护的条件时,均可部分或全部驳回国际注册在该缔约方领土内的效力,但任何局不得以本文本或实施细则所规定的或超出或不同于这些规定的关于国际申请的形式或内容的要求未依该有关缔约方的法律得到满足为由,而部分或全部驳回任何国际注册的效力。对国际注册效力的驳回应由局在规定的期限内以驳回通知的形式告知国际局,任何驳回通知均应说明驳回所依据的全部理由,国际局应将驳回通知的副本传送给注册人,不得延迟。注册人享有的补救办法应与如同被提交国际注册的任何工业品外观设计申请依作出驳回通知的局可适用的法律予以保护时相同。此种补救办法应至少包括可能对驳回进行重新审查或复审,或对驳回进行上诉,而任何驳回均可在任何时候由发出驳回通知的局部分或全部撤回。

3. 关于外观设计的单一性的特别要求

该协定第 13 条就申请专利的外观设计的单一性问题作了特别要求。凡在参加本文本时其国内法规定,同一件申请中的外观设计须符合外观设计的单一性、同时生产或同时使用的要求,或须属于同一套或同一组物品,或规定在一件申请中只能要求一项独立的、明确的外观设计的缔约方,可以声明的形式就此通

---

① 《海牙协定》第 10 条。
② 《海牙协定》第 12 条。

知总干事。但任何此种声明均不得影响申请人根据第5条第4款在一件国际申请中包括两件或多件工业品外观设计的权利,即使该申请指定的缔约方已作出这一声明。

4. 国际注册的效力①

自国际注册日起,国际注册应在每一个被指定缔约方至少具有与要求依该缔约方法律对工业品外观设计予以保护所正规提出的申请同等的效力。国际注册在其局未根据第12条发出驳回通知的每一个被指定缔约方中,应最晚自该局可以发出驳回通知的期限届满之日起,或者缔约方依实施细则已作出相应声明的,最晚于该声明中所确定的时间,具有与依该缔约方的法律对工业品外观设计所予保护同等的效力。如果被指定缔约方的局发出了驳回通知,而随后又将该驳回部分或全部撤回,该国际注册应在驳回被撤回的范围内,最晚自该驳回被撤回之日起,在该缔约方具有与依该缔约方的法律对工业品外观设计所予保护同等的效力。国际注册依前内容被给予的效力,应按其由被指定的局从国际局所收到的,或在可适用的情况下,按其由该局办理的程序所修正的,适用于被提交国际注册的工业品外观设计。凡局是审查局的缔约方可以声明的形式通知总干事,其系申请人的缔约方的,国际注册中对该缔约方的指定没有效力。如果国际申请中写明,已作出前项所述声明的缔约方既是申请人的缔约方,又是被指定的缔约方,国际局应不理睬对该缔约方的指定。

5. 无效

该协定第15条对国际注册的无效宣告作了相应的规定。具体而言,未及时给予注册人以行使其权利的机会的,被指定缔约方的主管机关不得宣布国际注册的效力在该缔约方的领土内部分或全部无效。国际注册的效力被宣布在其领土内无效的缔约方的局,只要该局知悉该无效,即应将其通知国际局。

6. 权利变更及其他有关国际注册其他事项的登记

该协定第16条第1款就变更及其他事项的登记作了具体的规定。国际局应按规定在国际注册簿上登记如下事项:

(1) 就任何或全部被指定的缔约方和对被提交国际注册的任何或全部工业品外观设计作出的国际注册所有权的任何变更,但条件是新注册人须有权依第3条提交国际申请;

(2) 注册人名称或地址的任何变更;

(3) 对申请人或注册人的代理人的指定及关于此种代理人的任何其他有关事实;

(4) 注册人就任何或全部被指定的缔约方对国际注册作出的任何放弃;

---

① 《海牙协定》第14条。

（5）注册人就任何或全部被指定的缔约方对将国际注册限于被提交国际注册的一件或若干件工业品外观设计作出的任何限制；

（6）被指定缔约方的主管机关对被提交国际注册的任何或全部工业品外观设计的国际注册在该缔约方领土内的效力宣布的任何无效，

（7）实施细则中确定的涉及被提交国际注册的任何或全部工业品外观设计权利的任何其他有关事实。

该协定第 16 条第 2 款对上述登记的效力作了规定。除第 3 项以外，上述各项登记应与其如同在每一个有关缔约方的局的登记簿上作出的登记具有同等效力，只是缔约方可以声明的形式通知总干事，第 1 项所述的登记须在该缔约方的局收到声明中所规定的说明或文件之后才在该缔约方具有这一效力。国际局应公布上述任何登记的通知。国际局应向每一个有关缔约方的局寄送一份公布的通知。

7. 首期期限、续展及保护期①

国际注册应以 5 年为期进行，自国际注册日算起为首期，续展期为 5 年。只要国际注册已经续展，除另有规定外，其在每一个被指定的缔约方的保护为自国际注册日算起 15 年。如果被指定的缔约方的法律对依其法律给予保护的工业品外观设计规定的保护期超过 15 年，只要国际注册已经续展，保护期应与该缔约方的法律规定的相同。每一缔约方均应以声明的形式将其法律所规定的最长保护期通知总干事。国际注册的续展可就任何或全部被指定的缔约方并对被提交国际注册的任何或全部工业品外观设计进行。国际局应将续展登记在国际注册簿上，并公布关于这一情况的通知，向每一个有关缔约方的局寄送一份公布的通知。

（三）行政规定

1. 几个国家的共同局

《海牙协定》第 19 条规定各国在统一或准备统一国内外观设计法的前提下可以成立共同局，以此便利外观设计专利的申请注册。有意参加本文本的几个国家已经统一，或参加本文本的几个国家同意统一其国家工业品外观设计法的，可以通知总干事：

（1）以一个共同局代替其各自的国家局，并且

（2）在适用本文本第 1 条、第 3 至第 18 条和第 31 条方面，统一立法所适用的各国领土的总合被视为一个缔约方。

2. 海牙联盟的成员资格

根据该协定第 20 条的规定，各缔约方应与 1934 年文本或 1960 年文本缔约

---

① 《海牙协定》第 17 条。

国为同一联盟的成员,如此方能获得海牙联盟的成员资格。

3. 大会①

联盟大会的组成。海牙联盟设立大会,由各缔约方组成,各缔约方应与受 1967 年补充文本第 2 条约束的国家为同一大会的成员。每一缔约方应在大会中有一名代表,可辅以若干副代表、顾问和专家。每一代表只能代表一个缔约方。大会应努力通过协商一致作出决定,无法通过协商一致作出决定的,应通过表决对争议的问题作出决定。对于仅涉及受 1967 年补充文本第 2 条约束的国家的问题,不受该条规定约束的缔约方没有表决权,而对于仅涉及缔约方的问题,只有这些缔约方才有表决权。非大会成员的本联盟成员应作为观察员准予出席大会的会议。

联盟大会的职权:

(1) 处理有关维持和发展本联盟以及实施本文本的一切事宜;

(2) 行使本文本或 1967 年补充文本所具体授予的权利,并执行依本文本或 1967 年补充文本所具体分派的任务;

(3) 就修订会议的筹备工作对总干事进行指导,并对召集任何此种会议作出决定;

(4) 修正实施细则;

(5) 审查与批准总干事关于本联盟的报告和活动,并就有关本联盟职权范围内的事宜对总干事作出一切必要的指示;

(6) 决定本联盟的计划和通过两年期预算,并批准决算;

(7) 通过本联盟的财务规则;

(8) 为实现本联盟的宗旨,设立大会认为适当的委员会和工作组;

(9) 在遵守本条第 1 款 c 项规定的前提下,决定接纳哪些国家、政府间组织和非政府组织作为观察员参加大会的会议;

(10) 为实现本联盟的宗旨,采取任何其他适当的行动,并执行依照本文本认为适当的其他职能。

4. 国际局②

国际局应执行国际注册和有关职责以及关于本联盟的其他一切行政任务,特别是,国际局应为大会及大会可能设立的专家委员会和工作组筹备会议并提供秘书处。总干事应召集举行大会所设立的任何委员会和工作组以及处理与本联盟有关的事务的一切其他会议。总干事及其指定的人员应参加大会的所有会议、大会所设立的委员会和工作组及总干事在本联盟的框架下召集的任何其他

---

① 《海牙协定》第 21 条。
② 《海牙协定》第 22 条。

会议,但没有表决权。总干事或其指定的一名工作人员是大会以及大会所设立的工作委员会和工作组的当然秘书。国际局应按照大会的指示,筹备一切修订会议。国际局可就所述筹备工作与本组织的成员国、政府间组织和国际及国家非政府组织进行协商。总干事及其所指定的人员应参加修订会议的讨论,但没有表决权。国际局应执行所分派的与本条约有关的任何其他任务。

第五章 商标权的国际保护

要点提示

本章重点掌握的内容:(1) 商标国际保护的主要条约;(2) 我国三次商标法修正对商标法条约的借鉴;(3)《马德里协定》与《马德里议定书》与《商标注册条约》;(4)《商标法条约》和《商标法新加坡条约》;(5)《尼斯协定》;(6)《维也纳协定》;(7)《统一域名争端解决政策》

第一节 商标权国际保护概述

商标权的国际保护是指一个商标依据某一国法律取得商标权后,也可得到外国有关法律的保护,并在该外国也享有商标权,或者说依据国际条约的规定,商标权受两个以上国家的保护。[①]

一、商标权国际保护的背景

(一) 商标国际保护的起源

1883 年的《保护工业产权巴黎公约》(以下简称《巴黎公约》)对包括商标在内的工业产权的保护作了开创性的规定,揭开了知识产权国际保护的序幕,形成了国际社会法律合作的基本框架。1883 年《巴黎公约》问世后,《商标国际注册马德里协定》和议定书等条约相继缔结。在近一个世纪的时间里,世界各国主要靠这些多边国际条约来协调各国之间差距很大的知识产权制度,减少国际交往中的知识产权纠纷。

(二) 商标国际保护的发展

《巴黎公约》作为一个开放性的国际公约,虽然确立了国民待遇原则、优先权原则等相关原则,却并未否定商标权的地域性,在该公约中并未对商标权客体的范围、商标专用权及权利限制、驰名商标的具体保护制度等作出相应的统一、具体的规定。由于《巴黎公约》规定过于原则化,使得各国企业或个人并不能直接依据公约寻求到有效的注册保护。更因为《巴黎公约》确认了各国在商标保

---

① 朱榄叶:《知识产权和国际保护》,上海译文出版社1996年版,第6页。

护上的独立性,即在一个国家受保护的商标在其他成员国未必受到保护,商标所有人欲在所有成员国取得对该商标保护,须按照各国法律程序进行申请,这不利于国际贸易和市场的扩大。而且随着信息技术、网络技术等高新技术的出现以及传统的工业技术的突破性改进,使得商标的保护面临着更大的难度,同时也使商品和服务本身发生了诸多变化。

20世纪80年代末90年代初,知识经济迅猛发展和经济全球化步伐加快,使得商标对经济社会发展的重要作用日益凸显,商标国际纷争、摩擦也有增无减,各国之间知识产权保护标准的巨大差异给国际贸易的发展带来严重的不利影响,商标国际保护协调的不断进行,一个有效的争端解决机制的缺乏,促使了商标国际保护规则渐进变革。针对包括商标在内的知识产权层出不穷的侵害方式,对国际贸易的正常交易和畅通形成了诸多障碍,使国际贸易中也出现了一些异常和扭曲情况。为了校正和遏制商标侵权行为,在国际范围内对商标进行统一规制已成为共同的呼声,针对以往公约的种种不足,发达国家极力推动新一轮国际公约的制定,从而对各国知识产权法律和制度影响最大的国际条约——1994年与世界贸易组织所有其他协议一并缔结的《与贸易有关的知识产权协议》(简称TRIPs协议)应运而生,该协议在参考和吸收前述公约的基础上,进行了有效的补充和修改,对商标规制的谈判、磋商进行了详细规定;与《巴黎公约》不同的是,TRIPs协议大大提高了包括商标在内的知识产权保护的实体标准,而且特别规定了强有力的执法程序;它以知识产权最低保护标准的方式,规范各国商标立法,统一各国商标权保护规则,把国际商标保护水平提高到前所未有的高度,成为世界范围内知识产权保护领域涉及面广、保护水平高、保护力度大、制约力强的一个国际公约。

TRIPs协议要求世界贸易组织各成员国都必须将商标保护原则和标准体现在各自的商标法律、法规之中。尤其在近几年来,发达国家频频采用外交手段和贸易手段以及世界贸易组织的争端解决机制,敦促发展中国家修改国内相关法律、法规以及执法行动,使之符合该协议的原则、精神和具体规定,竭力推动和督促发展中国家按照协议的规定修改和调整其商标制度、执法制度,力图通过双边、多边协议进一步提高商标权国际保护水平。

(三) 商标国际保护的主要条约

在商标的国际保护方面,涉及的国际公约多样化,如上述的《巴黎公约》、TRIPs协议,除此之外还包括有关商标国际注册的《商标国际注册马德里协定》《商标国际注册马德里协定议定书》《商标注册条约》《商标法条约》(后形成《商标法新加坡条约》)等;有关商标注册国际分类的《商标注册用商品和服务国际分类尼斯协定》、《建立商标图形要素国际分类维也纳协定》等;涉及商标国际争端的《统一域名争端解决机制》,其他与商标保护有关的协定如《制止商品产地虚假或欺骗性标记马德里协定》、《保护原产地名称及其国际注册里斯本协定》。

二、我国商标权国际保护现状

（一）中国加入的有关商标国际保护条约

从20世纪80年代起,中国相继参加了国际上一些主要的知识产权保护条约和商标国际保护的专门协定。1980年3月中国加入《建立世界知识产权组织公约》,1984年中国加入了《保护工业产权巴黎公约》,1989年7月加入《商标国际注册马德里协定》,1994年5月加入《商标注册用商品和服务国际分类尼斯协定》,同年12月中国加入了《商标国际注册马德里协定有关议定书》,成为马德里体系的双料国,2001年中国加入了TRIPs协议,2007年中国签署《商标法新加坡条约》。在陆续加入知识产权保护国际公约、条约、协定的过程中,中国积极参与这些公约、条约、协定项下的各种活动,恪守保护知识产权有关国际公约及商标国际保护的各种协定,熟悉有关商标保护的国际规则,促使商标制度最大限度刺激我国经济增长,有效制止和打击商标领域的侵权行为,进一步防范竞争对手,从而维护自己的商标权;也为在国外申请商标的企业和其他组织提供了便利,提升了民族品牌在世界的影响力。

（二）我国《商标法》的发展

中华人民共和国成立后,《中华人民共和国商标法》(以下简称《商标法》)颁布前,商标方面的法规有两个条例,一是1950年7月颁布的《商标注册暂行条例》,一是1963年4月修订颁布的《商标管理条例》。十年动乱期,商标法制受到很大破坏,商标没有全国统一管理,造成商标使用混乱。1978年9月工商行政管理总局建立后,下设商标局,于1979年11月恢复全国商标统一注册工作。

1982年8月23日,《商标法》在第五届全国人民代表大会常务委员会第二十四次会议上通过,于1983年3月1日实施,这是新中国诞生后的第一部商标法。

随着我国改革开放的逐步深入,市场经济政策的出台,我国改革开放初期制定且执行长达十年的《商标法》已完全不能适应我国市场经济的发展和国际交往与合作的需要,加之我国先后加入了《巴黎公约》和《马德里协定》,期间正参与关贸总协定乌拉圭回合的谈判,并成为TRIPs协议草案的签字国,这些国内形势和国际背景促使我国将《商标法》修改提上日程,1993年2月22日第七届全国人民代表大会常务委员会第三十次会议通过《商标法》第一次修正案,于同年7月1日起施行。

2001年10月27日第九届全国人民代表大会常务委员会第二十四次会议通过《商标法》第二次修正案,同年12月1日实施。此次商标法的修改目的是为了使我国商标法律制度能顺利与国际接轨,实现了TRIPs协议与我国《商标法》的协调,切实贯彻了 TRIPs 协议的规制基点,使得我国商标权保护标准基本达到了 TRIPs 协议要求。

入世后 10 多年,我国所面临的国际国内形势有了很大变化,商标法的一些条款(包括前两次修订中涉及的条款)已不再适应新形势的发展需要。为了进一步加强我国商标法和中国加入的国际公约进一步相融合,《商标法》的第三次修改自 2006 年开始提上议事日程。经过历时近 7 年的反复论证,2013 年 8 月 30 日第十二届全国人大常委会第四次会议表决通过了《中华人民共和国商标法》第三次修正案,于 2014 年 5 月 1 日起施行。

(三) 知识产权公约及商标条约对我国《商标法》的影响

1. 1993 年《商标法》第一次修正案对商标国际公约借鉴

1993 年《商标法》修正案修改的幅度较大,修改事项颇多,主要体现在以下几个方面:

(1) 1993 年《商标法》将商品保护的范围从商品商标扩大至服务商标。世界大多数发达国家都对注册的服务商标进行保护。我国作为巴黎公约的成员国之一,有义务依《巴黎公约》的规定保护服务商标。《巴黎公约》第 1 条第 2 款规定:"工业产权的保护对象有专利、实用新型、工业品外观设计、商标、服务标记、厂商名称、货源标记或原产地名称,和制止不正当竞争。"第 6 条之 6 规定:"本联盟各国承诺保护服务标记……"随着我国加入《马德里协定》,每年各成员国在我国申请服务商标的数量不断增加,因此 1993 年的商标法修正案明确规定保护服务商标。

(2) 增加了地名作为商标的限制性条件。我国法律规定,县级以上行政区划的地名不得作为商标,因为将地名作为商标缺乏显著性,不利于消费者依此区分其他同类商品,这也不符合国际惯例。

(3) 增加商标撤销程序。《巴黎公约》第 6 条之 2 第 1 款规定,对驰名商标的复制、仿造或翻译,公约成员国可依本国法律或有关当事人的请求,拒接或取消注册资格,并禁止使用。为了与国际标准接轨,并符合我国司法实践,针对屡次发生的用欺骗手段和其他不正当手段获得注册的情形,增加本条撤销程序也是极为必要的。

2. 2001 年《商标法》第二次修正案对商标国际公约的借鉴

2001 年《商标法》第二次修正案对商标法进行了全面修改,基本实现我国商标法律规定与国际商标管理的接轨,与 TRIPs 协议和《巴黎公约》达成了一致,本次修正案标志着我国的知识产权保护达到了一个新的高度,符合国际化趋势。主要体现在以下几点:

(1) 申请商标的主体延及到自然人。

《巴黎公约》之国民待遇原则要求在保护工业产权方面,其各个成员国必须在法律上给予其他成员国的国民以本国国民能够享受的同等待遇；TRIPs协议第1条第3款规定，享有知识产权保护的国民包括自然人和法人。但1993年《商标法》规定排除了自然人享有商标注册的权利，这与国际公约是不相符合的。2001年《商标法》明确规定商标权主体为"自然人、法人或者其他组织"。

（2）扩大商标组成范围。

1993年《商标法》第7条规定，商标仅由文字、图形或其组合构成。TRIPs协议第15条规定："任何能够将一企业的商品或服务与其他企业的商品或服务区分开来的标记或标记组合，均应能够构成商标。"商标注册条件只需为"视觉可感知"即可。这类标记可以包括文字（包括人名）、字母、数字、图形要素、色彩的组合，以及上述内容的任何组合，2001年《商标法》把商标的组成范围扩大到字母、数字、颜色、三维标志，及其组合。这样的改变更符合实践的需要。

（3）增加商标法保护的对象和客体。

《巴黎公约》第7条之2明确规定了集体商标和证明商标的注册使用制度，第1条和第10条对保护产地标记和地理标志亦有着明确的规定，因此，我国2001年《商标法》增加对集体商标、证明商标、地理标志的保护，与国际条约保持一致。与此同时，新商标法也增加了注册商标共有的规定，以符合我国1989年加入的《马德里协定》以及1996年加入的《马德里议定书》，满足国际国内实践的需求。

（4）加强对驰名商标的保护。

TRIPs协议第16条第2款对认定驰名商标作出了原则性规定，本着这一立法精神，结合一些发达国家的立法经验，2001年《商标法》第14条列出5条认定驰名商标时应考虑的因素，为行政机关依法行政提供了依据。《巴黎公约》第6条之2第3项还规定，对于恶意取得注册或使用的商标提出撤销注册或禁止使用的请求，不应规定时间限制。本次《商标法》也作了相应规定。

《巴黎公约》第6条之2，TRIPs协议第16条均有涉及对驰名商标的保护，如禁止他人抢先注册；禁止其他人使用与之相同或近似的标识，我国2001年《商标法》也作了类似的修正并弥补了公约的不足之处，即明确规定保护未在中国注册的外国驰名商标，但仅限于相同或类似的商品或服务。

（5）首次规定优先权制度，并完善了在先权。

《巴黎公约》第4条确立优先权制度，即如果某个享有国民待遇的人在任何一个成员国提出了申请，而他在其他成员国也提出了同样的申请，则这些成员国都必须承认该申请在第一个国家递交的日期为本国的申请日，注册商标申请的优先权为6个月。《巴黎公约》第11条要求成员国对在所有成员国内主办或者承认的国际展览会上展出的商品或者服务的商标予以临时保护。基于此，商标所有人也可享有优先权,时间为6个月。2001年《商标法》第一次提出优先权概念,并在第24条和第25条做出了相应的规定。

TRIPs协议第16条在商标权的权利范围及限制的规定中,把不得损害已有的在先权作为注册商标以及使用商标的条件之一。以此为鉴,2001年《商标法》第9条规定,申请注册的商标应当有显著特征,便于识别,并不得与他人在先取得的合法权利冲突;第31条规定,申请商标注册不得损害他人已有的在先权利,也不得以不正当的手段抢先注册他人已经使用并有一定影响的商标。

(6)完善了行政执法和司法程序。

在行政执法方面,2001年《商标法》明确规定行政执法部门查处的职权,将行政机关的处理权限移至司法机关,清楚地划分了行政罚款与司法民事赔偿间的界限。这主要受TIRPS协议中第三部分知识产权执法中第二节行政与民事或程序及救济的第45条对损害赔偿规定的影响。TRIPs协议规定任何有关获得或维持知识产权的程序以及行政撤销和当事人之间的程序作出的最终行政决定,均应接受司法或准司法当局的复审。据此,2001年《商标法》确立了商标纠纷处理的司法终审程序,也使我国商标法律制度在社会主义市场经济背景下,日益充实,趋向完善。

3. 2013年《商标法》第三次修正案对商标国际公约借鉴

2013年《商标法》的第三次修正标志着我国不仅在法律的制定上与国际惯例和国际公约保持着高度的一致,而且在法律的修正中也体现了本国国情,基于国际形势和国内环境的诸多因素,本次《商标法》的修正主要包括以下几个方面:

(1)增加了新的商标构成要素。

2013《商标法》第8条对原来的商标法作了修正,对于商标的构成要素扩及声音,这与当今的国际形势是相符合的。

原《商标法》对于商标一直局限于可视性标准,但"可视性"并不是商标的本质特征,商标就是能够将商品和服务区别开来的一种标志,"识别性"才是商标的本质特征。例如,具识别性之简短的广告歌曲、旋律、人说话的声音、钟声、铃声或动物的叫声等,当今世界很多国家都采用了声音等识别性标志作为商标的构成要素,如美国、英国、澳大利亚等国家。

《新加坡条约》在现今所有有关商标的国际条约中首次确认非传统类型的商标,如除了声音商标外,动作标志、建筑设计标志、环境气氛标志、商品外观(trade dress)标志、电影片名标志、独特名声标志、电子数据标志以及传输标志等都是新兴的非传统商标。

(2) 确立了商标申请的一表多类原则。

《商标法》2013 修正案第 22 条规定:商标注册申请人可以通过一份申请就多个类别的商品申请注册同一商标。这与原来的一表一类原则有着明显的不同,一表一类原则规定申请同一商品只限于一类商品,同一申请人在不同类别的商品上使用同一商标,应按商品分类表分别提出申请。

实践证明,这不利于多类产品的生产企业的发展,企业注册申请程序较为繁琐且加大企业成本投入。而此次修正案中的这项规定符合了国际公约的规定,从为中外商标申请人提供更好服务的角度考虑,同时参考各国在简化商标注册申请手续、方便申请人方面的先进经验和做法,规定商标局可以适时受理一表多类申请,大大减少了商标申请人的申请程序。《马德里协定》和很多发达国家的商品注册申请都是采用一表多类原则,《新加坡条约》对此有强制性规定,即"同一件申请中含有《尼斯分类》中多个类别的商品或服务的,该申请应按同一注册办理"和"同一申请可以涉及多项商品或服务,无论其在《尼斯分类》中同属一个类别还是分属多个类别"。"一表多类"申请方式在美国、日本和欧盟等国家和地区已经实行多年,这种申请方式既便于申请人根据实际需要取得商标权,也便于商标局的审查和管理。

(3) 是增加关于商标审查时限的规定。

《商标法》2013 修正案第 28 条明确规定:申请注册的商标,商标局应当自收到商标注册申请文件之日起 9 个月内审查完毕,符合本法有关规定的,予以初步审定公告。2001 年的商标法对商标审查时限未作规定,仅要求对商标注册申请和商标复审申请应当及时进行审查。但实践中,商标注册申请审查时间过长,企业商标权益长期处于不确定状态,无法依法维护其利益,影响企业品牌战略的实施。此次修改规定商标审查时限无疑具有积极的意义,这也将与《马德里协定》和《马德里议定书》的规定更为贴近。

(4) 完善商标注册异议制度。

2013 年商标法对 2001 年商标法作了修正,首先对于异议人的资质进行了限制,异议人只能是在先权利人和利害关系人,排除了其他人成为异议人的可能性,从而保证了商标申请人的利益。实践生活中,申请人在申请注册商标时,经常遭遇与申请人无任何关系的人或者明显行业相差甚远的主体提出商标异议,导致申请的商标长达数年领不到商标注册证,甚至商标异议程序还成为了某些市场主体打压竞争对手的工具,造成了商标异议案件长期积压的现象,权利人的权利长期处于不稳定的状态。法律规定了异议申请调查核实的时限为 12 个月,对商标局认为异议成立而不予注册决定复审的时限为 12 个月;有特殊情况需要延长的,经国务院工商行政管理部门批准,可以分别延长 3 个月或者 6 个月。这些规定进一步完善了商标注册异议制度。这在某些程度上借鉴了《马德里协定》中关于期限的规定。

除此之外本次法律修正案增加对驰名商标保护的规定,并禁止以驰名商标的名义进行广告宣传,从而使驰名商标制度回归本意;借鉴其他发达国家对于商标侵权的法律规定,增加惩罚性赔偿规定,并减轻商标专用权人的举证负担,大大提高了法定的侵权赔偿数额,将法定的侵权赔偿额由"50 万元人民币以下"修改为"300 万元以下";是规范商标申请和使用行为,禁止抢注他人商标;规范商标代理活动,从而维护公平竞争的市场秩序。

随着全球经济社会环境的不断变化,国际国内经济贸易的快速发展,我国的商标法律制度的每一次修改都伴随着社会主义市场经济、政治、文化以及社会建设而不断地发展和完善,历经 30 多年的商标法制建设,我国基本建立了符合国际通行规则的商标法律体系。在与国际条约吻合的前提下,积极移植国际上最新成果和借鉴成功经验的同时,如何结合我国的社会发展现状从而保持商标立法的中国特色和优势,这仍需要进一步反思和探讨。

第二节 商标的国际注册

为了发展对外贸易,不断开拓国际市场,各国企业积极到国外申请商标注册,但巨大的成本和各国法律规定的不一致所带来的弊端不断显现,为了克服商标的地域性给世界各国经济贸易所带来的不便,自 1891 年以来,一系列的关于商标注册的国际条约应运而生。

一、商标国际注册马德里协定和议定书

(一)《商标国际注册马德里协定》

1891 年 4 月法国、比利时等多个国家在西班牙马德里签订了《商标国际注册马德里协定》(以下简称《马德里协定》),该协定于 1892 年 7 月生效,1974 年制定了《马德里协定》实施细则。我国于 1989 年 10 月正式成为该协定(我国适用 1967 年修订,并于 1979 年修改的斯德哥尔摩文本)成员国,截至 2008 年年底,《马德里协定》的成员国近 60 个。

《马德里协定》的宗旨主要是解决商标的国际注册,建立商标国际合作制度,促进国际贸易的发展。[①] 其主要内容包括:国际注册的申请、国际注册的效力、国际注册与国内注册的关系等。

---

① 杨巧主编:《知识产权法》,中国政法大学出版社 2012 年版,第 453 页。

1.《马德里协定》的主要内容

(1) 国际注册的申请

申请主体:根据第 1 条的规定,商标国际注册的主体必须是马德里协定缔约国的国民;未参加马德里协定的国家的国民,如果其在马德里协定缔约国的国土内设有住所或者设有真实有效的工商业营业所,可以视为缔约国的国民。

申请的商标:包括商品商标和服务商标。

申请文件:申请人必须按照协定的实施细则所规定的格式,以法语(唯一指定语言)制作申请书。

申请程序:申请国际注册的商标,必须是已在原属国取得注册的商标。该商标所有人通过原属国的商标注册机构(我国是国家工商总局所属的商标局)向世界知识产权组织国际局(设在瑞士日内瓦)提出。一般按照如下步骤完成申请:a. 向原属国商标注册机构传交申请文件阶段。传递申请文件不限于书面形式,也可通过电报、电传等形式;b. 初步处理阶段。原属国商标注册机构需对申请文件初步处理,如需证明该申请的具体项目与本国注册薄中的具体项目相符,并说明商标在原属国的申请和注册日期、号码和申请国际注册的日期等;c. 缴纳费用阶段。包括"国家层面的费用"和"国际费用";d. 国际局注册阶段。国际局对申请予以注册并通知原属国注册机构,将商标国际注册申请所包括的具体项目在世界知识产权组织国际局出版的定期刊物进行公布;e. 申请领土延伸阶段。完成注册后并不意味着商标在缔约国内自动得到保护,申请人还需在提出商标国际申请时或在国际注册完成后提出领土延伸的要求,指定要求保护的国家;f. 批驳阶段。国际局对商标申请的核准和注册不能取代该商标国际注册申请指定要求保护的国家的商标注册机构的审查和注册。该指定国接到国际局通知后,可以在申请领土延伸保护提出后一年内向国际局发出批驳通知和理由,若指定国未在一年内作出不予保护声明,则国际注册就在该国具有国内注册效力。

(2) 国际注册的法律效力

完成国际注册全部程序的商标,可以获得与该国注册的商标一样的保护。经国际局注册的商标为国际注册商标,国际注册商标的商标注册人在受保护的国家内享有独立使用其商标、禁止他人侵犯商标权及为排除他人的商标侵权而进行诉讼的权利。其有效保护期为 20 年,期满可申请续展。

(3) 国际注册与国内注册的关系

商标注册具有独立性。国际注册的商标在 5 年之内在被指定国家的保护是依赖其所属国的保护的,即自国际注册之日起 5 年内,若该商标在原属国不受法律保护(因诉讼或其他原因导致商标被撤销或宣告无效),则该商标在所有被指定缔约方都丧失法律保护;但自国际注册之日起满 5 年后,该项注册同原属国对同一商标的国家注册相互独立,即国际注册不再依存于原属国的注册,获得完全独立,国际注册与国内注册脱离关系。

2.《马德里协定》注册的优点和缺点

(1) 马德里注册的优点

《马德里协定》为申请人的商标国际注册提供了便利,如申请和注册手续简便,商标申请人可仅通过向主管局提交一份申请而在多个被指定国同时获得商标保护;费用低廉,商标申请人在马德里所有成员国就一个类别申请商标注册所需的费用是逐一国家申请注册所需费用的 1/12—1/1;时间快捷,从国际注册日起,如果被指定国在规定的期限内(依照协定书为 12 个月,依照议定书为 18 个月)没有向国际局发出驳回通知,该申请将在该指定国自动得到保护。

(2) 马德里注册的缺陷

《马德里协定》是在《保护工业产权巴黎公约》的基础上所建立的商标国际间注册的多边国际条约,该协定的成员国必须参加《保护工业产权巴黎公约》,才能适用《马德里协定》;该协定规定国际注册必须以国内注册或基础申请为基点,且申请仅限于国内相同商标的国际注册,基于该协定的种种限制,与我国贸易联系密切的国家,诸如美国、加拿大、日本和英国并未参加协定,由此我国企业也无法通过马德里国际注册途径在这些国家取得商标注册。

(二)《商标国际注册马德里协定有关议定书》

1989 年 6 月在西班牙马德里签署了《马德里议定书》,于 1996 年 4 月 1 日生效,该议定书与《马德里协定》被称为商标国际注册马德里体系,我国于 1995 年 12 月 1 日加入。

《商标国际注册马德里协定有关议定书》(简称《马德里议定书》)是在《马德里协定》的基础上发展而来的,为了克服《马德里协定书》的局限性,方便那些因国内法律等问题难以加入《马德里协定》的国家参与商标国际注册体系。《马德里协定》和《马德里议定书》的成员统称为马德里联盟成员,两个条约互为补充,各国可选择参加其中一个或两个,故而在"马德里联盟"中有一些国家既是"协定"缔约方又是"议定书"缔约方,即"双料国"例如中国、德国、法国等。截止到 2012 年 11 月 15 日,马德里注册体系共有 88 个成员国。

尽管《马德里协定》和《马德里议定书》都属于马德里体系的组成部分,但两个条约还是存在着重要区别:

1.《马德里议定书》放宽了申请商标国际注册的条件,规定申请人的国际注册可以以国内注册申请为依据,不再局限于《马德里协定》中的国际注册必须以商标的国内注册为基础。这对我国企业是非常有利的,我国商标法规定商标注册需进行实质审查,而议定书的规定可以为我国注册申请人缩短申请商标国际注册的时间,避免因为国内注册过程中发生任何问题而影响国际注册的进程。而且使得申请人可以享受《巴黎公约》规定的6个月的优先权,有助于申请人商品早日在国际市场上获得知识产权方面的保护。

2. 《马德里议定书》相较于《马德里协定》而言,对工作语言作了扩充,包括法语、英语。从而各成员国商标主管部门和商标申请人自由选择最适合自己的语言,这种便利使得更多的《马德里协定》成员国和非《马德里协定》成员国和国际组织加入《议定书》联盟,为国际注册提供了更广阔的适用空间。

3. 《马德里议定书》规定:在国际注册商标遭受了"中心打击"后,申请人可以在一定条件下将国际注册转为国家注册,即注册商标若在国内被撤销,其国际注册也被撤销,但在该商标国际注册被撤销之日起3个月内,可将该商标转换为其他被指定国的注册申请,并保留原国际注册日为该商标的申请日,有优先权日的从优先权日;而《马德里协定》没有提供这方面的救济措施。

4. 《马德里议定书》延长了商标国际注册审查期限。《马德里协定》规定,商标国际注册要求领土延伸时,有关国家商标主管机关有权驳回的期限为1年,即被指定国的实际审查时间为12个月。《马德里议定书》规定,各缔约国如有需要,有权将审查驳回期限延长到18个月。这一灵活变动在一定程度上缓解了商标国际注册审查与某些成员国国内法规定的国内商标注册审查期限之间的矛盾。

由于《马德里议定书》相较于《马德里协定》在申请条件、审查周期、工作语言、收费标准和收费方式、国际注册与基础注册的关系等方面的修改,使得商标国际注册程序更加公平、科学、便捷,更加有利于保护商标注册当事人的权益,也更加有利于各成员国商标主管机关独立审查并协调一致工作。这些变化也吸引了很多发达国家相继加入,如美国、日本。

通过《马德里协定》及其《马德里议定书》办理商标国际注册,是目前公认的最便捷、高效的申请方式,申请人只需提交一份申请书,使用一种语言(英语或法语),支付一种货币(瑞士法郎),就能完成在包括欧盟、美国、日本等80多个国家和地区的商标注册,这为商标国际注册带来了统一的标准,促进了世界各国商标文化交流。

二、商标注册条约

《商标注册条约》于1973年6月在维也纳的工业产权外交会议上签订,于1980年8月7日生效。该条约仅对《巴黎公约》成员国开放,中国未参加该条约。

为了吸引更多的发达国家加入,该协定在国际注册方面更为简化,以期更大范围内促进商标的国际注册。《商标注册条约》主要规定了商标的国际申请和国际注册、国际注册所有权的变更、国际注册的期限和续展、费用;同盟大会、国际局组成和职责、经费;条约修改;条约的加入、生效、退出以及争议的解决等。

在国际商标注册领域,涉及诸多的条约,而与《国际商标注册条约》最为相近的便是《马德里协定》,这两个条约都是为成员国提供国际商标注册便利。《商标注册条约》与《马德里协定》,虽有许多相似之处,但在规定上仍有较多区别:(1)《商标注册条约》规定申请人在申请国际商标注册时无须以本国申请或注册为基础,也无须通过本国的注册当局进行国际注册,申请人可以直接向世界知识产权组织的国际局申请国际注册。指定国的批准期限为 15 个月,相较于《马德里协定》,这项规定更为灵活、简便;(2)《马德里协定》规定国际商标注册的独立要受到 5 年时限的影响,而《商标注册条约》则无此规定;(3)《商标注册条约》规定的国际注册有效期为 10 年,而《马德里协定》规定 20 年;(4) 根据《商标注册条约》提出的国际注册可以使用英文,也可以使用法文。而《马德里协定》工作语言只能是法文。

尽管《商标注册条约》在许多方面克服了《马德里协定》的缺陷,弥补了《马德里协定》的不足,但由于成员国较少,其在商标国际注册方面的影响力远远低于《马德里协定》,该条约没有达到缔结时的目的,其实已经失去了实际的作用。

三、《商标法条约》和《商标法新加坡条约》

(一)《商标法条约》

1994 年 10 月,世界知识产权组织(WIPO)在日内瓦主持召开外交会议并签署《商标法条约》(以下简称 TLT),并于 1996 年 8 月 1 日生效,1994 年中国签署该条约。

TLT 是世界知识产权组织管理的与商标有关的国际条约,其宗旨就是对各国商标局的程序所必须遵守的标准作出规定,制定统一的国际标准,简化、协调各国有关商标的行政程序,为当事人在成员国注册商标提供最大便利,促进缔约国间商标权的相互保护。

TLT 对商标注册程序进行了原则规定,条约内容包括主管机关不得要求申请人提供商业注册证明,申请人可以在一份申请书上申请多个类别的注册以及变更、转让;注册及续展注册的有效期统一为 10 年,不必就每一份申请提交一份代理人委托书;不得对签字要求进行公证、认证、证明、确认。这一系列的规定极大地简化了商标申请人在各成员国之间进行申请注册和保护。

(二)《商标法新加坡条约》

WIPO 于 2006 年在新加坡通过的《商标法新加坡条约》(以下简称 STLT),于 2009 年 3 月 16 日生效,这是最新的国际商标立法。我国政府于 2007 年签署该条约,但没有正式批准加入。

STLT 是在 1994 年 TLT 的基础上制定的,通过对 TLT 适用 10 年间的经验总结,并充分考虑通信技术发展的基础,从而修订 TLT 部分条款并签署了 STLT。

STLT 统一和简化了商标申请的行政程序,促进了各国商标制度的趋同,这将有助于申请人在不同国家提交商标注册申请文件,降低交易成本,并有利于商标主管机关提高行政效率,缩短授权周期。STLT 允许商标注册人和各国商标主管机关利用现代通信技术,有效地处理和管理不断发生变化的商标权。STLT 所确立的商标行政管理规定适用于所有类型的商标,并考虑到了电子通信设施的优点和潜力,同时较好地平衡了发展中国家和发达国家的不同需求。

STLT 对 TLT 的修订主要涉及四个方面:一是扩展了条约的适用范围,STLT 不仅适用视觉商标,还可适用于气味商标和听觉商标和其他非传统性商标;二是进一步规范了通过电子方式向商标局提交或传送文件的规则;三是增加了商标申请人、注册持有人或其他利害关系人未遵守期限时的救济措施,包括延长期限、继续处理和恢复权利三种形式;四是增加了商标使用许可的备案规则,规范和完善了商标的使用许可制度;五是增加商标主管机关在驳回申请前与申请人交换意见的程序,将当事人在回复注册主管机关意见的时间延长,并适当给境外当事人更充足的提交材料的时间。此外,STLT 还确定建立"缔约方大会"机制,邀请缔约国及政府间组织参加会议,并根据实际情况及时、合理地修改条约内容。

STLT 多为商标申请、注册、许可和转让等程序上规定,旨在从程序上统一各缔约方的商标法,从某种意义上代表着国际商标法制度最新的发展趋势,我国申请加入有自己多方面的考量,其条约的规定对中国商标法的修正具有现实的意义。

第三节 商标的国际分类

商标作为区别同类商品和服务的标志,其专用权以核定使用的商品和服务为限,在商标的检索查询及申请注册的过程中都离不开具体的商品和服务,因此各国在建立商标保护制度的同时都建立了相应的商品和服务分类体系。但随着国际经济的深入发展,申请人到国外注册商标日益频繁,各国商标分类不统一而产生的冲突给申请人造成的种种不便则逐渐显露。建立完整而系统的国际商品和服务分类是必要的,从《关于供商标注册用商品和服务的国际分类的尼斯协定》到《商标图形国际分类维也纳协定》,无不彰显着其在国际商标注册中不可或缺的重要性。

一、《关于供商标注册用商品和服务的国际分类的尼斯协定》

(一)《关于供商标注册用商品和服务的国际分类的尼斯协定》的签订

世界各国在商品与服务的分类上的差异,给国际商品交易以及商品经销人在外国取得注册带来诸多不便,为了解决这个问题,1957年6月15日在法国南部城市尼斯签订《关于供商标注册用商品和服务的国际分类的尼斯协定》(以下简称《尼斯协定》),于1961年4月8日生效。中国于1994年5月加入,该协定于1994年8月9日正式适用于中国。

《尼斯协定》成立专门的机构——专家委员会,对《商标注册用商品和服务国际分类》(以下简称《尼斯分类》)进行注释、修改和完善。经过多次修正,一般每五年修订一次,一是增加新的商品,二是将已列入分类表的商品按照新的观点进行调整,以求商品更具有内在的统一性。如今最新采纳的是已于2012年1月1日生效的《尼斯分类》2015文本。

(二)《尼斯协定》的宗旨

《尼斯协定》的宗旨是建立一个共同的商标注册用商品和服务国际分类体系,即为缔约国和其他国家制定统一的《尼斯分类》并保证其实施。而《尼斯分类》是在总结和吸收了许多国家商标注册管理经验的基础上,逐渐发展和完善的。它为各国商标的检索、申请和档案管理提供了统一工具,为实现商标国际注册创造了条件;也为商标申请人提供了便利条件,进一步规范了商标主管机关的管理,密切了国际间商标事务的联系。

《尼斯协定》是巴黎联盟成员国间签订的商标国际分类协定之一,是《巴黎公约》基础之上的政府间多边条约。《尼斯分类》的效力取决于特别联盟的每个国家(即《尼斯协定》的批准国或加入国)。在对任何规定商品商标提供保护范围的评估或对服务商标的认可方面,《尼斯分类》对特别联盟国家不具有约束力。特别联盟各国可以保留将《尼斯分类》作为主要体系使用或者作为辅助体系使用的权利,《尼斯分类》对缔约国没有强制约束力。《尼斯协定》并不禁止没有参加协定国家采用它建立的商品与服务分类法,只是非尼斯联盟成员国没有资格派遣代表参加修改分类法的专家委员会。

(三)《尼斯协定》的内容和影响力

1. 尼斯分类的内容

《尼斯协定》体系由两部分内容构成。第一部分是有关尼斯协定的基本规定,包括:建立特别联盟;采用国际分类;分类的说明和文字;分类的法律效力和使用;专家委员会;变更的通知、生效和公布;特别联盟大会;国际局;财务;第5

条至第 8 条的修正案;批准和加入;生效;有效期;修订;退出;与《巴黎公约》第 24 条的关系;签字;文字;保管人员职责;通知;等等。

第二部分内容即为上文提及的尼斯分类。为了商标检索、审查、管理工作的需要,把某些具有共同属性的商品组合到一起,编为一个类,形成了我们这里所要叙述的"商标注册用商品和服务分类",尼斯分类是由一个类目清单组成,将所有商品及服务共划分为 45 个类别,商品分为 34 大类,服务项目分为 11 大类,大类又分为 1 万多个小项,商品和服务的项都是按照拉丁字母 ABCD 的顺序排列。

尼斯分类由两表组成:① 根据类别排列的商品和服务分类表,根据需要可以附加注释;② 根据字母顺次排列的商品和服务分类表。类别分类表将商品和服务根据 1—45 类的顺序进行排列。每类有一个类别号和标题,每类的标题概括了本类所包含商品的特征及范围,随后列举本类包括的所有商品或服务项目,每项商品或服务均有一个序号,便于查找。每一类均有一个注释,对本类别主要包括哪些商品、本类与相关类别的商品如何区别、如何划分边缘商品的类别等作了说明,该注释对区分一些易混同商品的类别有很大帮助。字母分类表则是按字母顺序排列的商品和服务分类表,世界知识产权组织出版了按英文、法文顺序排列的商品和服务分类表。我国商标主管机关也编排印制了按汉语拼音顺序排列的商品和服务分类表。例如 10 A0001 Abdominal(腹带),数字 10 按照类别表其代表该商品属于第 10 类(医用卫生品类);A0001 属于某类别下商品项目顺序号,即其含义为第 10 类下的 A0001 项;Abdominal 则是按照字母排列的商品名称。

如果无法对某一商品分类,实务中遵循这样的标准:① 制成品原则上按其功能、主要用途分类;② 原料、未加工品或半成品原则上按其组成的原料进行分类;③ 构成其他商品某一部分的商品原则上与其他商品归为一类;④ 成品或半成品按其组成的原材料分类时,如果由几种不同的原材料制成,原则上按其主要原材料划分类别;⑤ 用于盛放商品的盒、箱等容器,原则上与该商品归为一类。

2. 尼斯分类对中国法律制度的影响

《尼斯分类》是关于商标注册时所涉及的商品和服务项目的分类,尼斯分类表不是一个类似商品区分表,列入同一类别的商品并不一定是类似商品,分为不同类别的商品却可能类似。

《类似商品和服务区分表》(以下简称《区分表》)是由我国国家工商总局商标局以《尼斯协定》和世界知识产权组织提供的《尼斯分类》为基础,并总结大量商标审查实践而制定的,具有较高的权威性。我国在核准商标注册以及裁判商标争议和商标侵权的行政和司法程序中,均采用《区分表》来作为判断商品是否构成相同或近似的标准。如今我国最新的《区分表》是根据《尼斯分类》第十版进行编译和制定的。

我国自 1988 年 11 月 1 日起采用国际分类,是根据中国的国情对商品和服务的类似群组及商品和服务的名称进行了翻译、调整、增补和删减而制订的。

拓展贴士

根据《尼斯分类》的基本类别,我国还增加收录了在实际商业活动中常用但未在尼斯分类表中列入的商品和服务的名称,删除了一些有悖我国国情的、违反社会善良风俗的商品或服务,例如"占卜""提供赌博设备"等。

我国《区分表》引入了"类似群组"的概念,即对34个商品类别和11个服务类别的具体商品和服务描述又进行了进一步划分,根据商品的功能、用途、所用原料、销售渠道、消费对象等方面是否具有一定共性,以及服务项目的目的、内容、方式、对象等方面是否具有一定共性的标准,把每个类别的商品或服务再行划分为若干个类似群组。绝大部分的类似群组中所包含的商品或服务视为近似商品或服务,但是少数类似群组下商品或服务又被分为若干个部分,而每个部分的商品或服务并不视为类似。类似群组的引入凝结了我国商标主管部门多年实践经验的丰富成果,对我国核准商标注册以及和商标确权具有重大影响。

二、《建立商标图形要素国际分类维也纳协定》

(一)《建立商标图形要素国际分类维也纳协定》的签订

在检索商标注册申请案时,除了有按商品分类法储存的原有商标档案,还有按商标本身的文字、图案的不同类型储存的档案,为了建立一个统一的商标图形国际分类法,1973年6月在维也纳召开的外交大会,于会签订了《建立商标图形要素国际分类维也纳协定》(以下简称《维也纳协定》),1985年8月9日生效。我国尚未加入,但和世界大多数国家一样均采用了该协定建立的商标图形要素分类。

(二)《维也纳协定》的宗旨和内容

《维也纳协定》首次引入图形要素分类的概念,规定了由图形要素构成或带有图形要素的商标分类法,该协定旨在为成员国申请图形商标分类建立统一标准。

《维也纳协定》共17条。其主要内容包括:特别同盟的建立,国际分类的采用;图形要素分类的解说与存放;图形要素分类使用的语言;图形要素分类的使用;专家委员会;修订、增补及其他决定的通知、生效和公布;特别联盟的大会;国际局;财务;协定的修订;协定的某些条文的修改;成员;生效;期限;退约;争议;

签字、文字、保存职责、通知。该协定将商标图形要素分为29个大类、144个小类和约1887个类目。它要求每一缔约国的商标主管机关必须在其有关商标注册，或续展的官方文件，或出版物里，指明所使用的国际分类符号，以便于商标的内部审查和外部查询。

《维也纳协定》采用共同的商标图形要素国际分类。该图形要素分类表把所有商标的图形分为29类、300多个支、3000多个分支，如第五类植物（5），下有树木和灌木支（5.1）、花支（5.5）等，花支下又有月季（5.5.1）、菊花（5.5.14）。商标图形要素有时附有注释，正式文本由英文和法文两种语言写成。

《维也纳协定》的多数条款与《尼斯协定》相近，尽管生效时间晚，但知识产权组织国际局在管理《马德里协定》和《商标注册协定》时，已在国际注册程序中使用了该协定建立的商标图形分类法。

第四节 与商标权有关的其他国际保护条约

与商标权有关的国际公约固然在一定程度上能解决商标国际保护的重大问题，但那些与商标有关的商品产地、原产地名称、域名有关的国际争端仍不容忽视。因此国际间知识产权组织也制定了一系列的条约和协定加以约束，实践表明成效颇大，保证了国际间由于内国法的差异导致的与商标有关的国际贸易争端的迅速解决。

一、《制止商品产地虚假或欺骗性标记马德里协定》

（一）《制止商品产地虚假或欺骗性标记马德里协定》的签订

鉴于《巴黎公约》总的来说对地名的保护缺乏详细的规定，欧洲一些国家为了提高对地名的保护水平，于1891年4月14日在西班牙马德里签订了《制止商品产地虚假或欺骗性标记马德里协定》。该协定是《保护工业产权巴黎公约》的专门协定之一。该协定经过了几次修订，分别于1911年6月2日在华盛顿、1925年11月6日在海牙、1934年6月2日在伦敦、1958年10月31日在里斯本修订，于1967年7月14日在斯德哥尔摩签订附加议定书。协定由世界知识产权组织管理，并向所有参加《巴黎公约》的国家开放，但中国和美国等国未加入该协定。

（二）《制止商品产地虚假或欺骗性标记马德里协定》的内容

该协定共分为两部分。第一部分为实质性条款，共6条；其中规定，缔约国对凡带有有关来源伪造或欺骗性标记的、直接或间接以本协定参加国之一或该国的一个地方为来源国或来源地的商品，应在进口时予以没收或禁止进口；适用本协定的国家也承诺，在销售、陈列和推销商品时，禁止在招牌、广告、发票、葡萄酒单、商业信函或票据以及其他任何商业信息传递中使用具有广告性质并且可能使公众误认商品来源的任何标志;协定也规定为抑制虚假和欺诈性的产品来源指示,授予了查扣的特权,来防止欺骗性的来源指示。第二部分为程序性条款,共7条;其中就马德里协定保存人职能的转移、签署和批准以及加入附加议定书、附加议定书的签署都作了详细的规定。

二、《保护原产地名称及其国际注册里斯本协定》

(一)《保护原产地名称及其国际注册里斯本协定》的签订和内容

1958年10月31日《保护原产地名称及其国际注册里斯本协定》(以下简称《里斯本协定》)在葡萄牙里斯本签订,1967年7月14日该协定在斯德哥尔摩修订,于1979年10月2日修改。《里斯本协定》旨在赋予原产地名称以加强保护,并建立了全面的国际注册制度,但截至目前参加这个协定的国家并不多,中国没有加入该协定。

《里斯本协定》共18条,其中第2条明确了原产地名称的定义,协定还规定了原产地名称国际注册的程序和效力等,如原产地名称可以由有关缔约国国家主管当局向日内瓦WIPO国际局申请注册。与此同时,通知缔约国,缔约国在一年内提不出不予保护的理由时,只要这种经国际注册的原产地名称在的属国继续受到保护,则所有缔约国都必须加以保护。

但这种加强保护不能为所有的国家所接受。据WIPO统计,截止到2013年7月4日,《里斯本协定》的成员国共有28个。

(二) 简介知识产权公约中关于原产地名称的规定

1883年签订的《巴黎公约》(1967年斯德哥尔摩文本)第1条第2款明确将"indications of source(多译为货源标记)or appellations of origin(多译为原产地标记或原产地名称)"列为工业产权的保护对象,并规定对原产地名称或货源标记进行保护(见《巴黎公约》第10条),但对于这两个概念均未给出明确的规定。

《里斯本协定》中首次明确原产地名称的概念:原产地名称系指一个国家,地区或地方的地理名称,用于指示一项产品来源于该地,其质量或特征完全或主要取决于地理环境,包括自然和人为因素。在TRIPs协议中原产地名称被地理标志所代替,TRIPs协议规定:"本协议的地理标志系指下列标志:其标示出某商品来源于某成员地域内,或来源于该地域中的某地区或某地方,该商品的特定质量、信誉或其他特征,主要与该地理来源相关联。"[1]法国是最早实行原产地保护

---

① 《中华人民共和国商标法》第16条第2款明确了地理标志的概念:是指标示某商品来源于某地区,该商品的特定质量、信誉护着其他特征,主要由该地区的自然因素或者人文因素所决定的标志。笔者以为我国地理标志的知识产权术语来源TRIPs协定,强调地域性的重要性,其中关于人文因素的提出应当具有《里斯本协定》借鉴的痕迹。

的国家之一,距今已有100多年的历史。这种保护制度造就出著名地理标志:法国香槟葡萄酒和干邑酒。

(三) 我国法律法规关于地理标志的保护

自1985年加入《巴黎公约》后,我国一直致力于对地理标志的保护。我国目前对地理标志采取两种模式保护:第一种模式将地理标志作为证明商标或集体商标注册保护;如1993年修订的《商标法实施细则》增加了保护集体商标和证明商标的规定;1994年12月国家工商总局发布《集体商标、证明商标注册和管理办法》(2003年6月重新修订),对地理标志的注册程序与管理作出了具体规定);2001年修改的《中华人民共和国商标法》第3条规定明确规定注册商标包括集体商标和证明商标。第二种模式对地理标志产品采取登记制度保护。2005年5月国家质检总局制定的《地理标志产品保护规定》,规定地理标志产品申请和认定;2007年12月国家农业颁布了《农产品地理标志管理办法》,并先后制定了18个相关配套规范文件,自2008年2月1日起全面启动农产品地理标志登记保护工作。

三、《统一域名争端解决政策》——Uniform Domain Name Dispute Resolution Policy

(一)《统一域名争端解决政策》的制定

互联网络名称及编码公司(全称为 Internet Corporation for Assigned Names and Numbers,是互联网络自治管理机构,以下简称ICANN)于1999年10月24推出《统一域名争端解决政策》(以下简称UDRP)及和《统一域名争议解决办法程序规则》(以下简称执行细则)。ICANN主持制定实施的UDRP及其执行细则目前已成为通过非司法手段解决全球各类顶级域名抢注争议所依据的最主要规范性文件,是解决域名争议的主要手段和打击域名抢注行为的重要武器,现已通过平稳的运作在国际社会中取得了良好反响。

UDRP取代了原先由NSI制订和执行的《域名争端规则》(Domain Name Dispute Policy,以下简称"NSI规则"),UDRP克服了NSI规则的不足,并根本性地变革了以1998年NSI规则为代表的传统非司法域名抢注争议解决模式,但UDRP的目的不是要替代诉讼或仲裁方式,而是以先行快速低成本的解决网络注册和使用中大量的"恶意抢注"问题。它非高水平的保护机制,并无意解决复杂的知识产权问题,而将这些疑难问题留给法院和传统仲裁。

(二)《统一域名争端解决政策》的主要内容

1. UDRP的争端解决机构

UDRP于1999年12月1日起适用于所有经ICANN新批准的委任注册公司注册的顶级域名;并在顺利完成交接过渡后,自2000年1月3日起全面适用于经 NSI、美国在线和 Name IT 等委任注册公司注册的全部顶级域名。ICANN 迄今已批准了四家机构作为专门处理顶级域名抢注争议的争端解决者。该四家机构均分别为贯彻实施 UDRP 及其执行细则各自制订了详细的补充规则。这四家机构分别是 1999 年 11 月批准的世界知识产权组织(WIPO)、同年 12 月批准的国家仲裁论坛(NAF,National Arbitration Forum)、2000 年 1 月批准的电子争端解决同盟(DEC,Disputes.org/Resolution Consortium)以及同年 5 月批准的 CPR 争端解决研究所(CPR,CPR Institute for Dispute Resolution)。

2. UDRP 的主要内容和特点

ICANN 将域名争议区分为非域名抢注争议和域名抢注争议两类。对于非域名抢注争议,ICANN 要求各方通过自行协商、法院诉讼或仲裁程序解决(UDRP,第 5 条);对于域名抢注争议,ICANN 则通过 UDRP 提供了一种被称为强制性行政程序(Mandatory Administrative Proceeding)的统一争端解决程序。

UDRP 有其突出的特点:(1) UDRP 属于一种替代性争端解决机制(ADR),它与传统意义上的司法诉讼、行政调解和仲裁程序不同,其裁决的强制效力并不来源于国家或国际间的强行法律规范,而是来源于当事人与域名注册机构之前的契约①,因此根据 UDRP 作出的裁决是让位于司法判断的。(2) UDRP 域名争议解决机制简便、快捷、高效,判定标准统一,裁决结果公开。UDRP 开发了先进的网上案件管理平台,程序性事项基本都是在网上进行,且采用专家裁决的方式。(3) UDRP 中的救助措施只限于是否转移域名或注销域名,而不涉及损害赔偿或者是对商标的有效性作出判断(因为 UDRP 将其适用范围限定在域名抢注的规制,不适用当事人双方基于域名所产生权益而产生的争议,如商标侵权,驰名商标的认定,损害赔偿等等)。(4) 域名注册商强制执行 UDRP 裁决结果,如果被投诉人在 10 天内没有到法院起诉,域名注册商必须执行裁决结果。如果域名注册商拒不执行,投诉人可以去 ICANN 对其进行投诉,ICANN 将依据相关的规则对其进行处罚,直至取消其域名注册商资格。(5) UDRP 域名争议解决机制不排斥法院管辖。UDRP 不排除当事人到法院进行诉讼的权利,当事人可选择只以法院诉讼来解决争议而不提起 UDRP 投诉,也可以通过诉讼来复核 UDRP 裁决结果。

综上所述,根据 WIPO 的最终报告,UDRP 域名争议解决机制具有适用的有限性、统一性和强制性特点。有限性是指该机制只适用于因抢注、盗用等恶意的域名注册引发的纠纷,不适用因权利冲突等善意注册引发的纠纷;统一性是该机

---

① 契约要求域名注册人同意在发生与该域名有关的域名抢注争议时自愿将该争议交给 ICANN 指定的域名争议解决机构裁决。则域名持有人在收到针对其域名的投诉时,有参加该程序以解决域名争议的法律义务。

制适用于所有开放性国际顶级域名的程序和程序规则都是统一的,避免因顶级域名的不同导致知识产权保护水平的不同,使恶意注册无机可乘;强制性即是上述所指的域名注册合同要求每个域名注册申请人都必须保证接受统一域名纠纷处理机制的管辖,一旦发生域名纠纷,有第三人提起统一域名纠纷处理程序,申请人必须接受该程序的管辖。

3. 中国域名争议非诉讼解决机制

UDRP 下的整套程序是行政性的而非司法性的,其并未剥夺当事人可以将域名抢注争议诉诸法院的权利。它对域名抢注纠纷采取统一的强制性的行政手段解决是相当有效的,UDRP 运作以来在国际社会中也取得了良好反响,包括中国在内的很多国家,也以 UDRP 规则为基础建立了本国的域名争议解决机制。

根据域名管理规则,".cn"下英文域名的注册管理由中国互联网信息中心(CNNIC)负责。2002 年 8 月,与信息产业部的《中国互联网域名管理办法》同步,中国互联网络信息中心依据 ICANN 的 UDRP 的基本精神,结合我国实际情况制定了《中国互联网络信息中心域名争议解决办法》和《中国互联网络信息中心域名争议解决办法程序规则》(2006 年进行修正),并自此确立了我国的域名保护法律机制。虽然其中许多内容直接于《统一域名争议解决政策》,但仍有一定程度的改变,如我国域名争端的民间解决适用于解决域名与所有享有民事权益的名称或者标志之间的冲突,(如域名与他人的人身权、姓名权、企业名称权之间的冲突也适用),而不再仅仅局限于 ICANN 模式所针对的域名与商标或服务标记权。

美国在线公司诉中国深圳腾讯通讯公司"OICQ"域名争议案①

案情回放:

ICQ 是一种著名的网络通讯和即时交流软件,其名称"ICQ"最早由该软件的开发人以色列 Mirabilis 公司自 1996 年 11 月起公开使用。申请人美国在线公司在收购 Mirabilis 公司后,开始在全球范围内斥巨资推广 ICQ 软件,并已就"ICQ"标记取得了 9 项商标注册。而本案被申请人中国深圳腾讯通讯公司(Tencent Communication Corp. ,以下简称"腾讯公司")则以 ICQ 软件为母本,开发出具有类似网络即时交流功能的中文软件,取名为 OICQ。OICQ 软件在中国互联网络用户中享有较高声誉,至案发时拥有逾 250 万注册用户。腾讯公司于

---

① 参见国家仲裁论坛作出的美国在线公司诉中国深圳腾讯通讯公司域名争议案 NAF FA000200093668 号裁决书原文,http://www.arbforum.com/domains/decisions/93668.htm,访问日期:2013 年 12 月 11 日。

1998年11月7日和1999年1月26日分别注册了域名www.oicq.net和www.oicq.com,该两个域名主要起到"跳板"作用,用户一旦键入以上两个域名,即会被最终导引入腾讯公司自己的网站www.tencent.com。

2000年2月9日,美国在线公司向国家仲裁论坛提出申请,认为腾讯公司恶意注册并使用了同其所持有的"ICQ"标记混淆性相似的www.oicq.net与www.oicq.com域名。腾讯公司则辩称OICQ主要针对的是汉语用户,不会与主要针对英语用户的ICQ发生市场重叠。

判决要旨:

2000年3月21日,争端解决专家组作出裁决,认定:1)腾讯公司在系争域名中使用的"OICQ"与美国在线公司享有商标权利的"ICQ"混淆性相似;2)腾讯公司对于系争域名的使用不享有正当的权利或利益,其将系争域名利用为"跳板"的行为是不正当的;3)两系争域名被腾讯公司恶意注册,目的在于通过制造与"ICQ"的混淆诱使用户访问其自有网站牟取商业利益;4)腾讯公司关于不同语言与不同国家市场的抗辩理由并不能为两个相互混淆性相似的标记或域名可以共存提供理由,因为互联网络具有无国界、无处不在的特质。依此,争端解决专家组裁定将由腾讯公司注册的系争域名www.oicq.net与www.oicq.com转让予申请人美国在线公司。

第六章 与贸易有关的知识产权协议

要点提示

（1）TRIPs 协议的基本原则；(2) TRIPs 协议对版权与邻接权、商标、地理标志、工业品外观设计、专利、集成电路布图设计、未披露信息的保护标准；(3) 临时措施；(4) 边境措施。

知识结构图

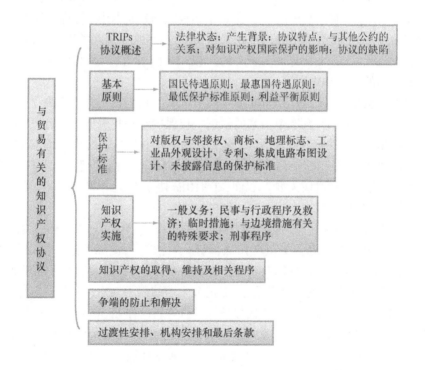

第一节 TRIPs 协议概述

一、TRIPs 协议的法律状态

《与贸易有关的知识产权协议》（简称 TRIPs 协议）是世界贸易组织（WTO）

法律框架中附件 1C 部分。1994 年 4 月 15 日，TRIPs 协议在摩洛哥马拉喀什正式签署。1995 年 1 月 1 日，该协议随着 WTO 的成立而正式生效。

凡是 WTO 成员[①]必须加入 TRIPs 协议，而且未经其他成员同意，不得对该协议的任何规定提出保留。截至 2011 年 12 月 16 日，WTO 成员和 TRIPs 协议成员已经发展到 156 个，包括国家、国际组织（例如欧盟）和独立关税区。

2001 年 12 月 11 日，随着我国正式加入 WTO，TRIPs 协议开始对我国生效。我国香港、澳门、台湾作为独立关税区分别于 1995 年 1 月 1 日、1995 年 1 月 1 日、2002 年 1 月 1 日加入 WTO。

二、TRIPs 协议产生的背景

TRIPs 协议的产生有着深刻的历史背景。自 20 世纪 70 年代以来，在资本逻辑的主导下，经济全球化和科技进步的进程不断加快，知识产权与国际贸易之间的联系日益紧密。不仅受到知识产权保护的产品、技术和服务构成发达国家的主要出口对象，而且知识产权本身如专利权、版权、商标权、特许经营权等，也成为交易的标的，且其所占的比重越来越大。这表明，在国际关系中经济基础发生了重大变化。于是，就与贸易有关的知识产权的效力、范围和使用等，需要制定新的适当的标准和规则。

在国际贸易中，从发达国家输往发展中国家的货物技术含量更高，往往含有许多专利技术，而广大发展中国家的知识产权保护水平相对低下，从而影响了这些产品的出口。[②] 在发达国家看来，其在国际贸易中的竞争优势能否维持，很大程度上取决于知识产权的保护水平。因此，在全球范围内提高知识产权保护水平，成为发达国家的迫切需要。然而，在 TRIPs 协议诞生之前，从整个国际社会来看，对知识产权的保护存在力度不够的问题。

在国内方面，知识产权制度虽已确立数百年之久，但在一些国家依然付之阙如。一些国家虽然制定了知识产权法，问题也比较多，比如不遵守国民待遇原则，对外国的知识产权在本国获得保护施加各种限制，或要求履行非常复杂的手续等。而各国在立法上的诸多差异，更是极大地妨碍了知识产权的国际保护。

在国际方面，原有的知识产权保护公约存在种种不足，影响了知识产权保护的效果。首先，除《巴黎公约》《伯尔尼公约》和《世界版权公约》等少数几个主要公约外，其他许多国际条约缔约国太少，影响力有限。其次，上述几个主要公约本身存在着严重缺陷，比如规定过于笼统，允许缔约方保留的范围太宽，缺乏

---

① 之所以将在 WTO 中承担权利义务的主体称为"成员"而非"缔约国"，是因为加入该组织的除主权国家之外，还包括国际组织（如欧盟）、无独立主权国家资格的独立关税区（如我国香港特别行政区、澳门特别行政区）。

② 唐广良、董炳和：《知识产权的国际保护》，知识产权出版社 2006 年版，第 200 页。

行之有效的实施程序和争端解决机制,各公约间缺少相互协调机制等。特别是,这些公约未将一些新技术革命的成果,如生命工程、微电子技术等,纳入保护范围,已经不能适应高新技术发展的时代要求。

知识产权国际保护不力,在一定程度上阻碍了国际贸易。随着美国在科技领域的迅速发展,其国内利益集团认为,现有的知识产权国际保护体制严重损害了包括美国在内的发达国家企业的利益。于是,从20世纪70年代开始,美国等发达国家在WIPO、联合国贸发会议与联合国教科文组织中频频游说,寻求提高知识产权的保护标准,但遭到发展中国家集体反对,始终未能达到目的。后来,发达国家运用"体制转换"[①]策略,将知识产权定义为"贸易问题",将知识产权保护作为一个议题纳入关贸总协定多边贸易谈判。

作为WTO的前身,《关贸总协定》(GATT)形成于1947年。虽然GATT中规定的国民待遇原则、最惠国待遇原则、透明度要求以及在非歧视基础上的一般例外规定也适用于对知识产权的保护,但对于知识产权保护并无系统的规则,只有一些零散的规定。如第9条规定,缔约方应制止滥用和假冒原产地标记的行为;第12条第3款C项之3、第18条第10款规定,为国际收支平衡目的而使用配额时,不得违反保护知识产权的法律等。

在1982—1986年间的GATT预备会议上,围绕是否应将知识产权纳入乌拉圭回合谈判议题,发达国家与发展中国家分为两大阵营,发生了激烈的争议。作为发达国家的代表,美国坚持认为,GATT是寻求实施知识产权保护的适当场所,应将知识产权纳入乌拉圭回合谈判议题。美国代表甚至威胁,如果不将知识产权作为新议题,美国将拒绝参加第八轮谈判。而以印度、巴西、埃及、阿根廷和南斯拉夫为代表的发展中国家则认为,WIPO才是讨论知识产权问题的适当场所,应将制止假冒商品贸易与广泛的知识产权保护区别开来。在瑞士和哥伦比亚的协调下,1986年9月发起乌拉圭谈判的部长级会议最终通过了美国的提议,将知识产权问题作为三项新议题之一列入乌拉圭回合谈判的议程[②],在通过的《部长宣言》中的"与贸易有关的知识产权问题,包括假冒商品贸易"部分指出:

[①] "体制转换"(regime shifting)作为一种国际造法策略,是指"通过将条约谈判、立法提案或标准设定等活动从一个国际体制转移到另一个国际体制而改变原来状况的尝试。"参见 Laurence R. Helfer, "Regime Shifting: the TRIPs Agreement and New Dynamics of International Intellectual Property Lawmaking", 29 *The Yale Journal of International Law* (2004), p. 14. 转引自古祖雪:《从体制转换到体制协调:TRIPs的矫正之路》,载《法学家》2012年第1期。

[②] 乌拉圭回合《部长宣言》共确定了15个谈判议题:关税、非关税壁垒、热带产品贸易、自然资源产品贸易、农产品贸易、纺织品与服装贸易、总协定条款、保障条款、多边贸易谈判协定和安排、补贴和反补贴、争端解决、GATT体制的作用、与贸易有关的投资措施、与贸易有关的知识产权及假冒商品贸易、国际服务贸易,其中后三个议题为乌拉圭回合的新议题,其他议题则在东京回合中已经谈判过。

"为了减少对国际贸易的扭曲和障碍,考虑到促进充分有效地保护知识产权的必要性,并保证实施知识产权的措施和程序本身不对合法贸易构成障碍,谈判应旨在澄清 GATT 的规定,并视情况制定新的规则和纪律。

谈判应旨在拟订处理国际假冒商品贸易的多边原则、规则和纪律的框架,同时应考虑到 GATT 已进行的工作。

这些谈判不得有碍于 WIPO 和其他机制在处理这些问题中可能采取的其他补充行动。"

1987 年 1 月,关于知识产权保护的多边谈判在"与贸易有关的知识产权问题,包括假冒商品贸易"的标题下正式启动。按照最初的议题,各方只就"与贸易有关的"知识产权问题进行谈判。但随着谈判进程的深入,谈判的议题远远超出了原定的范围,几乎涉及知识产权的所有领域,实际上是对知识产权的全部问题进行谈判,而"与贸易有关的"这一提法却作为历史保留下来。

由于发展中国家与发达国家立场差距太大,谈判进行得极为艰难。在谈判之初,问题集中在是否应进行这种谈判。对知识产权保护不力的多为发展中国家,制订新的规则势必增加它们的负担,因而大部分发展中国家对此反应冷淡,甚至反对就此进行谈判。直至 1989 年 4 月,各方经过妥协,才终于在日内瓦就知识产权保护的框架协议达成一致意见,此后,知识产权谈判进入实质阶段。

尽管立场上差距很大,但由于这次谈判采用"一揽子"谈判方式,为了换取发达国家在其他方面的让步,发展中国家不得不在知识产权问题上作出妥协。1991 年 12 月,时任 GATT 总干事邓克尔提出了知识产权协议的最后文本草案。1993 年 12 月 15 日,历经近 8 年之久的 GATT"乌拉圭回合"多边贸易谈判全部结束,邓克尔文本在没有作出大的修改的情况下与其他协议一起获得通过,最终形成了《与贸易有关的知识产权协议》(即 TRIPs 协议)。

1994 年 4 月 15 日,108 个国家的代表在摩洛哥马拉喀什签署了《建立世界贸易组织马拉喀什协定》,TRIPs 协议列入该协定的附件 1C。1995 年 1 月 1 日,世界贸易组织成立。根据 TRIPs 协议第 72 条的规定,"未经其他成员同意,不可以对本协议的任何条款予以保留。"TRIPs 协议遂成为 WTO 成员必须遵守的法律规范。

三、TRIPs 协议的特点

TRIPs 协议虽然保留了"与贸易有关的"字样,但其内容并非仅仅是与贸易有关的知识产权问题,而是所有的知识产权问题,堪称"知识产权法典"。与以往的知识产权国际公约相比,TRIPs 协议呈现出以下特点:

第一,为知识产权确立了新的保护标准。对于此前的《巴黎公约》(1967 年文本)、《伯尔尼公约》(1971 年文本)、《罗马公约》和《关于集成电路知识产权条约》等,TRIPs 协议虽不要求其成员加入,但要求其成员遵守这些公约中的大部分实质性条款。TRIPs 协议实质上是以上述国际公约所确立的保护标准为起点,为知识产权保护确立了一个霸气十足的高标准。①

第二,在知识产权保护中引入"最惠国待遇"原则。"最惠国待遇"原则是 GATT/WTO 的基石,原本只适用于国际货物贸易。TRIPs 协议将"最惠国待遇"原则作为基本原则适用于知识产权保护,在知识产权国际保护制度中是一个质的变化,为知识产权保护水平的进一步提高埋下了伏笔。

第三,不允许提出保留。以往的几个主要公约,由于允许缔约方保留的范围太宽,致使条约名存实亡。有鉴于此,TRIPs 协议第 72 条规定:"未经其他成员同意,不可以对本协议的任何条款予心保留",使这一协议成为所有 WTO 成员必须遵守的规则。

第四,规定了行之有效的实施程序。与以往的知识产权保护公约不同,TRIPs 协议对知识产权的实施规定了一系列具体的实施措施,包括民事、行政、刑事程序与救济,以及临时措施、边境措施②等,并将各项执行措施的最终裁决权统归于司法机关。

第五,规定了争端解决机制。与以往的国际公约相比,TRIPs 协议规定了迅速而有效的争端解决程序,以多边方式防止和解决政府间的有关争端,大大增强了协议的约束力。

第六,为不同发展水平的国家实施 TRIPs 协议规定不同的时间表。发达国家、发展中国家(包括经济转型国家)和最不发达国家实施 TRIPs 协议的时间分别为 1996 年 1 月 1 日、2000 年 1 月 1 日、2006 年 1 月 1 日。③ 这一安排有利于发展中国家逐步达到协议规定的保护标准。

基于上述特点,TRIPs 协议不仅就知识产权的保护规定了所有成员必须遵守的高标准,而且将知识产权的实施与 WTO 的交叉报护机制联系在一起,从而在事实上改变了由《巴黎公约》和《伯尔尼公约》主导的国际知识产权制度长期以来注重协调的传统,扩张并在实体和程序两个方面统一了知识产权国际保护的规则,实现了国际知识产权制度由"软法"到"硬法"的质变。

---

① 刘春田主编:《知识产权法》,中国人民大学出版社 2002 年版,第 425 页。
② 依 TRIPs 的规定,成员必须授权司法当局采取临时措施,授权司法或行政当局采取边境措施,以有效地制止侵犯知识产权的商品在市场上流通。"临时措施"的作用在于:(1)制止将要发生的侵权;(2)阻止已经发生的侵权进一步扩大;(3)保全诉讼中被指控为侵权的物证。"边境措施"的作用在于:(1)中止放行进口的侵权商品;(2)制止侵权商品的出口。参见郑成思:《知识产权论》,法律出版社 1998 年版,第 623—625 页。
③ 对于 TRIPs 协议规定的"国民待遇"原则和"最惠国待遇"原则,所有成员都必须从 1996 年 1 月 1 日起开始实施。

四、TRIPs 协议与其他知识产权保护公约的关系

关于 TRIPs 协议与《巴黎公约》《伯尔尼公约》《罗马公约》和《关于集成电路知识产权条约》四个国际条约的关系，TRIPs 协议在第 2 条作了简明的规定。

协议第 2 条第 1 款规定，对于 TRIPs 协议第二部分"有关知识产权的效力、范围及利用标准"，第三部分"知识产权执法"，第四部分"知识产权的获得与维持有关当事人之间的程序"，协议成员应遵守《巴黎公约》(1967 年文本)第 1 条至第 12 条及第 19 条的规定，即《巴黎公约》有关工业产权的实体规定。

协议第 2 条第 2 款规定，TRIPs 协议的第一部分至第四部分，即关于知识产权实体内容的任何规定，都不得减损各成员在《巴黎公约》(1967 年文本)、《伯尔尼公约》(1971 年文本)、《罗马公约》和《关于集成电路知识产权条约》项下已经承担的义务。

上述规定表明，虽然《巴黎公约》等四个国际条约各有其独立的适用范围、保护对象和保护标准，但这些公约的实体内容已经完全为 TRIPs 协议所吸收。TRIPs 协议正是以这些公约所确立的保护标准为起点，为知识产权的国际保护确立了新的更高的保护标准。

五、TRIPs 协议对知识产权国际保护的影响

TRIPs 协议是当今知识产权国际保护的法典，其涉及内容之广、规定之复杂都是空前的。这一协议生效以后，对知识产权国际保护产生了重大影响。

（一）对知识产权国际保护基本理论的影响

1. 关于知识产权的性质。协议在序言第 4 段明确规定："承认知识产权是私权"。这表明，知识产权是一项民事权利，应受民法保护；知识产权应由其权利人行使和处置；知识产权人应主要通过民事程序保护其权利。

2. 关于知识产权保护的目的。协议在序言第 5 段规定："承认保护知识产权的诸国内制度中被强调的保护公共利益的目的，包括发展目的和技术目的"；第 7 条规定："知识产权的保护与权利行使，目的在于促进技术的革新、技术的转让与技术的传播，以有利于社会及经济福利的方法去促进技术知识的生产者与使用者互利，并促进权利与义务的平衡。"

3. 关于知识产权的范围。协议第 1 条第 2 款规定，"知识产权"这一术语是指第二部分第 1 节至第 7 节所列的各项，包括版权与邻接权、商标、地理标志、工业设计、专利、集成电路布图设计和未披露信息。与已为知识产权理论界广为接受的《建立世界知识产权组织公约》所规定的知识产权范围相比，TRIPs 协议所指的知识产权不包括"科学发现""商号名称和牌号"以及"制止不正当竞争"的权利，同时将"集成电路布图设计"和"未披露信息"纳入知识产权保护范围。这

一变化对知识产权范围的理论分析将产生重要影响。

（二）对知识产权国际保护实务的影响

1. 在知识产权国际保护体制上，从"只此一家"，到"两制并存，两法同施"。① TRIPs 协议生效之前，联合国专门机构中负责科学与文化的 WIPO 一直是世界范围内解决知识产权问题的唯一的专门性国际组织，管辖着几乎所有的知识产权公约。TRIPs 协议的生效和 WTO 的运作，开启了"两制并存，两法同施"的新格局。在 WIPO 及其管辖的公约之外，另有 WTO 及 TRIPs 协议并存。而且，TRIPs 协议与贸易机制捆绑，更具有实施的强制性，当"两制""两法"冲突时，WTO 及其 TRIPs 协议自然居于优先地位。

2. 在知识产权保护标准上，大幅度提高了保护水平。TRIPs 协议的所谓"最低保护标准"，实为发达国家内国高保护标准向国际社会的延伸。该协议以《巴黎公约》等所确立的保护标准为起点，使知识产权保护范围扩大、保护期限大大延长、权利内容显著增加、权利限制制度的适用受到更严格的限制。

3. 增加了知识产权实施的规则。知识产权保护如何实施，一向被视为内国立法问题，以往公约从未有对此置喙者。TRIPs 协议不但对此规定了一系列具体的实施措施，包括民事、行政、刑事程序及救济，而且还规定了临时措施、边境措施等，并将各项执行措施的最终裁决权统归于司法机关。TRIPs 协议第一次将国内法实施改变为国际法实施，从而使国际知识产权法的"硬法"性质，由立法领域延伸到法律执行领域。

4. 引入贸易机制、强化争端解决机制及对违反协议的制裁。TRIPs 协议的这些举措，使知识产权的国际保护发生如下变化：(1) 使接受协议具有强制性。如果拒绝 TRIPs 协议，则意味着自外于 WTO，这就为协议的推行构筑了一个强大的促进机制。(2) TRIPs 协议规定，关于争端的防止和解决，适用 GATT 第 22条、第 23 条的规定，即缔约方在发生争端时，可以通过协调、仲裁等方式解决，以充分利用 GATT 的机制。(3) 在一方不履行义务时，缔约方全体可以援用多边贸易报复手段予以制裁，强制其履行义务。国际知识产权法的"硬法"性质，借此进一步延伸到争端解决领域。

5. 引入最惠国待遇原则。协议第 4 条规定，在知识产权保护上，某一成员给予他国国民的任何利益、优惠、特权或豁免，均将立即无条件地适用于所有其他成员的国民。最惠国待遇原则是 GATT 的基本原则，原本仅适用于有形商品贸易，TRIPs 协议引入这一原则后，使后 TRIPs 时代通过各种自由贸易协定（FTA）确立的"TRIPs-plus"标准，得以藉此原则而渐次扩散，为水平更高、强度更大、更具强制性的知识产权保护标准的全球化推波助澜。

---

① 古祖雪：《国际知识产权法》，法律出版社 2002 年版，第 44—45 页。

六、TRIPs 协议的缺陷

TRIPs 协议是在经济全球化不断深化的时代背景下,以美国为首的发达国家为谋求和保持经济、科技、国际贸易优势,而与发展中国家激烈博弈后的产物。TRIPs 协议通过之后,曾为该协议的制定多方奔走、代表美国大公司利益的"知识产权委员会"(IPC)不无得意地宣称:除了给予发展中国家的过渡期太长以外,该委员会的期望已经实现了 95%。① 现在看来,TRIPs 协议固然有促进知识产权国际保护、减少假冒商品对国际贸易扭曲之功,但也存在着以下制度缺陷,必须引起人们的注意。

第一,只注重知识产权的财产性,而忽视其精神性。知识产权具有多维属性,TRIPs 协议将其作为"私权"看待,只看到了它的财产价值,只保护其中的财产性因素,而对其精神因素未提供任何保护。

第二,南北国家之间权利义务不平衡。TRIPs 协议只引入最惠国待遇,而没有将在 GATT 中已广为接受的非互惠待遇引入;同时对于强制许可规定了比以往任何国际条约都更为严格的条件,使发展中国家承担了较多的义务,势必影响其科技进步和经济社会发展。

第三,实施程序的规定极易蜕变为知识产权滥用的工具。关于知识产权实施程序的规定是一把"双刃剑",尤其是临时措施和边境措施,虽然有利于有效保护知识产权,但也很可能蜕变为权利人限制或打击竞争对手的工具。

第四,在保护对象上有所偏颇,对现代知识与传统知识区别对待。一方面,对现代知识依照发达国家的标准给予高水平的保护;另一方面,对于发展中国家占优势的传统知识、民间文学艺术、遗传资源等,则仅予以极为有限的保护,甚至根本不予保护,有失公允。

第二节 TRIPs 协议的基本原则

TRIPs 协议包含哪些基本原则,目前学界尚无一致见解。笔者认为,TRIPs 协议确立的基本原则包括国民待遇原则、最惠国待遇原则、最低保护标准原则和利益平衡原则。这些基本原则对各国知识产权保护的立法、执法和司法必将产生深刻的影响。

一、国民待遇原则

早在 TRIPs 协议签订之前,国民待遇原则已经是知识产权国际保护领域的

---

① Susan K. Sell, *Private Power, Public Law: the Globalization of Intellectual Property*, Cambridge University Press 2003, p.115. 转引自李琛:《论知识产权法的体系化》,北京大学出版社 2005 年版,第 90 页。

一项基本原则,在《巴黎公约》《伯尔尼公约》《罗马公约》等条约中均有规定。TRIPs 协议继上述公约之后,将国民待遇确立为一项基本原则。

协议第 3 条第 1 款规定:在知识产权保护方面,各成员应给予其他成员国民不低于本国国民的待遇。

同时,协议规定了以下几项例外:

(1)《巴黎公约》(1967 年文本)、《伯尔尼公约》(1971 年文本)、《罗马公约》和《集成电路知识产权条约》中已经规定的例外。

(2) 成员可以适用《伯尔尼公约》第 6 条和《罗马公约》第 16 条第 1 款(b)项中的互惠待遇规定,但应通知 TRIPs 协议理事会。

(3) 在司法与行政程序方面,各成员可以适用协议第 3 条第 1 款所规定的例外,包括在其司法管辖范围内的送达地址的确定或代理人的指定。不过,这种例外应为确保遵守不违背本协议之法律和规章所必需,而且不得构成对正常贸易的隐性限制。

(4) 根据协议第 5 条,国民待遇原则不适用于由 WIPO 主持缔结的多边协议中有关取得或维持知识产权的程序方面的规定。

二、最惠国待遇原则

最惠国待遇原则历来被认为是 GATT 的基石,在 TRIPs 协议缔结之前,只适用于有形商品贸易领域。此前缔结的《巴黎公约》《伯尔尼公约》等,从未规定过最惠国待遇原则,TRIPs 协议首次将这一原则引入知识产权领域。一般认为,这是知识产权国际公约的一个重要发展,它不仅进一步加强了知识产权的国际保护,而且对于知识产权保护的发展,也有着极为重要的意义。

根据协议第 4 条的规定,在知识产权保护方面,任一成员给予其他成员国民的任何利益、优惠、特权或者豁免,均应立即无条件地给予所有其他成员的国民。例如,依照 1992 年签署的《中美知识产权保护谅解备忘录》的规定,我国被迫给予美国的药品和农业化学物质产品以特别保护——我国当时的专利法对此尚不保护。后来,当时的欧共体、日本、瑞士等国依据最惠国待遇原则,向中国主张同等的优惠待遇,中国也本着最惠国待遇原则,分别与这些国家签订了给予同等保护的协议。

按照协议的规定,以下几个方面的利益、优惠、特权或者豁免,可以不适用最惠国待遇:(1) 由一般性质的司法协助或法律实施的国际协定所产生,且并非专用于知识产权保护的;(2) 根据《伯尔尼公约》(1971 年文本)或者《罗马公约》所允许的非依国民待遇而是依互惠原则给予的;(3) 对于表演者、唱片制作者和广播组织的权利而言,本协议未规定授予的;(4) 由《建立世界贸易组织协定》生效之前业已生效的知识产权保护国际协定授予的,且已将该协定通知 TRIPs

理事会,并对其他成员的国民不构成任意的或不公平的歧视。

另外,与国民待遇原则一样,最惠国待遇原则也不适用于由 WIPO 主持缔结的多边协议中有关取得或维持知识产权的程序方面的规定。

三、最低保护标准原则

TRIPs 协议为知识产权的国际保护设定了最低保护标准。

协议在第 1 条"成员义务的性质与范围"的第 1 款中规定:"成员均应使本协议的规定生效",并在第 72 条规定:"未经其他成员同意,不可以对本协议中的任何条款予以保留",由此确立了知识产权的最低保护标准原则。

最低保护标准是所有成员必须达到的标准,以确保 TRIPs 协议规定的义务获得履行。

在达到最低保护标准以后,对于成员寻求知识产权保护的更高标准,协议既不禁止、也不作强行要求。协议在第 1 条第 1 款中同时规定:"成员可在其域内法中,规定宽于本协议要求的保护,只要其不违反本协议但成员亦无义务非作这类规定不可。"

四、利益平衡原则

维持私人利益与公共利益的平衡,是设计知识产权制度、处理知识产权问题的一个基本准则。利益平衡原则同样是 TRIPs 协议的一项基本原则。

协议首先在序言中规定:"知识产权是私权",明确了知识产权的私权性质。紧接着在第 7 条规定知识产权的保护和实施的公共利益宗旨,以及权利、义务之间的平衡;在第 8 条规定各成员应采取必要措施保护公共利益,并防止知识产权人滥用权利。这样规定的目的,显然是为了维持利益平衡。

第三节 知识产权的保护标准

TRIPs 协议第二部分"关于知识产权的效力、范围及利用的标准"是知识产权问题的核心。该部分共八节,分别规定版权与邻接权、商标、地理标志、工业品外观设计、专利、集成电路布图设计(拓扑图)、未披露信息及许可协议中限制竞争行为的控制。

一、版权与邻接权

(一) 版权

1. 与《伯尔尼公约》的关系

TRIPs 协议第 2 条第 2 款对《伯尔尼公约》作了保护性规定,协议的任何规定都不减损成员在《伯尔尼公约》项下应承担的现有义务。

协议第9条第1款进一步规定,全体成员应遵守《伯尔尼公约》(1971年)第1条至第21条和附件的规定。《伯尔尼公约》第1条至第21条是关于版权保护的实体规则,附件则涉及对发展中国家的优惠。协议要求全体成员都遵守这些规定,而不论其是否为《伯尔尼公约》的缔约方。

协议在该款中同时规定,对于《伯尔尼公约》第6条之二规定之权利或对于从该条引申的权利,成员既无权利,也无义务。"《伯尔尼公约》第6条之二规定的权利及由此衍生的权利",是指作者的精神权利。所谓"既无权利,也无义务",是指各成员没有权利要求其他成员保护有关权利,自己也无义务给予保护。可见,作者的精神权利在TRIPs协议中并未得到承认和保护。

2. 版权保护的对象

TRIPs协议第9条第2款规定,版权保护仅及于表达,而不延及于思想、程序、操作方法或数学概念之类。

3. 计算机程序和数据汇编

TRIPs协议第10条第1款规定,计算机程序,不论是以源代码形式或目标代码形式,应作为《伯尔尼公约》(1971年)规定的文字作品予以保护。这一规定明确了计算机程序的法律地位。

对于数据汇编,协议第10条第2款规定,数据或其他材料的汇编,无论是机器可读形式还是其他形式,只要其内容选取或编排构成智力创作成果,即应受到保护。

协议同时规定,这种保护不及于汇编所包含的数据或其他材料本身,而且不得减损存在于该数据或其他材料本身的任何版权。

4. 出租权

因TRIPs协议要求其成员实施《伯尔尼公约》中关于版权保护的实体规则,故而对版权人的具体权利不再作出详细规定,仅在第11条规定了计算机程序和电影作品的出租权。

根据第11条的规定,"至少对于计算机程序及电影作品,成员应授予其作者或作者之合法继承人许可或禁止将其享有版权的作品原件或复制件向公众进行商业性出租。"据此,计算机程序和电影作品的作者及其权利继受者在通常情况下应享有出租权。至于其他类型的作品的作者是否享有出租权,TRIPs协议未作规定。

为了平衡各方利益,协议对出租权施加了两点限制:(1) 对于电影作品,如果此种出租没有导致对该作品的广泛复制,从而未对该成员授予作者及其权利继受者的专有复制权构成实质损害的,成员可免于承担保护出租权的义务。(2) 对于计算机程序,如果该程序本身不是出租的实质标的,则不适用上述义务。例如,出租计算机硬件系统时,尽管计算机上携带有操作系统和其他程序,但因出租的实质标的是硬件系统,而非计算机程序,此时就不适用有关出租权的规定。

5. 最低保护期限

对于作品的保护期,TRIPs 协议第 12 条对《伯尔尼公约》作了补充规定:除了摄影作品和实用艺术作品外,凡不以自然人的生命为基础来计算保护期的,自作品经授权出版的公历年结束时起算,这一期限不得少于 50 年。如果该作品在创作完成后 50 年内未被授权出版,则为自作品完成的公历年结束时起算,不应少于 50 年。

6. 限制与例外

在版权保护领域,合理使用是一项重要制度。TRIPs 协议立足于加强版权保护,其所规定的"限制与例外",实际上是对成员有关合理使用的限制。

根据 TRIPs 协议第 13 条的规定,虽然协议允许各成员限制版权或规定例外,但要求同时满足以下三个条件:(1) 仅限于某些特殊情况。例如,基于合法的公共政策要求限制版权;(2) 与作品的正常利用不相冲突;(3) 不应不合理地损害权利持有人的合法利益。

(二) 邻接权

与在版权保护上吸收《伯尔尼公约》不同,关于邻接权的保护,TRIPs 协议并未吸收《罗马公约》,而是以简单的方式重复了《罗马公约》的实体规范,[①]并作了一些变通规定。协议关于邻接权的规定,集中在第 14 条,包括表演者权、录音制品制作者权和广播组织权。

1. 表演者权

协议第 14 条第 1 款规定,表演者享有制止他人未经授权录制其表演和复制这类录制品的权利;享有制止他人未经授权以无线方式广播和向公众传播其现场表演的权利。

2. 录音制品制作者权

协议第 14 条第 2 款规定,录音制品制作者应享有授权或禁止直接或间接复制其录音制品的权利。这一规定与《罗马公约》第 10 条完全相同。

根据协议第 14 条第 4 款,录音制品制作者还享有出租权。该款规定,第 11 条关于计算机程序的规定原则上应适用于录音制品制作者和由成员域内法规定的其他权利持有人。不过,如一成员在 1994 年 4 月 15 日前已就录音制品的出租建立了向权利持有人公平付酬的制度,则可继续保留该制度,只要录音制品的商业出租未对权利持有人的专有复制权产生实质性的损害。

---

① 参见孔祥俊:《WTO 知识产权协定及其国内适用》,法律出版社 2002 年版,第 120 页。

3. 广播组织的权利

协议第 14 条第 3 款授予广播组织四项权利：

（1）录制权。广播组织有权禁止他人未经许可将其广播加以录制。

（2）复制权。广播组织有权禁止他人未经许可将其录制的广播加以复制。

（3）转播权。广播组织有权禁止其他广播组织未经许可而以无线方式转播其广播。

（4）传播权。广播组织有权禁止他人未经许可将其电视广播向公众传播。

根据协议要求，如果成员尚未授予广播组织上述权利，则应根据《伯尔尼公约》（1971 年）的有关规定，使广播内容的版权人享有禁止上述行为的权利。

4. 保护期限

表演者权和录音制品制作者权的保护期限，自该录制或表演完成的公历年结束时起算，不少于 50 年。广播组织的权利的保护期限，自广播播出的公历年结束时起算，不少于 20 年。

5. 权利限制

协议第 14 条第 6 款规定，对于表演者、录音制品制作者和广播组织的权利，任何成员均可以在《罗马公约》允许的范围内规定各种条件、例外、限制和保留。但是，《伯尔尼公约》（1971 年）第 18 条[①]关于追溯力的规定原则上应适用于表演者和录音制品制作者的权利。

二、商标

关于商标，TRIPs 协议在第 2 条"知识产权公约"中已经要求各成员应遵守《巴黎公约》的有关实体规定。协议第二部分第二节"商标"，针对一些具体问题以及《巴黎公约》未涉及到的问题，作了详尽而又复杂的规定，以实现发达国家追求的两个主要目标：第一，提高商标保护水平，包括服务商标和驰名商标；第二，严厉制止对商标的国际假冒行为。[②]

1. 商标的定义与商标注册

TRIPs 协议为商标下了一个明确的定义，这是此前的《巴黎公约》所没有的。协议在第 15 条第 1 款规定，任何标记或标记的组合，只要能将一个企业的商品或服务与其他企业的商品或服务区别开来，均能构成一项商标。此种标记，尤其是文字（包括人名）、字母、数字、图形要素和色彩的组合，以及任何此类标记的

[①] 《伯尔尼公约》第 18 条规定：（1）本公约适用于所有在本公约开始生效时尚未因保护期满而在其起源国进入公有领域的作品；（2）但是，如果作品因原来规定的保护期已满而在被要求给予保护的国家已进入公有领域，则该作品不再重新受保护；（3）本原则应按照本同盟成员国之间现有的或将要缔结的有关特别公约所规定的条款实行。在没有这种条款的情况下，各国分别规定实行上述原则的条件。

[②] 参见孔祥俊：《WTO 知识产权协定及其国内适用》，法律出版社 2002 年版，第 130 页。

组合,均可作为商标予以注册。与《巴黎公约》不同的是,TRIPs 协议下的商标不仅包括商品商标,还包括服务商标。

商标注册的条件是:(1) 商标应具有可识别性。商标本身有可识别性,自然可获得注册;如果商标本身欠缺可识别性,根据使用获得可识别性的,也可予注册。但是,成员可以将标识的视觉可感性作为注册条件。这意味着,成员可以将"气味商标"、"音响商标"排除在商标保护范围之外。(2) 成员可以将使用作为注册的依据。但是,成员不得将商标的实际使用作为接受申请的前提,也不得仅以自申请日起达 3 年,未"意图使用"(intended use)商标为由,驳回注册申请。(3) 商品或服务的性质在任何情况下都不应对商标的注册形成障碍。也就是说,不得以商品或服务的性质为理由,拒绝给予注册。

为了增加透明度,各成员应在商标获准注册之前或注册之后迅速予以公告,并应对他人请求撤销该注册给予合理机会。此外,各成员可以为他人对注册商标提出异议提供机会。

2. 注册商标权的内容

TRIPs 协议第 16 条第 1 款规定,注册商标所有人对其注册商标享有专有使用权,未经注册商标人许可,任何第三人不得在相同或相类似的商品或者服务的经营活动中,使用与注册商标相同或相类似的商标,以免产生可能的混淆。① 为了强化商标专有使用权的保护,该款同时规定,如果在相同商品或服务上使用相同的商标,则推定存在混淆的可能性。

在普通法中,商标不能离开商业活动而存在,不能仅仅基于选定某个标记就获得商标权,而必须通过使用才能获得权利。② 未注册商标人只需选定和首次使用商标,就能够享有商标专有权。③ 为了与这一制度协调,TRIPs 协议规定,未注册商标人能否享有商标专有权,由成员自己决定。并在第 16 条第 1 款声明:注册商标专有权"不得损害任何已有的在先权利,也不得影响成员以使用为基础授予权利的可能性"。

3. 驰名商标

驰名商标是《巴黎公约》关于商标的一项重要制度。TRIPs 协议为驰名商标

---

① 根据 TRIPs 协议的规定,商品或服务的混淆是构成侵权的要件。如果不大可能造成商品或服务的混淆,即使第三人使用与注册商标相同或者相似的商标,也应该被允许,其行为不构成侵权。例如,注册商标所有人甲在 A 地经营煎饼,乙在 B 地经营煎饼,乙使用的商标与注册商标相同或者近似,但因 AB 两地相距甚远,而煎饼销售地域不同且销售范围较小,因而甲乙的商品不可能发生混淆。此时,乙的行为不构成商标侵权。我国商标侵权的门槛没有"混淆"要件。参见宁立志主编:《知识产权法》,武汉大学出版社 2011 年版,第 504 页。

② 参见[美]阿瑟·R. 米勒、迈克尔·H. 戴维斯:《知识产权法概要》,周林等译,中国社会科学出版社 1997 年版,第 103 页。

③ 未注册商标与注册商标在法律保护方面有所不同,前者主要通过反不正当竞争来保护;后者当然也可用反不正当竞争保护,但主要还是以专门的商标法来保护。

提供了比《巴黎公约》更高水平的保护。关于驰名商标的规定，集中在协议第 16 条第 2 款、第 3 款，主要包括以下内容：

（1）驰名商标的适用对象。《巴黎公约》第 6 条之二有关驰名商标的规定，原本只针对商品商标。协议规定，上述规定原则上适用于服务商标，拓展了驰名商标的适用对象。

（2）确定驰名商标应考虑的因素。协议规定，在确定一个商标是否成为驰名商标时，成员应考虑该商标在相关领域的公众中的知名度，包括在该成员域内因商标宣传而获得的知名度。

（3）驰名商标的效力。协议规定，即使在不相类似的商品或服务上，也不得使用他人已注册的驰名商标，只要此种使用将使人认为有关商品或服务与注册商标所有人之间存在联系，且此种使用有可能损害商标权人的利益。这意味着，协议突破了"类似原则"，将《巴黎公约》第 6 条之二的适用范围扩大了，由相同或类似商品或服务扩大到不相类似的商品或服务，加强了对驰名商标的保护。

4. 商标权的例外

根据协议第 17 条，成员可以对商标授予的权利规定例外，但是，例外必须满足两个条件：(1) 例外是有限的，如商标标识中的描述性词语的合理使用。(2) 此种例外考虑商标所有人和第三方的合法权益。所谓"描述性词语"，是指那些具体说明商品或服务的性质、用途、原料等不能专属于特定主体的词语。

5. 保护期限

协议第 18 条规定，商标的首次注册及每次续展注册的保护期，均不得少于 7 年。商标的续展注册没有限制，可以无限期续展。

6. 使用要求

商标的使用要求，包括维持注册商标的使用要求和在贸易中的商标使用要求。TRIPs 协议对成员可能提出的商标使用要求进行了限制。

对于维持注册商标的使用要求，协议第 19 条第 1 款规定，成员如以使用商标作为维持注册的条件，则只有在至少连续 3 年不使用之后，且商标所有人未能提供使用存在障碍的正当理由，方可注销注册。对于"正当理由"，协议规定：凡基于商标所有人意志以外的原因而构成商标使用障碍者，例如政府对受商标保护的商品或服务实施进口限制或提出其他要求，均构成不使用的正当理由。须注意的是，这里只是列举构成正当理由的一种典型情况，并未穷尽。

第 19 条第 2 款规定，在商标所有人的控制下，他人对该商标的使用应被视为是旨在续展的商标使用。

与《巴黎公约》第 5 条 C 款第 1 项[①]相比,TRIPs 协议第 19 条将《巴黎公约》中的"合理期限"明确为"至少连续 3 年",将"商标所有人意志以外的使用障碍"作为"正当理由"的一种典型予以明确,并把"他人使用"视为"注册商标的使用",使规定更具有可操作性。

对于在贸易中的商标使用要求,TRIPs 协议第 20 条规定,禁止成员在贸易中对商标使用提出不合理要求。例如,要求与另一商标共同使用;或要求以特殊形式使用;或要求以损害商标区别性能的方式使用。不过,成员可以要求,在使用某商标以区分不同企业之商品或服务的同时,使用另一商标来区别同一企业的特定商品或服务,而这两个商标之间未必有联系。有学者认为,这主要是为了防止名气小的商标搭名气大的外国商标的便车。[②]

7. 商标的许可使用与转让

根据协议第 21 条,商标许可使用和转让的条件,完全由成员域内法规定,但禁止实施强制许可。注册商标所有人有权将商标连同或不连同商标所属的企业或业务一起转让。这一规定改变了《巴黎公约》第 6 条之四的规定——同盟成员国可以要求企业和商誉与商标同时转让,使商标转让获得了更大的自由度。

三、地理标志

《巴黎公约》中货源标记和原产地名称包含地理标志。因此,《巴黎公约》的实体性规范,特别是有关货源标记和原产地名称的规定也适用于地理标志。TRIPs 协议在《巴黎公约》的基础上,丰富了地理标志的保护内容。

1. 地理标志的定义

协议第 22 条第 1 款规定,地理标志是指这样一种标志:标示某商品来源于某成员地域内,或来源于该地域中的某地区或某地方,该商品的特定品质、声誉或其他特性,主要取决于其地理来源。

地理标志的特点是,该地域之内的同一产品的生产者或提供者都可以使用该标志,而该地域之外的同类产品的生产者或提供者则不得使用该标志,以避免造成商品来源上的混淆。

2. 地理标志的保护

对于地理标志,协议要求成员为利害关系人提供法律手段以制止下列行为:(1)使用标志,使公众对该商品来源产生误认的行为;(2)使用标志,依《巴黎公约》(1967 年文本)第 10 条之二,构成不正当竞争的行为。

[①] 如果在任何国家,注册商标的使用是强制的,则只有经过合理期间,而且只有当事人不能证明其不使用有正当理由,才可以撤销注册。

[②] 宁立志主编:《知识产权法》,武汉大学出版社 2011 年版,第 505 页。

如果商标注册中使用了地理标志,使公众对商品的真实来源地产生误认的,如其法律允许,成员应依职权,或依利害关系人的请求,驳回或撤销该商标的注册。

表面真实但蓄意误导的地理标志,即虽然在文字上标示了商品的真实来源地,但又误导公众使其误认商品来源于另一地域的,亦在应予禁止之列。

3. 对葡萄酒和烈性酒地理标志的补充保护

酒是一种特殊商品,其品质、风格的形成与产地特有的土壤、水质、气候和传统工艺密切相关。鉴于地理标志对酒类的商业价值有直接影响,保护酒类的地理标志尤为重要,因而 TRIPs 协议作了"补充保护"的规定。

协议第 23 条规定,对于葡萄酒和烈性酒的地理标志,各成员应为利害关系人提供法律措施,以制止使用地理标志去标识并非来源于该地理标志所示产地的葡萄酒或烈性酒,即使公众并未被误导,即使未构成不正当竞争,即使标示了商品的真实来源地,即使采用译文或同时采用了诸如"种类""型号""式样""仿制品"之类的描述,也在禁止之列。

4. 例外

根据协议第 24 条,地理标志保护的例外主要与葡萄酒、烈性酒地理标志的补充保护有关,其具体内容可归纳如下①:

(1) 在先使用和善意使用。如一成员的国民或居民,在该成员域内酿制或销售的葡萄酒、烈性酒上连续使用另一成员的葡萄酒、烈性酒的特定地理标志,至乌拉圭回合谈判结束之日起已满 10 年;或者在该日期以前的使用是善意的,不在此限。

(2) 在先权利。如一成员依本协议,在适用本协议所作的过渡安排设定的日期以前,或地理标志在来源国获得保护以后,某一商标已善意地获得注册,或业经善意使用而获得保护,则该商标不应因为实施本协议的目的而遭受任何损害,以致影响其效力。

(3) 地理标志中的惯常用语。如一成员在其域内,在通用语言中用作某一类商品或服务的普通名称的惯常用语,碰巧与其他成员相同或类似的商品或服务上使用的地理标志相同或类似,则成员无义务对该地理标志给予保护。如一成员域内已有的葡萄品种的惯用名称与其他成员的关于葡萄品种及产品的地理标志在本协议生效之日依旧相同,成员亦无义务保护该地理标志。

(4) 地理标志的注册申请对抗不利使用的期限。

协议第 24 条第 7 款规定,申请地理标志的注册请求,必须在对该受保护的标志进行不利使用在该成员域内已经人所共知之后的 5 年内提出。或者,如果该商标在注册之日已被公布,而注册之日早于上述"人所共知"之日,且对该地

---

① 刘春田主编:《知识产权法》,中国人民大学出版社 2002 年版,第 433 页。

理标志的使用或注册不是恶意的,则上述请求须在该商标注册后5年内提出。

(5) 有关姓名的使用权。协议的规定并不排除任何人在贸易过程中使用自己的姓名或其前任的姓名,只要此种使用方式不至于导致公众的误解和混淆。

(6) 在原产地国不受保护或已终止保护,或已停止使用的地理标志,在本协议项下不受保护。

四、工业品外观设计

《巴黎公约》已将工业品外观设计作为保护对象,但仅在第5条之五简单规定:"外观设计在本联盟所有国家均应受到保护。"至于受保护的条件、要求及授予何种权利,概由各国自行决定。TRIPs协议第二部分第四节对此作了较为具体的规定,主要涉及两个问题:工业品外观设计的保护条件与保护措施。

1. 保护条件

根据协议第25条,工业品外观设计受保护的条件为:

(1) 独立创作。作者"独立创作",是工业品外观设计受保护的强制性条件。独立创作意味着外观设计不能是复制或仿制的。

(2) 新颖性或原创性。必须具有新颖性或原创性,外观设计才能受保护。但对于新颖性或原创性,协议并不要求具有显著的特征或原创性,只要求与已知设计,或已知设计的组合特征相比,具有明显的区别即可。

(3) 注册。依协议规定,注册或备案并不是保护的前提条件。但协议允许成员选择如下保护模式:① 版权;② 注册特殊工业品外观设计权;③ 未注册特殊工业品外观设计权。[①] 其中可能涉及注册问题。

此外,协议还要求,各成员应保证其对纺织品外观设计的保护条件,特别是有关费用、审查或公布的要求,不得无理损害寻求获得此种保护的机会。

2. 工业品外观设计权内容

协议第26条第1款规定,受保护的外观设计的所有人,应有权制止未经其许可,为商业目的制造、销售或进口含有受保护的设计的复制品或实质性复制品的行为。

3. 工业品外观设计权的例外

协议第26条第2规定,对工业品外观设计权,各成员可以规定有限的例外,但须同时满足三个条件:

(1) 未与该工业品外观设计的正常利用形成不合理冲突;

(2) 未不合理地损害工业品外观设计所有人的正当利益;

(3) 顾及了第三方的合法权益。

---

① 宁立志主编:《知识产权法》,武汉大学出版社2011年版,第507页。

另外，不论采用哪种保护模式，成员都可以规定，对外观设计的保护，不得延及于主要由技术因素或功能因素所构成的设计(如汽车零部件外观设计)。

4. 保护期限

协议第 26 条第 3 款规定，工业品外观设计的保护期不得少于 10 年。

五、专利

除了吸收《巴黎公约》中的专利条款外，TRIPs 协议在第二部分第五节还规定了以下内容：

1. 可获专利的客体

TRIPs 协议第 27 条第 1 款规定，除另有特别规定外，所有技术领域内的一切发明，无论是产品发明还是方法发明，只要其具备新颖性、创造性和工业实用性，即可申请获得专利。可以说，协议是从最广泛的意义上规定了可获专利的客体，而此前有关药品、化工产品、食品等是否可以获得专利的争论，从此划上了句号。

并且，协议对发明专利规定了"非歧视原则"，要求对发明专利的授予和专利权的享受，不得因发明地点、技术领域、产品是进口还是在当地制造而实行差别待遇。

在上述规定的基础上，协议规定了可以排除于专利保护范围之外的发明：

(1) 违反公共秩序或者道德的发明。协议第 27 条第 2 款规定，成员可拒绝对某些发明授予专利权，如果在其域内，制止这种发明的商业利用是为维护公共秩序或道德所需，包括保护人类、动物或植物的生命或健康，或避免对环境造成严重破坏，只要此种拒绝授予并非仅因该发明的利用为其法律所禁止。

(2) 某些生命形式发明和某些方法发明。协议第 27 条第 3 款规定，成员有权作出不授予专利权的例外规定，但限于两种情况：一是人类或动物的诊断、治疗和外科手术方法；二是除微生物外的植物、动物，以及生产植物、动物的生物方法。但是，生产植物、动物的非生物方法和微生物方法可获得专利。

此外，根据 TRIPs 协议第 65 条和第 70 条第 8 款的规定，成员还可以在下述三种情况下，不给予专利保护[①]：(1) 对适用协议时尚未予以保护的技术领域，发展中国家成员可再推迟 5 年才保护其产品专利；(2) 在协议对成员适用之日已进入公共领域的客体，该成员无义务恢复保护；(3) 对医药产品和化工产品适用有条件的延缓期条款，一方面 TRIPs 协议许诺发展中国家可以延迟 10 年给予医药产品和化工产品专利保护，另一方面又要求发展中国家从协议生效之日起接受医药产品和化工产品的专利申请。

[①] 宁立志主编：《知识产权法》，武汉大学出版社 2011 年版，第 508 页。

2. 专利权的内容

TRIPs 协议第 28 条规定,专利所有人享有两种不同性质的权利:专利权和专利处置权。

(1) 专利权

专利所有人享有的专有权,因产品专利和方法专利而有所不同:对于产品专利,专利权人有权制止他人未经许可制造、使用、许诺销售、销售,或为这些目的而进口专利产品;对于专利方法,则有权制止他人未经许可而使用该专利方法,以及使用、许诺销售、销售或为上述目的而进口至少是由该专利方法直接获得的产品。

(2) 专利处置权

根据协议第 28 条第 2 款的规定,专利处置权主要有两项:转让权和许可权。专利权人有权签订专利转让合同和专利许可合同处置其专利权。此外,专利权人还有权以继承方式转移其专利权。上述规定与 TRIPs 协议序言中提出"知识产权是私权"的原则是一致的。

3. 专利申请人的条件

根据协议第 29 条的规定,专利申请人提交的专利申请涉及三个条件:

(1) 成员应要求专利申请人以足够清晰、完整的方式披露其发明,以使该领域的技术人员能够实施该发明;

(2) 成员可要求申请人在申请之日,或在申请的优先权日(在要求优先权的情况下),指明发明人所知的实施该发明的最佳方式;

(3) 成员可要求专利申请人提供有关申请人的相应国外申请和授予情况的信息。

4. 专利权的例外

协议第 30 条规定,各成员在考虑第三方合法利益的前提下,可对所授予的专有权规定有限的例外,但此种例外不得不合理地与专利的正常使用相冲突,也不得不合理地损害专利所有人的合法利益。

5. 对"其他使用"的限制

TRIPs 协议第 31 条将未经专利所有人授权的使用统称为"其他使用",包括"政府使用"和"强制许可",但不包括上述第 30 条所规定的例外情形。协议对"其他使用"规定了 12 项附加条件,予以严格限制。

(1) 此种使用的授权应个案考虑。

(2) 此种使用,只有在下述情况下方可准许:① 在商业使用时,申请使用人在提出申请前,已经依合理的商业条款和条件努力获取权利人的授权,但在合理期间内此种努力未获成功。② 在国家处于紧急状态,或其他极端紧急的情况下,或公共非商业使用时,可以不受上述限制。但是,在国家处于紧急状态,或其他极端紧急的情况下,一旦发生此种使用,应合理可行地尽快通知权利人。在公共非商业使用的情况下,当政府或被许可的使用人未经专利检索就知道或有明显的理由应当知道一项有效专利被或将被政府使用,或为政府而使用,则应以适当方法尽快告知专利权人。

(3) 此种使用的范围和期限应限于授权使用的目的。并且,对于半导体技术,此种使用只能是公共非商业使用,或者是作为经司法或行政程序确定的反竞争行为的救济。

(4) 此种使用应当是非独占性的。

(5) 此种使用应当是不可转让的,除非与从事此种使用的那部分企业或商誉一起转让。

(6) 任何此种使用的授权应主要为供应授权此种使用的成员的域内市场。

(7) 在充分保护被授权人合法利益的前提下,当导致此种使用的情况不复存在且不可能再发生时,此种使用的授权应予终止。主管机关有权根据相关请求,审查这些情况是否继续存在。

(8) 应当根据个案情况,基于授权的经济价值,给予权利人充分的补偿费。

(9) 任何关于此种授权决定的合法性均应接受司法审查,或该成员域内另一个较高级独立机构的审查。

(10) 任何为此种使用支付补偿费的决定均应接受司法审查,或该成员域内另一个较高级独立机构的审查。

(11) 在将此种使用的准许作为经司法或行政程序确认的反竞争行为的救济时,各成员无义务提供(b)和(f)项下的条件。

(12) 在不侵犯另一专利(第一专利)就无从利用某一专利(第二专利)的情况下,如果授权此种使用是为了利用第二专利,应适用下列附加条件:① 在第二专利中要求的发明应当包含与第一专利要求的发明有关的、具有明显经济意义的重大技术进步。② 第一专利的所有人应有权以合理条件取得使用第二专利中要求的发明的交叉许可。③ 有关第一专利的授权使用应是不可转让的,除非连同第二专利一起转让。

TRIPs 协议实施后,上述对"其他使用"过于严苛的限制,在发展中国家尤其是最不发达国家引发了严重的公共健康危机等人权问题。自 21 世纪初期以来国际社会方兴未艾的药品可及性运动,促使 WTO 第四届部长会议于 2001 年 11 月通过了《关于 TRIPs 协议和公共健康多哈宣言》,规定 WTO 每个成员有权不经权利所有人同意颁布强制许可,也有权自由决定颁布强制许可的理由,这些理由包括引起公共健康危机的国家紧急情势或其他极端紧急情势——包括艾滋病、结核病、疟疾和其他传染病,以便尽早和尽快地实施强制许可措施。2005 年 12 月 6 日,WTO 总理事会以决议方式通过了《修改 TRIPs 协议议定书》,对 TRIPs 协议第 31 条第 1 款(f)项进行了修订,在 TRIPs 协议第 31 条之下增加第

31条之二,将药品专利从"一体保护"修改为"差别保护"①,并在TRIPs协议第73条之后增加附件,就如何利用第31条之二所规定的机制规定了相应的条件和程序。

6. 植物新品种、生物多样性和传统知识的保护

TRIPs协议第3款(b)项规定,成员应通过专利制度,或有效的专门制度(例如1961年签署,1972年、1978年和1991年修订的《国际植物新品种保护公约》规定了一种专门保护制度),或这两种制度的混合制度,对植物新品种提供保护。究竟采取何种方式加以保护,由各国自行决定。基于这一规定,中国于1997年制定了《植物新品种保护条例》,采取了专门制度的保护方式。

根据TRIPs协议,TRIPs理事会于1999年对植物多样性保护进行审查。2001年《多哈部长宣言》第19段扩大了讨论的范围,认为TRIPs理事会应考虑TRIPs协议与联合国《生物多样性公约》②(简称CBD)、传统知识③和民间文学④保护之间的关系。TRIPs理事会关于这些主题的工作应以TRIPs协议第7条和第8条为指南,并充分考虑发展问题。

7. 保护期限

协议第33条规定,专利的保护期为,自提交专利申请之日起算,不少于20年。

8. 方法专利的举证责任

TRIPs协议第34条规定了方法专利侵权的举证责任倒置制度。

各成员应当规定,至少在下述两种情况下,如无相反证据,应推定是该专利

---

① "一体保护"体现于TRIPs第27条第1款的规定,对于所有技术领域的任何发明,其专利权的获得和享有,均不得因发明地点不同,技术领域不同或产品是进口的还是当地生产的不同而受到歧视。依此规定,对于专利,不区分是一般商业用途的专利,还是与健康安全有关的药品专利,均应按TRIPs确立的规则给予高水平的保护。"差别保护"则将专利区分为一般商业用途的专利和与健康安全有关的药品专利两类,仅对后者给予免除TRIPs第31条(f)款规定义务的特殊待遇。参见古祖雪:"后TRIPs时代的国际知识产权制度变革与国际关系的演变——以WTO多哈回合谈判为中心",载《中国社会科学》2007年第2期。

② 根据《联合国生物多样性公约》,各缔约国可自行决定基因资源的管理,可以将基因资源规定为财产,可以规定利用基因资源和与此相关的传统知识的条件。公约特别规定,基因提供者享有知情权和惠益共享权。如果他人利用有关基因做出发明时,基因提供者有权知悉;如果他人就该发明获得专利权或其他权利,则基因的提供者可以分享由此产生的收益。

③ 传统知识是相对于现代知识而言的。根据WIPO的界定,它是指基于传统所产生的文学、艺术或科学作品,表演,发明,科学发现,外观设计,标记,名称、及符号,未公开的信息,以及一切来自于产业、科学、文学艺术领域内的智力活动所产生的基于传统的创新和创造。所谓"基于传统",意指上述知识体系、创造、创新和文化表达,通常为特定的民族或地区所固有,世代相传,并随环境变化而不断发展。传统知识的具体类型,包括农业知识,科学知识,技术知识,生态知识,医学知识,有关生物多样性的知识,民间文学艺术表达,名称、标记及符号,以及其他未固定的文化财产等,其范围几乎囊括了《建立世界知识产权组织公约》所规定的一切知识财产形式。如果说,现代知识是创新之流,那么,传统知识则是创新之源。

④ 民间文学是指某一民族或某一地区人民的传统艺术表达,如民间传说、民间诗歌、民间音乐、民间舞蹈、民间服饰、民间建筑和民间宗教仪式等。

方法而获得：

（1）如果使用专利方法获得的产品是新产品；

（2）如果相同产品极有可能是使用专利方法所制造的，而专利所有人虽经合理努力仍无法确定产品是否使用专利方法生产。

同时，任何成员得自由规定，只有在(a)项条件或(b)项条件满足时，才应当由被控侵权人负担举证责任。

另外，在援引相反证据时，应顾及被告保护其制造秘密及商业秘密的合法利益。

六、集成电路布图设计（拓扑图）

TRIPs 协议对集成电路布图设计的保护规定，以《关于集成电路知识产权条约》（即《华盛顿条约》）[①]为基础，吸收了《条约》第 2 条至第 7 条（第 6 条第 3 款除外）、第 12 条和第 16 条第 3 款的规定，并作了一些补充规定。

1. 保护范围

《华盛顿条约》第 6 条第 1 款和 TRIPs 协议第 36 条规定了集成电路布图设计的保护范围。除了第 37 条第 1 款另有规定外，成员应将未经权利人授权的下列行为视为非法：

（1）为商业目的而进口、销售或发行受保护的布图设计；

（2）为商业目的而进口、销售或发行含有受保护的布图设计的集成电路；

（3）为商业目的而进口、销售或以其他方式发行包含上述集成电路的物品（仅以其继续包含非法复制的布图设计为限）。

与《华盛顿条约》相比，TRIPs 协议增加了对第 3 种行为的禁止。

2. 无须权利人授权的行为

根据 TRIPs 协议第 37 条的规定，无须权利人授权的行为有两种：善意买主和强制许可。

（1）善意买主

对于善意买主的行为，《华盛顿条约》不作为非法行为处理。其第 6 条第 4 款规定，对于采用非法复制布图设计的集成电路，进行商业性进口、销售或者发行的，如果从事此种行为或指示别人从事此种行为的人，在获得该集成电路时，不知道或没有合理理由知道该集成电路包含有非法复制的集成电路，则任何缔约方没有义务将上述行为视为非法行为。

[①] 《关于集成电路知识产权条约》于 1989 年 5 月 26 日通过，依条约第 16 条第 1 款规定，至少有 5 个国家批准或加入之后条约才能生效。该条约迄今尚未生效。

关于善意买主，TRIPs协议对《华盛顿条约》作了两点补充：① 将善意买主延及含有"问题集成电路"的物品；② 规定了合理补偿制度。善意买主在收到关于该布图设计系非法复制的明确通知后，虽仍可对存货和此前的订货实施商业性进口、销售或者发行行为，但有责任向权利持有人支付费用，其数额相当于自愿许可协议应付的合理使用费。

（2）强制许可

关于布图设计的强制许可，TRIPs协议原则上要求适用专利强制许可的前11项限制条件（即协议第31条（a）款至（k）款），而明确排除适用《华盛顿条约》第6条第3款有关强制许可的规定。

3. 保护期限

协议第38条规定，布图设计的保护期限：以注册作为保护条件的，从申请注册之日起，为10年；不以注册作为保护条件的，从其在世界上任一地首次商业性使用之日起，为10年；或者从布图设计创作之日起，为15年。

七、未披露信息

TRIPs协议第39条第1款规定，在依据《巴黎公约》（1967年文本）第10条之二，对反不正当竞争提供有效保护的过程中，各成员应根据TRIPs协议第39条第2款、第3款的规定，对未披露信息和向政府或政府机构提交的数据进行保护。

1. 未披露信息的保护

依协议第39条第2款的规定，未披露信息要获得保护，须具备三个要件：

（1）属于秘密，即作为一个整体或就其各部分的精确排列和组合而言，未被通常从事该信息领域工作的人所普遍了解或轻易获知；

（2）因处于秘密状态而具有商业价值；

（3）该信息的合法控制人为保密采取了合理措施。

对于具备上述要件的信息，合法控制信息的自然人和法人可以防止他人擅自"以违背诚实商业行为的方式"披露、获取或使用该未披露信息。所谓"以违背诚实商业行为的方式"，根据TRIPs协议法律文本的注解，应至少包括违约、泄密以及诱使他人泄密的行为，并且包括通过第三方以获取未披露信息（无论该第三方是明知或因严重过失而未知该信息的获取将构成违背诚实商业行为）。

2. 提交政府的数据的保护

在许多国家，法律要求当事人向主管当局提交未披露过的实验数据或其他数据，作为批准采用新的化学成分的药品或农用化学产品上市销售的条件。有鉴于此,TRIPs 协议要求,如果该数据符合规定的条件,成员应予保护以防止不公平的商业使用。

TRIPs 协议第 39 条第 3 款规定,各成员应对符合下列条件的数据予以保护:(1) 该数据是为了产品获得市场销售批准,而向政府或政府机构提交;(2) 产品是药品或农用化学产品;(3) 产品含有新的化学成分;(4) 数据在被提交前未公开;(5) 为数据的最初获取付出了相当努力。

对于此种数据,成员应采取两种保护方式:一是防止不公平的商业使用;二是保护此种数据以防被披露。但是,如果出现以下两种情况,上述数据可以披露:(1) 出于保护公众的需要;(2) 已经采取措施,保证该数据免遭不公平的商业使用。

八、许可协议中限制竞争行为的控制

在许可协议中限制合理竞争,属于滥用知识产权。这种行为对国际贸易产生了消极影响,并阻碍了技术的转让和传播,许多国家的法律对此进行了限制。为了统一这方面的规范,TRIPs 协议在第 40 条作了规定。

1. 国内措施

协议第 40 条第 2 款规定,成员在遵守协议有关规定的情况下,可按照该成员的有关法律,采取适当措施以防止和控制诸如独占性回授条件①、禁止对知识产权的有效性提出异议的条件以及强制性一揽子许可②等。

2. 磋商合作机制

TRIPs 协议要求,成员在处理有关问题时进行磋商和合作。协议第 40 条第 3 款规定,如果一成员的国民或居民在许可中的限制竞争行为,被另一成员认为违反了本国法律,在不妨害两成员的合法行动、也无碍于各自做出最终决定的情况下,根据另一成员的请求,前一成员应该与之磋商。另一成员应对磋商给予充分和积极的考虑。

另外,协议第 40 条第 4 款规定,如果另一成员的国民或居民,在前一成员域内,因被指控违反该成员法律而被起诉,则另一成员应按与上述情况相同的条件给予前一成员磋商的机会。

---

① 在许可协议中,许可方要求,被许可方在使用技术的过程中获得的新技术,只能许可给自己。
② 在许可协议中,许可人将被许可人需要的技术、不需要的技术以及其他不利的"授予",强迫被许可方一揽子接受,不得拒绝。

第四节　知识产权的实施

与之前的公约不同,TRIPs 协议在规定了知识产权的保护标准之后,又在第三部分详细规定了知识产权的实施程序和措施,实体规范与程序规范相结合,使其成为最具执行力的条约。协议第三部分由五节构成,分别规定一般义务、民事和行政程序及救济、临时措施、有关边境措施的特别要求和刑事程序。

一、一般义务

TRIPs 协议第 41 条对实施知识产权提出了总体要求,此即"一般义务",其内容包括:

第一,保证实施程序的法律效力。第 41 条第 1 款规定,各成员应保证,实施程序根据域内法是有效的,以便对知识产权侵权行为采取有效行动,包括及时制止侵权的补救措施和遏制进一步侵权的补救措施。但是,运用这些程序时,应避免对合法贸易构成障碍,并规定防止程序被滥用的保障措施。

第二,符合正当程序的要求。第 41 条第 2-4 款分别规定:

(1) 实施程序应公平公正,不得过于复杂、耗资费财,也不应有不合理的时限或毫无保障的拖延。

(2) 就个案作出的裁决宜采用书面形式并阐明理由。裁决书应及时送达当事各方。个案裁决应仅以各方有机会对其陈述意见的证据为据。

(3) 对行政终局决定,及根据一成员法律中关于案件重要性的司法管辖权制度,至少对初审司法裁决的法律方面,诉讼当事人应有机会请求司法复审。但是,对于刑事案件中的无罪判决,没有义务提供审查机会。

第三,协议第三部分"知识产权的实施"条款并不设定如下义务:(1) 为知识产权实施设立一个有别于实施一般法律的司法制度;(2) 影响成员实施其一般法律的能力;(3) 影响知识产权实施与一般法律实施之间的资源配置。

二、民事与行政程序及救济

1. 确保程序公平公正

知识产权实施及保护中的民事程序由各国民事诉讼法自行规定。为了确保民事司法程序公平公正,TRIPs 协议在第 42 条对此提出了一些基本要求:

(1) 保障被告的诉讼权利。被告应有权及时获得包含原告权利主张依据的、内容详细的书面通知。

(2) 应允许由独立的法律顾问代理诉讼,不得强制当事人出庭。

(3) 保证当事人的证明权。当事各方应有权充分证明其权利主张及出示一切相关的证据。

(4) 为秘密信息提供识别和保护措施,除非有关措施与现行宪法的要求相抵触。

2. 证据规则

协议第 43 条规定了特定情形下证据规则的适用:

(1) 要求对方提供证据的规则。第 43 条第 1 款规定,如果一方当事人已提交了证据支持其主张而且指明了处于对方控制之下的证明其主张的证据,则司法机关应有权要求对方当事人提供该证据,但应对秘密信息提供保护。

(2) 根据不完全信息裁决。第 43 条第 2 款规定,如果一诉讼方在合理期间内无正当理由拒绝向有关方面提供或者不提供必要的信息,或者严重阻碍与某一强制行动有关的程序,则一成员可授权司法机关根据呈交上来的信息,包括因被拒绝提供信息而受到不利影响的一方提出的申诉或指控,做出肯定或否定的初步或最终裁决,但应向各当事方提供对指控或证据进行陈述的机会。

3. 司法救济

对民事程序中可以采用的救济措施,TRIPs 协议作了原则性的规定,主要包括:

(1) 禁令。协议第 44 条第 1 款规定,司法机关有权颁布禁令,责令一方停止侵权。协议特别强调,司法机关有权在结关后立即阻止侵权货物进入商业渠道。但是,如该侵权货物系一方善意取得或订购的,则成员无义务授予司法机关上述权力。

(2) 损害赔偿。协议第 45 条规定,对于恶意侵权,司法机关有权责令侵权人赔偿权利人的全部损失,并可责令其向权利人支付相关的费用,包括适当的律师费。在某些场合,即使侵权人系秉持善意行事,司法机关仍有权责令其返还所得利润,和/或支付法定赔偿。

(3) 其他救济。为了有效遏制侵权,协议第 46 条还规定了其他救济措施:① 将侵权货物清除出商业渠道;② 在宪法允许的前提下,销毁侵权货物;③ 将主要用于制造侵权货物的材料和工具清除出商业渠道。当然,司法机关在考虑此类请求时,应考虑侵权的严重程度与所采取的救济措施之间的相称性,并应顾及第三方的利益。

(4) 获得信息。协议第 47 条规定,司法机关有权责令侵权人向权利持有人提供有关制造和销售侵权货物或提供侵权服务的第三方的身份及其销售渠道等信息。这一规定的目的在于协助权利持有人查明侵权商品的来源,以便在销售渠道采取进一步的措施。不过,如果此举与侵权的严重程序不相称,则不能适用。

4. 对被告的赔偿

为了防止实施程序被滥用,协议第 48 条规定了对被告的救济措施。

（1）向被告赔偿损失及支付费用。第 48 条第 1 款规定，一方当事人申请的措施已经实施，且其属滥用实施程序，使另一方错误地遭到禁止或限制，则司法机关有权责令该当事人向另一方赔偿因此种滥用而造成的损害，及支付被告相关的费用，包括适当的律师费。

（2）善意免责规则。第 48 条第 2 款规定，就执行任何有关知识产权保护和实施的法律而言，成员仅得在执法过程中采取或拟采取相应的执法措施是出于善意时，方可免除公共机构和官员采取适当救济措施的责任。

5. 行政程序

协议第 49 条规定，在以行政程序来确定民事救济时，该行政程序应符合 TRIPs 协议第三部分第二节所规定的原则。

三、临时措施

所谓"临时措施"，是指在民事诉讼程序或行政程序开始之前，一方当事人请求司法机关或行政机关采取的保全措施。[①] TRIPs 协议第 50 条规定了知识产权保护的临时措施，共有 8 款，主要包括以下内容：

1. 临时措施的目的

司法机关采取临时措施主要有两个目的：

（1）防止任何侵犯知识产权的行为发生，尤其是防止货物进入其管辖范围内的商业渠道，包括海关结关后立即进入流通领域的货物；

（2）保存与侵权指控有关的证据。

2. 采取临时措施的程序

（1）条件

临时措施，可依当事人申请采取，也可由司法机关依职权采取，但均须具备下列条件：在客观上，任何迟延都可能对权利持有人造成不可弥补的损害，或存在证据被销毁的显而易见的危险；在主观上，司法机关认为有采取临时措施的必要。

（2）证据

司法机关有权要求申请人提供任何可合理获得的证据，以证明申请人确系权利持有人，且其权利正在受到侵害或此种侵害即将发生。

（3）通知与复审

一旦采取了临时措施，则至少应在执行该措施之后毫不迟延地通知受到影响的其他各方。

应被告请求，应当对此种措施进行复审，包括举行听证，以期在通知后的一

---

① 唐广良、董炳和：《知识产权的国际保护》，知识产权出版社 2006 年版，第 231 页。

段合理期限内,决定这些措施是否应予修改、撤销或确认。

(4) 信息提供

协议规定,执行临时措施的主管机关可要求申请人提供确认有关货物的其他必要信息。

3. 防止临时措施的滥用

(1) 担保

为了保护被告及防止申请人滥用权利,司法机关有权责令申请人提供足以保护被告和防止申请人滥用权利的保证金或与之相当的担保。

(2) 在合理期限内起诉

采取临时措施之后,申请人应在一合理期限内起诉。如果申请人未在合理期限内起诉,根据被告的请求,司法机关应撤销临时措施或终止其效力。至于"合理期限"如何确定,协议规定:在成员法律允许的情况下,由责令采取临时措施的司法机关确定;如果司法机关未予确定,则这一期限不得超过 20 个工作日或 31 个日历日,以二者中时间长者为准。

(3) 对被告的赔偿

如果临时措施被撤销,或因申请人的任何作为或不作为而失效,或事后查明不存在侵权行为或侵权威胁,则应被告的请求,司法机关有权责令申请人就这些措施造成的任何损害向被告提供适当的补偿。

根据协议第 50 条第 8 款,及第 1-7 款关于依民事程序采取临时措施的规定,也适用于依行政程序而采取的临时措施。

四、与边境措施有关的特殊要求

边境措施实质上是一种对尚在海关监管之下的货物所采取的临时措施,是对前述临时措施的具体化。[①] 在 TRIPs 协议中,它针对的是严重侵犯知识产权的行为——假冒商标和盗版。为便于权利持有人与海关当局合作,制止侵权货物进入自由流通,TRIPs 协议第三部分第四节规定了"与边境措施有关的特殊要求",其内容如下:

1. 适用范围

对于边境措施的适用范围,协议原注及第 51 条、第 60 条作了如下规定:

(1) 应适用边境措施的商品至少包括正在进口的冒牌商品和盗版商品;

(2) 成员可自由决定是否将涉及其他知识产权侵权的商品纳入适用范围;

(3) 成员可自由决定是否对自其领土出口的侵权商品采取海关中止放行制度;

[①] 唐广良、董炳和:《知识产权的国际保护》,知识产权出版社 2006 年版,第 232 页。

（4）成员可将旅客个人行李中携带的或在小件托运中运送的少量非商业性商品，排除于适用范围之外。

（5）如果一成员已取消与另一成员之间边境上商品流通的所有管制，构成关税同盟的一部分，则其不必适用有关边境措施的规定。

2. 依申请采取边境措施的程序

（1）申请。任何申请采取边境措施的权利人，应提供充分的证据以使主管机关相信，根据进口国法律可初步推定其知识产权受到侵犯；同时对有关商品提供一份足够详细的说明，以便海关易于识别侵权商品。

（2）申请的受理。主管机关应在合理期限内告知申请人是否受理其申请；如果已确定海关采取行动的时间，应将行动时间通知申请人。

（3）通知。如果对货物采取中止放行措施，应迅速通知进口商和申请人。

（4）及时起诉。在采取海关中止放行措施以后，申请人应在接到中止放行通知后10个工作日内起诉，特殊情况下起诉期限可延长10个工作日。

3. 依职权采取边境措施的程序

对海关当局可否依职权采取边境措施，TRIPs协议交由各成员自由决定。根据协议第58条的规定，如果成员要求主管机关自行采取行动，并对其已取得侵权初步证据的商品采取中止放行措施，则：

（1）主管机关可随时向权利人寻求可助其行使这一权力的任何信息。

（2）将中止放行迅速告知进口商和权利持有人。如进口商就中止放行向主管机关提出上诉，则在经必要修正后，适用协议第55条"中止放行的时限"的规定。

（3）成员仅得在采取或拟采取的行动是出于善意时，方可免除公共机构和官员采取适当救济措施的责任。

4. 防止边境措施的滥用

为了防止边境措施被滥用，TRIPs协议第53-56条规定了与前述临时措施相类似的条款。

（1）担保。为了保护被申请人和主管机关，并防止滥用权利，主管机关有权要求申请人提供保证金或等值担保。

（2）及时通知。如果对货物采取中止放行措施，应迅速通知进口商和申请人。

（3）未及时起诉的应予放行。权利人在海关采取中止放行措施后10个工作日内未就案件的实质问题提起诉讼，则相关商品应予放行。

（4）交纳保证金以获准放行。在符合标件的前提下，对涉及工业设计、专利、集成电路布图设计或未披露信息的商品，所有权人、进口商或收货人在交纳一笔足以保护权利人不受任何侵害的保证金后，有权要求海关予以放行，即使权利人已就案件实质问题起诉。如权利人未在一合理期限内行使诉讼权,则该保证金应予解除。

（5）赔偿。对因商品被错误扣押造成的损失,或由于申请人未及时起诉对已放行的商品因扣留而造成的损失,有关主管机关有权责令申请人向进口商、收货人和商品所有权人支付适当的补偿。

5. 检验和获得信息的权利

协议第57条规定,成员应授权主管机关给予权利人充分的机会检查为海关所扣押的商品,以证实权利人的权利主张。主管机关还有权给予进口商同等的机会对此类商品进行检查。如判决认定确系侵权,则成员可授权主管机关将发货人、进口商和收货人的姓名、地址及所涉商品的数量告知权利持有人,以便其采取适当的行为。

6. 救济

协议第59条规定,主管机关有权依照第46条所列原则,即侵权的严重程度与所采取的救济措施之间的相称性并顾及第三方利益的原则,责令销毁或处理侵权商品,前提是该项救济措施不得损害权利人可得行使的其他诉讼权利,例如通过民事诉讼获得损害赔偿,也不得妨碍被告寻求司法审查的权利。

对于假冒商标的商品,除了例外情况以外,主管机关不得允许侵权商品依原状再行出口,或者对其适用不同的海关程序来处理。

五、刑事程序

TRIPs协议第三部分第五节规定了刑事程序,主要包括适用范围和救济措施。

1. 适用范围

各成员应规定,至少对于具有商业规模的蓄意假冒商标或盗版案件,应适用刑事程序和处罚。此外,成员还可规定,对于其他知识产权侵权案件,尤其是蓄意且具有商业规模的侵权案件,适用刑事程序和处罚。

2. 救济措施

可使用的救济措施,应包括足以起到威慑作用的监禁或罚金,或二者并处,并应与具有同等严重性的犯罪所受到的处罚水平一致。在适当场合,可使用的救济还应包括扣押、没收和销毁侵权商品和主要用于侵权活动的任何材料和工具。

刑事程序及刑事处罚通常涉及一国主权,且各成员间刑事制度差别甚大,因而TRIPs协议只提出了很笼统的要求,作为知识产权刑事保护的最低标准,至于具体的刑事保护制度,则由各成员自行制定。

第五节　知识产权的取得、维持及相关程序

TRIPs 协议第四部分"知识产权的获得与维持及有关当事人之间的程序"只有 1 条,即第 62 条,实际上是对相关程序的综合性规定,其内容包括五个方面:

1. 合理的程序和手续。协议第 62 条第 1 款规定,各成员得要求依合理的程序和手续,取得和维持知识产权。至于此种程序、手续究竟如何才算"合理",协议只要求"符合本协议的规定"①,未作进一步的界定。

2. 及时授权或注册。协议第 62 条第 2 款规定,如果权利的获得须经授予或注册,则成员应在符合实质条件的前提下,确保授予或注册程序能在合理期间内完成,以免保护期被无保障地缩短。

3. 服务商标申请注册适用优先权。协议第 62 条第 3 款规定,《巴黎公约》(1967 年文本)第 4 条应原则上适用于服务商标。该条是关于"优先权"的规定。

4. 符合正当程序要求。协议第 62 条第 3 款是一个引致性条款,规定由协议第 41 条第 2 款、第 3 款所确立的一般原则——有关正当程序的规定,均应适用于下列程序:(1) 本协议中有关取得和维持知识产权的程序;(2) 各成员法律所规定的此类程序;(3) 行政撤销,以及当事人之间的程序,如异议、撤销或取消。

5. 司法裁决终局。协议第 62 条第 5 款规定,在本条第 4 款所规定的任何程序中作出的行政终局裁决,均应受司法机关或准司法机关的审查。例外的是,成员对于异议不成立或行政撤销不成立的裁决,没有义务提供司法审查,只要该程序的依据能够在无效诉讼中得到处理。

第六节　争端的防止和解决

在国际贸易中,交易双方存在利益冲突,争端在所难免。因此,有效地防止和解决争端,成为国际条约的关键一环。在以往的国际公约中,如《巴黎公约》《伯尔尼公约》等,一旦发生争端,将交由国际法院解决。由于需要双方先就争议的程序、审理结果及执行等达成协议,往往导致案件久拖不决,给争议双方带来很大的困扰。为了解决这一问题,TRIPs 协议规定了独特的争端防止和解决机制。

---

① 有人认为,依 WIPO 主持签订和管理的其他有关条约中关于知识产权的取得和维持的条件,也应视为符合 TRIPs 协议的规定。参见刘春田主编:《知识产权法》,中国人民大学出版社 2002 年版,第 443 页。

一、争端的防止——透明度

在 TRIPs 协议,争端的防止和解决是一个整体,集中规定于协议第五部分。为了防止争端的发生,协议第 63 条规定了透明度原则:①

1. 公布

协议第 63 条第 1 款规定,各成员有效实施的、有关本协议主题(知识产权的效力、范围、取得、实施和防止滥用)的法律、法规及普遍适用的司法终局裁决和行政裁定,应以本国语言公布;如果这种公布不可行,则应使之可公开获得,以使政府和权利持有人知晓。

一成员政府或政府机构与另一成员政府或政府机构之间实施的有关本协议主题的协定也应予以公布。

2. 通知

协议第 63 条第 2 款规定,各成员应将第 1 款所指的法律和法规通知 TRIPs 理事会,以帮助理事会审查本协议的执行情况。

3. 信息提供

成员应就另一成员的书面请求提供第 1 款所指类型的信息。

一成员如有理由认为属于知识产权领域的某一特定司法裁决、行政裁定或双边协定影响其在本协议项下的权利,也可以书面请求为其提供或向其告知该特定司法裁决、行政裁定或双边协定的足够详细的内容。

4. 例外

协议第 63 条第 4 款规定,前述第 1 款、第 2 款和第 3 款中关于公布、通知和信息提供的任何规定,均不得要求各成员披露会妨碍执法或违背公共利益或损害特定公私企业合法商业利益的机密信息。

二、争端解决

根据《关于争端解决规则与程序的谅解》(以下简称《谅解》)第 1 条第 1 款的规定,TRIPs 协议是其适用协议之一。因此,WTO 框架下的知识产权争端解决制度由两个部分组成:一是以《谅解》为主要法律文件的 WTO 争端解决制度的普遍性规范;二是以 TRIPs 协议第五部分之"争端解决"为内容的知识产权争端解决的特殊性规范。

TRIPs 协议在第五部分第 64 条就《谅解》对其的适用规则作了具体规定:

(1) TRIPs 协议项下产生的磋商和争端解决,依由《谅解》详述和实施的

---

① 所谓透明度,是指贸易双方对有关贸易的环境如相关政策、法律以及其他信息的公布、了解的程度。

GATT1994 第 22 条和第 23 条的规定处理,除非本协议另有具体规定。

(2) 自《建立世界贸易组织协定》生效之日起 5 年内,GATT1994 第 23 条第 1 款(b)项和(c)项不得适用于 TRIPs 协议项下的争端解决。

第七节　过渡性安排、机构安排和最后条款

一、过渡性安排

TRIPs 协议所规定的知识产权保护标准,实际上是发达国家内国标准的国际化,其保护水平是非常高的。对于发展中国家和地区来说,要与发达国家同步达到协议规定的保护标准,几乎是不可能的。为了实现缔约成员的广泛性,协议在第 65 条特别为发展中国家作出了过渡性安排。

1. 过渡期

TRIPs 协议规定,所有缔约方均应实施协议,但并非在协议生效之后马上实施,而是安排了一个过渡期,以便各方为实施协议做好准备。这一过渡期,对一般国家而言,自《WTO 协定》生效之日起,期限为 1 年;对发展中国家、正处于从中央计划经济向市场自由企业经济转型过程中的成员,再延长 4 年;对最不发达国家,期限为 10 年;应最不发达国家的请求,TRIPs 理事会还应适当延长这一期限。

如一发展中国家成员有义务依本协议规定,在本协议对其生效之日将产品专利保护扩大至其域内尚未予以保护的技术领域,则可再推迟 5 年时间才对这类技术领域适用本协议关于产品专利的规定。

各成员应保证,在过渡期内对其法律、法规和措施的任何修改,不得降低其与本协议一致性的程度。

2. 技术合作

为了促进 TRIPs 协议的实施,应发展中国家成员和最不发达国家成员的请求及双方同意的条件,发达国家成员应向其提供技术和金融合作,包括制定法律法规、设立机构和人员培训。

另外,发达国家应鼓励其境内企业和组织向最不发达国家成员转让技术,以帮助这些成员建立一个良好和可行的技术基础。

二、机构安排

协议第 68 条规定了 TRIPs 理事会的职责,主要有:

(1) 监督本协议的实施,特别是各成员履行义务的情况;

(2) 就知识产权事宜为各成员提供磋商的机会;

(3) 履行各成员所指定的其他职责,特别是在争端解决方面提供各成员所

要求的任何帮助;

(4) 与 WIPO 磋商,寻求在其第一次会议后 1 年内达成与 WIPO 各机构进行合作的适当安排。

三、最后条款

TRIPs 协议第七部分之"最后条款",涉及下列五个问题:

1. 国际合作

协议第 69 条规定,各成员承诺相互合作,以消除国际货物贸易中侵犯知识产权的现象。为此,各成员应在其政府机关中设立联络机构,就侵权商品的贸易交换信息,特别应促进其海关当局之间对有关假冒商标的商品和盗版商品贸易的信息交换和合作。

2. 溯及力

TRIPs 协议没有溯及力,只要求对现有客体进行保护。

(1) 对协议生效之前发生的行为,本协议不产生任何义务。

(2) 除非协议另有规定,本协议对协议生效之日的所有现有客体产生义务。

(3) 对于协议生效之日已进入公共领域的客体,无义务恢复保护。

(4) 侵权行为在成员加入本协议前已开始,或已经为此进行大量投资,成员在协议生效后可以继续认可这种行为,但应支付公平的补偿。

(5) 成员无义务对协议生效前购买的原版或复制品适用有关"出租权"的规定。

(6) 对协议生效前成员域内的强制许可使用,不适用本协议项下的相应规定。

(7) 如权利保护须以注册为条件,应允许对在本协议生效前未决的保护申请进行修改,以便申请人要求本协议项下规定的任何加强的保护;但此类修改不应包括新的事项。

(8) 如截至《建立世界贸易组织协定》生效之日一成员仍未对药品和农用化学品提供专利保护,则该成员应:

(a) 自《建立世界贸易组织协定》生效之日起提供据以提出此类发明的专利申请的方法;

(b) 自本协议生效之日起,对这些申请适用本协议规定的授予专利的标准,如同这些标准在申请之日已在该成员域内适用,或如果存在并请求优先权,则适用优先的申请日期;以及

(c) 对这些申请中符合(b)项所指的保护标准的申请,自授予专利时起和在依照本协议第 33 条自提出申请之日起计算的剩余专利期限内,依本协议的规定提供专利保护。

(9) 如药品和农用化学品在一成员中属专利申请的客体,则尽管仍处于过渡期内,仍应给予专有销售权,期限或为在该成员中获得销售许可后5年,或为至该种产品专利在该成员中被授予或被拒绝时止,以时间短者为准,只要在《建立世界贸易组织协定》生效之后,已在另一成员中提出专利申请、该种产品已获得专利以及已在该另一成员中获得销售许可。

3. 审议和修正

协议第71条"审议与修正"条款,事关 TRIPs 协议的修订与完善,意义非常重要,这一点在后 TRIPs 时代国际知识产权制度的演变中表现得尤其明显。

(1) 审议

TRIPs 理事会应在过渡期满后,审议本协议的实施情况。此后,每间隔两年审议一次。

理事会可按照有理由修正本协议的任何新的发展情况进行审议。

(2) 修正

关于修正的适用范围,协议第71条第2款规定,仅适用于提高在其他多边协定中达成和实施的、并由 WTO 所有成员在这些协定项下接受的知识产权保护水平的修正。

关于修正的程序,协议同款规定,在 TRIPs 理事会经协商一致所提建议的基础上,可依照《建立世界贸易组织协定》第10条第6款提交部长级会议讨论。

4. 禁止保留

TRIPs 协议第72条规定,未经其他成员同意,不得对本协议的任何规定提出保留。

5. 安全例外

TRIPs 协议在其最后一条,规定了对协议内容应遵循"安全例外"的解释原则。

对于 TRIPs 协议的任何规定不得解释为:

(1) 要求一成员提供其认为如公开则会违背其安全利益的任何信息。这一规定体现了国家主权原则。

(2) 阻止一成员采取其认为对保护其安全利益所必需的任何行动。如:① 与裂变和聚变物质或衍生此类物质的物质有关的行动;② 与武器、弹药和作战物资的贸易有关的行动,及与此种贸易所运输的直接或间接供应军事机关的其他物资有关的行动;③ 在战时或国际关系中的其他紧急情况下采取的行动。

(3) 阻止一成员为履行《联合国宪章》赋予的维护国际和平与安全的义务而采取的任何行动。

第七章 其他知识产权国际公约

要点提示

本章重点掌握的内容：(1) 集成电路布图设计的概念；(2) 集成电路知识产权保护的范围；(3) 植物新品种相关概念；(4) 授予育种者权利的条件；(5) 育种者和品种的概念；(6) 授予育种者权利的条件；(7) 保护奥林匹克会徽内罗毕条约的宗旨、意义和主要内容；(8) 原产地名称的保护对象和国际注册；(9) 非物质文化遗产的定义；(10) 生物多样性公约的主要内容。

第一节 关于集成电路的知识产权条约

一、条约的订立和发展状况

集成电路(Integrated Circuit,简称IC),是指半导体集成电路,即以半导体材料为基片,将至少有一个是有源元件的两个以上元件和部分或者全部互连线路集成在基片之中或者基片之上,以执行某种电子功能的中间产品或者最终产品。20世纪50年代以来,集成电路技术的产生和广泛应用,极大地促进了电子计算机技术的快速发展,也为相关产业带来巨大的经济效益。集成电路的研究和开发需要投入巨大的人力、物力和财力,但是仿制集成电路的成本却比较低。为了制止侵权,有效地保护集成电路,需要通过立法来予以规制。但是,以何种方式对集成电路进行法律保护却经历了长时间的探索。当时已有的民事和刑事法律虽然可以起到一定的保护作用,但是从集成电路的本质属性来看,其应该属于智力成果的范畴,属于知识产权法的调整范围。然而,如果以技术属性为基础适用专利法,相当部分的集成电路产品可能会因无法满足专利法所规定的较高创造性要求而无法得到法律的保护。1979年,美国众议院爱德华(Edward)议员曾提出以著作权法来保护集成电路的议案,最终遭到否决,主要是因为著作权法保护方式将严格禁止对于集成电路实施的反向工程。虽然如此,该项议案所提出的以布图设计的方式来保护集成电路的思想却对后来的集成电路专门立法产生了重要的影响。1984年,美国通过了《半导体芯片保护法》,开创了以专门立法保护集成电路的先河,也正式确立了布图设计的法律保护方式。此后,日本、瑞典、德国、荷兰、法国、英国、意大利、丹麦、西班牙等国家纷纷颁布了专门的法律以保护集成电路。1986年12月16日,欧盟通过了《关于半导体产品布图设计法律保护的理事会指令》,要求欧盟各成员国采取适当的立法形式加强对集成电路布图设计的法律保护,并对保护主体、对象、权利的产生、权利内容与限制等内容作出规定。

从1985年到1988年,为了促进集成电路的国际保护,世界知识产权组织先后多次召开专家委员会会议和政府间外交会议,商讨集成电路的国际法律保护问题,并最终形成了以保护集成电路布图设计的方式来实现对集成电路的法律保护的观点。1989年5月26日,世界知识产权组织在华盛顿召开外交会议,通过了《关于集成电路知识产权条约》(简称《华盛顿条约》)。中国于1990年5月1日正式加入该条约。除此之外,截至2014年3月,加入该公约的还有利比里亚、加纳、印度、危地马拉、圣卢西亚、埃及、塞尔维亚、波斯尼亚和黑塞哥维那、赞比亚等10个国家。该条约因保护期及非自愿许可等几点关键条款上未能得到美国等发达国家的认同等原因,至今未能生效。尽管如此,条约的绝大多数条款后来被世界贸易组织《与贸易有关的知识产权协议》(简称《TRIPs协议》)所采用,使尚未生效的条约在WTO的100多个成员国得到实际执行。

二、《关于集成电路知识产权条约》制定的宗旨

《关于集成电路知识产权条约》制定的宗旨在于加强对于集成电路布图设计人专有权利的保护,协调各国集成电路保护立法,促进集成电路技术的开发和应用。

三、《关于集成电路知识产权条约》的主要内容

《关于集成电路知识产权条约》共有20个条文,包括行政条款和实质条款,对于保护的对象、保护的法律形式、国民待遇、保护范围、保护期限等实体内容,以及组织机构、争议解决、条约的参加、生效与退出等行政性规定作出了详细的规定。

(一)对集成电路布图设计相关概念的界定

《条约》第2条首先对集成电路、布图设计(拓扑图)、权利持有人、受保护的布图设计等相关概念作了界定:

1. "集成电路"是指一种产品,在它的最终形态或中间形态,是将多个元件其中至少有一个是有源元件,和部分或全部互连集成在一块材料之中和(或)之上,以执行某种电子功能。

2. "布图设计(拓扑图)"是指集成电路中多个元件,其中至少有一个是有源元件,和其部分或全部集成电路互连的三维配置,或者是指为集成电路的制造而准备的这样的三维配置。关于集成电路保护的客体,美国将其称为掩膜作品

(mask work),日本将其称为电路布图(circuit layout),欧盟以及大部分欧洲国家将其称为拓朴图(topographies),虽然称谓有所差异,但实质内容却基本相同。因此《条约》将同时采用了"layout-design"和"topography"的称谓,在概念上将布图设计与拓朴图等同对待。

3. "权利持有人"是指根据适用的法律被认为是第6条所述保护的受益人的自然人或者法人。

4. "受保护的布图设计(拓朴图)"是指符合本条约保护条件的布图设计(拓朴图)。

5. "缔约方的领土",当缔约方是国家时,指该国的领土;当缔约方是政府间组织时,指该政府间组织的构成条约所适用的领土。

6. "政府间组织"是指由世界上任何地区的若干国家组成的组织,该组织主管与本条约有关的事务,有自己的对布图设计(拓朴图)提供知识产权保护的、能约束其所有成员国的立法,并根据其内部规则经正式授权签署、批准、接受、认可或加入本条约。

(二)《条约》所保护的客体

《条约》第3条对于应受保护的客体作了明确规定,不仅保护布图设计本身,包括受保护的布图设计的集成电路也一并受保护。

1. 关于保护布图设计的义务

《条约》第3条规定,每一缔约方有义务保证在其领土内按照本条约对布图设计给予知识产权保护。缔约方还尤其应当采取必要的措施以保证防止按照《条约》第6条的规定被认为是非法的行为,并在发生这些行为时采取适当的法律补救。《条约》还规定,无论集成电路是否被结合在一件产品中,该集成电路的权利持有人的权利都应该适用。但是,如果缔约方的法律把对布图设计的保护限定在半导体集成电路的布图设计范围内,只要缔约方的法律包括有此项限定,缔约方应该有适用此项限定的自由,只对半导体集成电路的布图设计提供保护。

2. 独创性要求

按照条约的规定,各缔约方上述保护义务仅限于对具有独创性的集成电路布图设计给予保护,因此,"独创性"被视为集成电路布图设计受法律保护的核心要件。依照《条约》第3条的规定,"独创性"应该符合两个要求:

(1)该布图设计是集成电路布图设计创作者自己的智力劳动成果;

(2)该布图设计创作时在布图设计创作者和集成电路制造者中不是普通常见的设计。

由此看来,关于集成电路布图设计保护的独创性条件,不仅必须是创作者独立完成的,而且还应该有一定的先进性,即必须是不常见的、不为本行业普通从业者所熟知的设计。这一要求明显高于著作权法中对于作品"独创性"的要求,但又低于专利法中对于发明创造"创造性"的规定。

此外,条约还规定,对于由常规的多个元件和互连组合而成的布图设计,只有在其组合作为一个整体符合上述独创性条件时,才可以受到保护。

(三) 保护的法律形式

《条约》第 4 条规定,每一缔约方可自由通过布图设计的专门法律或者通过其关于版权、专利、实用新型、工业品外观设计、不正当竞争的法律,或者通过任何其他法律或者任何上述法律的结合来履行其按照本条约应负的义务。由此可见,对于缔约方应该采用何种法律形式保护集成电路布图设计,《条约》并未作出统一要求,交由缔约国各自决定。

(四) 国民待遇原则

国民待遇原则是知识产权国际保护的基本原则之一,源自 1883 年的《保护工业产权巴黎公约》,为后来其他大部分知识产权国际保护条约所直接引用。《关于集成电路知识产权条约》第 5 条对于集成电路布图设计国际保护中的国民待遇原则作出了明确规定,在与《条约》第 3 条第 1 款所述的布图设计义务不冲突的条件下,每一缔约方在其领土范围内在布图设计的知识产权保护方面应给予下列人员与该缔约方给予其本国国民同等的待遇:

1. 任何其他缔约方国民或在任何其他缔约方的领土内有住所的自然人;

2. 在任何其他缔约方领土内为创作布图设计或生产集成电路而设有真实的和有效的单位的法人或自然人。

根据此项规定,任何在其他缔约方领土内的国民或者其他有住所的自然人、为从事集成电路布图设计而设有真实的和有效的单位的法人或自然人都可以获得相应的国民待遇。此规定与《巴黎公约》的规定基本相同。当然,《条约》也对不适用国民待遇的例外情形作出了规定:如果就指派代理人或者指定送达地址的义务而言,或者就法院程序中外国人适用的特别规定而言,任何缔约方应有不适用国民待遇的自由。

(五) 权利的保护范围

《条约》第 6 条从五个方面对集成电路布图设计专有权的权利范围及其限制作出了较为详尽的规定:

1. 需要经过权利持有人许可的行为

(1) 任何缔约方应认为未经权利持有人许可而进行的下列行为是非法的:

第一,复制受保护的布图设计的全部或其任何部分,无论是否将其结合到集成电路中,但复制不符合第 3 条第 2 款所述独创性要求的任何部分布图设计除外;

第二,为商业目的进口、销售或者以其他方式供销受保护的布图设计或者其中含有受保护的布图设计的集成电路;

(2) 对于未经权利持有人许可而进行的除第(1)项所述以外的其他行为,任何缔约方拥有确定其为非法的自由。

依据该规定,《条约》规定的权利持有人的独占性权利实际上包括了复制权、销售权、进口权等。对于除此之外的行为是否非法,交由各缔约方国内立法自行规定。权利持有人的独占性权利不仅针对的是受保护的布图设计,也延及含有受保护的布图设计的集成电路。

2. 不需要经过权利持有人许可的行为

(1) 虽有第 1 款的规定,如果第三者为了私人的目的或者单纯为了评价、分析、研究或者教学的目的,未经权利持有人许可而进行第 1 款(1) ①项所述行为的,任何缔约方不应认为是非法行为。

(2) 第 6 条第 1 款(1)项所述的第三者在评价或分析受保护的布图设计("第一布图设计")的基础上,创作符合第 3 条第 2 款规定的独创性条件的布图设计("第二布图设计")的,该第三者可以在集成电路中采用第二布图设计,或者对第二布图设计进行第 1 款所述的行为,而不视为侵犯第一布图设计权利持有人的权利。

(3) 对于由第三者独立创作出的相同的独创性布图设计,权利持有人不得行使其权利。

《条约》第 6 条第 2 款作出的上述规定,主要目的在于对布图设计权利持有人的权利予以限制,具体包括两种情形:第一种情形被称为布图设计的合理使用,仅限于第三者为了私人目的或者单纯为了评价、分析、研究或者教学的目的而复制受保护的布图设计①;第二种情形被称为布图设计的反向工程。所谓反向工程,一般是指在分析或者评价受保护的布图设计的基础上创作出另一符合法定条件的布图设计,不受权利人专有权的限制。纵观集成电路布图设计的发展史,反向工程是集成电路布图设计创作所经常采用的手段,法律之所以允许集成电路布图设计反向工程的存在,主要是基于人们可以通过逆向的分析和评价来研究集成电路布图设计的原理、结构和功能,并可以在此基础上开发出更好的产品,既有利于布图设计的不断进步,亦可以防止技术开发者在某些领域的垄断②。因此,自美国《半导体芯片保护法》开始,各国均普遍将反向工程作为集成电路布图设计法律保护的例外,因此,《条约》的制定也吸收了各国立法这一规定,将反向工程作为保护集成电路布图设计权利持有人专有权的例外。

3. 关于未经权利持有人同意而使用的措施

所谓未经权利持有人同意而使用的措施,此种情形被称为非独占许可或者

---

① 参见周长玲:《知识产权国际条约研究》,中国政法大学出版社 2013 年版,第 136 页。
② 参见吴汉东等:《知识产权基本问题研究》,中国人民大学出版社 2005 年版,第 686 页。

非自愿许可,实质上类似于专利法中的强制许可制度,缔约国主管机关在符合法律规定的条件下,可以不经布图设计持有人的许可,授权第三人使用布图设计。对此,条约做出了如下规定:

(1) 虽有第1款的规定,但任何缔约方均可在其立法中规定其行政或者司法机关有可能在非通常的情况下,对于第三者按商业惯例经过努力而未能取得权利持有人许可并不经其许可而进行第1款所述的任何行为,授予非独占许可(非自愿许可),而该机关认为授予非自愿许可对于维护其视为重大的国家利益是必要的;该非自愿许可仅供在该国领土上实施并应以第三者向权利持有人支付公平的补偿费为条件。

(2) 本条约的规定不应影响任何缔约方在适用其旨在保障自由竞争和防止权利持有人滥用权利的法律方面采取措施的自由,包括按正规程序由其行政或者司法机关授予非自愿许可。

(3) 授予本款(1)项或(2)项所述的非自愿许可应当经过司法核查。本款(1)项所述的条件已不复存在时,该项所述的非自愿许可应予以撤销。

在知识产权的限制制度中,强制许可无疑是最为严格的限制措施,但是强制许可措施的采用也必须受到严格的限制。从上述规定来看,虽然条约对于集成电路布图设计的强制许可作出规定,但是对于其适用情形、适用范围及程序等内容也作出了明确的规定:

首先,布图设计强制许可只适用于两种情形:第三者按照正常的商业惯例向权利持有人申请许可未获成功而缔约方主管机关认为颁发强制许可有利于维护其重大的国家利益;缔约方为了保障自由竞争和防止权利持有人权利滥用。

其次,布图设计的强制许可是非独占性许可,不影响权利人许可他人实施。

再次,布图设计强制许可的实施仅限于缔约方境内,被许可人应该向权利持有人支付公平的许可使用费。

最后,布图设计强制许可的授予应受司法审查的约束,并且在造成强制许可的条件消失时应予以撤销。

4. 善意获得侵权的集成电路的销售和供销

由于集成电路布图设计自身的特殊性和复杂性,即使是该领域的普通技术人员也难以轻易辨识某一集成电路是否包含他人的布图设计。因此,如果集成电路的销售商或者进口商在获得集成电路时不知道或者没有合理的依据知道该集成电路包含了非法的布图设计而进口或者销售的,不应视为侵权行为而追究其法律责任。对此,《条约》规定:虽有第1款(1)②项的规定,但对于采用非法复制的布图设计的集成电路而进行的该款所述的任何行为,如果进行或者指示进行该行为的人在获得该集成电路时不知道或者没有合理的依据知道该集成电路包含有非法复制的布图设计,任何缔约方没有义务认为上述行为是非法行为。

5. 权利的用尽

《条约》规定,虽有第1款(1)②项的规定,任何缔约方可以认为,对由权利持有人或者经其同意投放市场的受保护的布图设计或者采用该布图设计的集成电路,未经权利持有人的许可而进行该款所述的任何行为是合法行为。这一规定被视为是集成电路布图设计的权利用尽原则或者权利穷竭原则,无论是权利持有人自己还是经其同意而投放市场的受保护的布图设计或者采用该布图设计的集成电路,权利持有人的利益已经得到实现,不应对于该布图设计或者布图设计集成电路的后续流通实施干涉以避免重复获利。

(六)权利保护的程序要求

1. 关于实施的要求

《条约》第7条第1款规定,在布图设计在世界某地已单独地或作为某集成电路的组成部分进入普通商业实施以前,任何缔约方均有不保护该布图设计的自由。据此,《条约》将普通商业实施作为保护布图设计的前提,如果某项布图设计没有进入商业实施,将无法获得保护。

2. 关于登记和公开的要求

《条约》第7条第2款规定将登记注册作为布图设计权利取得的法定程序要件,并对申请的材料和期限作出规定:

(1)布图设计成为以正当方式向主管机关提出登记申请的内容或者登记的内容以前,任何缔约方均有不保护该布图设计的自由,对于登记申请,可以要求其附具该布图设计的副本或图样,当该集成电路已商业实施时,可以要求其提交该集成电路的样品并附具确定该集成电路旨在执行的电子功能的定义材料;但是,申请人在其提交的材料足以确认该布图设计时,可免交副本或图样中与该集成电路的制造方式有关的部分。

(2)对于布图设计的登记注册申请,任何缔约方均可要求该申请在自权利持有人在世界任何地方首次商业实施集成电路的布图设计之日起一定期限内提出。此期限不应少于自该日期起两年。

(3)各缔约方进行登记可以要求申请人支付费用。

(七)保护期限

《条约》第8条规定,集成电路布图设计专有权的保护期限至少应为8年。

(八)条约的组织机构

《条约》第1条、第9条、第10条对本条约的组织机构作出了规定。

缔约各方组成本条约的联盟,总干事为本联盟最高行政官员并代表本联盟。联盟设立大会,由各缔约方组成。每一缔约方应有代表一人,该代表可以由代理代表、顾问和专家协助。大会每两年召开一次例会,由总干事召集。

大会的主要职责有:

1. 处理有关维持和发展本联盟以及应用和执行本条约的事务。

2. 应就召集外交会议修改本条约作出决定,并就外交会议的筹备对总干事作必要的指示。

3. 应执行按第14条分配给它的职责,并应制定该条所规定程序的细节,包括该项程序的经费的细节。

世界知识产权组织国际局主要有以下职责:

1. 执行有关本联盟的行政任务和大会特别指定的任何任务。

2. 在可供使用的资金范围内,根据请求,对本身是国家并按照联合国大会的惯例被认为是发展中国家的缔约方政府提供技术上的援助。

3. 缔约方没有任何财务上的义务,特别是,不得要求缔约方因其在联盟中的成员资格而向国际局支付任何会费。

(九) 与《巴黎公约》和《伯尔尼公约》的保护

《条约》第12条规定,本条约不得影响任何缔约方根据《保护工业产权巴黎公约》或者《保护文学艺术作品伯尔尼公约》所承担的义务。这表明,《关于集成电路知识产权条约》不受《保护工业产权巴黎公约》和《保护文学艺术作品伯尔尼公约》的影响,是一个相对独立的保护集成电路布图设计的专门性条约。

(十) 争端解决

根据《条约》第14条的规定,如果条约出现争议时首先应该通过友好协商来解决,关于对本条约的解释或者实施出现的任何问题,一缔约方可以将其提请另一缔约方注意并要求与其协商。接到协商要求的缔约方应迅速提供适当机会进行协商。进行协商的缔约各方应力图在合理期限内互相满意地解决争议。如果通过协商,该争议在合理的期间内没有得到互相满意的解决,争议各方可以采取解决争议的其他办法,比如斡旋、互让、调解和仲裁等。

根据条约规定,如果通过协商或者上述其他方式争议仍然没有得到解决,大会应该根据争议的任何一方的书面请求,召集由3名成员组成的专家小组来处理该争议。除争议各方另有协议外,专家小组的成员不应从争议的任何一方中产生。这些成员应从大会指定的政府专家名单中挑选。专家小组的职权范围由争议各方协议确定,三个月内没有达成协议的,大会应在同争议各方和专家小组成员协商后定出专家小组的职权范围。专家小组应给争议各方和任何其他有关缔约方以充分的机会向小组陈述各自的观点。如果争议双方均提出请求,专家小组应停止其程序。除非争议各方在专家小组进行审议前达成协议,否则专家小组应迅速准备书面报告,并将其交给争议各方审查。争议各方应有一段合理的期限向专家小组提出对报告的意见,期限长短由专家小组确定,除非各缔约方为了达成双方都满意的解决方案而同意更长的期限。专家小组应考虑这些意见并应及时向大会递交报告,该报告中应有解决争议的事实和建议,如果任意一方有书面意见的,应该一并附上。大会应对专家小组的报告作出及时考虑,并应根据其对本条约的解释以及专家小组的报告,应向争议各方作出一致的建议。

(十一)条约的参加、生效与退出

依据《条约》规定,世界知识产权组织或者联合国的成员国都可以加入本条约。符合第 2 条(10)项的要求的任何政府间组织均可加入本条约。

本条约在第 5 个批准书、接受书、认可书或加入书递交之日起 3 个月对头 5 个递交批准书、接受书、认可书或加入书的每个国家或政府间组织发生效力。本条约对前述不涉及的任何国家或对任何政府间组织自该国或者政府间组织递交批准书、接受书、认可书或加入书之日起 3 个月生效,如果上述文件指定了生效的日期,那么本条约对该国家或政府间组织在该指定的日期发生效力。

任何缔约方有权对本条约对该缔约方生效时已存在的布图设计不适用本条约,但以本规定不影响该布图设计在该缔约方的领土内在当时根据本条约以外的国际义务或该国的立法所可能享受的保护为限。

任何缔约方可以通知总干事退出本条约。总干事收到退出通知之日起一年后退出生效。

四、条约与《与贸易有关的知识产权协议》的关系

《关于集成电路知识产权条约》是在世界知识产权组织的主持下签订的关于集成电路布图设计保护的国际条约。《与贸易有关的知识产权协议》(以下简称 TRIPs 协议)是由世界贸易组织主持签订的关于知识产权国际保护方面的最为重要的国际条约,该条约签订于 1994 年 1 月 1 日,在此之前,《保护工业产权巴黎公约》《保护文学艺术作品伯尔尼公约》《商标国际注册马德里协定》等知识产权国际保护条约均早已签订,知识产权的国际保护体系已经日趋完善。鉴于集成电路布图设计的国际保护问题越来越突出,TRIPs 协议将其作为一种新型的知识产权在第六节作出了专门规定。因此,学习和理解《关于集成电路知识产权条约》,必须认真考虑它与 TRIPs 协议之间的关系。

(一)TRIPs 协议对《条约》的直接引用和补充

在《关于集成电路知识产权条约》讨论和签订的过程中,关税及贸易总协定乌拉圭回合谈判也在同步进行,至《条约》缔结时,乌拉圭回合谈判已经基本进入实质性谈判阶段,《条约》的相关规定对于与贸易有关的知识产权问题中的集成电路布图设计的国际保护问题产生了重要影响,部分条款被 TRIPs 协议直接引用。TRIPs 协议第 35 条明确规定了它与《条约》的关系:各成员方同意按《关于集成电路知识产权条约》中第 2 条至第 7 条(第 6 条第 3 款除外)、第 12 条和

第 16 条第 3 款规定,对集成电路的布图设计提供保护。除此之外,TRIPs 协议还对集成电路布图设计的国际保护作出了扩充性规定:

1. 扩大了布图设计权利持有人的权利范围。TRIPs 协议第 36 条规定,在符合第 37 条第 1 款的规定的前提下,成员方应认为下列未经权利持有人授权的行为是非法的:为商业目的进口、销售或分售受保护的布图设计、含有受保护的布图设计的集成电路或含有此种集成电路的产品(仅以其持续包含非法复制的布图设计为限)。可见,TRIPs 协议将集成电路布图设计的保护范围由《条约》的布图设计和包含受保护的布图设计的集成电路扩展至了包含非法复制的布图设计的集成电路产品。

2. 加大了对善意买受人的保护。根据 TRIPs 协议第 37 条第 1 款的规定,对于第 36 条所指的从事任何含有非法复制的布图设计的集成电路或含有这类集成电路的产品的行为,如果从事或提供该行为者,在获得该产品时不知、也无合理根据应知有关产品中含有非法复制的布图设计,则不论第 36 条如何规定,任何成员均不得认为该行为非法。这样,TRIPs 协议就将善意买受人实施有关行为由《条约》第 6 条第 4 款规定的布图设计、包含受保护的布图设计的集成电路同样扩大到了含有此种集成电路的产品。不仅如此,TRIPs 协议还规定,成员方应该规定:在上述行为人收到该布图设计是非法复制的明确通知后,仍可以就其事先的库存产品或预购的产品,从事上述活动,但应有责任向权利持有人支付报酬,支付额应相当于自由谈判签订的有关该布图设计的使用许可证合同应支付的使用费。

3. 对于集成电路布图设计强制许可重新作出了规定。由于《条约》在强制许可方面的要求较低,因此,TRIPs 协议对集成电路布图设计强制许可重新作出了规定,要求有关布图设计的任何强制许可(非自愿许可)原则上适用第 31 条第 1—11 项的规定。

4. 延长了布图设计专有权的保护期限并明确了起算点。TRIPs 协议第 38 条规定,在要求将登记注册作为保护条件的成员中,布图设计保护期不得少于从注册申请的提交日起、或从该设计于世界任何地方首次付诸商业利用起 10 年;在不要求将登记注册作为保护条件的成员中,布图设计保护期不得少于从该设计于世界任何地方首次付诸商业利用起 10 年;无论前述两种规定如何,成员均可将保护期规定为布图设计创作完成起 15 年。

(二) TRIPs 协议对《条约》效力范围的影响

至今为止,《关于集成电路知识产权条约》尚未生效。但是,TRIPs 协议的签订和生效,不仅是原未生效的《条约》在事实上开始具备法律效力,而且效力范围远远超过《条约》原有的缔约方,使得尚未生效的《条约》在所有 TRIPs 协议成员国产生了广泛的影响。

五、《关于集成电路知识产权条约》背景下中国集成电路布图设计保护

我国一直重视集成电路产业的发展,也同样重视对于集成电路的法律保护,早在 1990 年,我国就加入了《关于集成电路知识产权条约》,成为最早加入该条约的国家之一。为了保护集成电路布图设计专有权,鼓励集成电路技术的创新,促进我国集成电路产业的发展,我国对集成电路采取了专门立法保护,2001 年 4 月 2 日,国务院公布了《集成电路布图设计保护条例》(以下简称《条例》),并与 2001 年 10 月 1 日起正式施行,2001 年 9 月 18 日,国家知识产权局公布了《集成电路布图设计保护条例实施细则》,与《条例》同日施行。

自 2001 年《条例》及其实施细则公布实施以来,我国的集成电路产业获得了快速的发展。相关数据显示,2001 年来我国集成电路布图设计登记申请量呈快速增长趋势。2001 年至 2009 年,登记申请量分别为 62 件、183 件、193 件、244 件、269 件、417 件、428 件、743 件、817 件;2010 年突破 900 件,2011 年突破 1000 件,2001 年达到 1464 件,2012 年达到 1778 件。集成电路布图设计较快的申请数量以及较高的商业利用率,推动了我国集成电路产业的快速发展。从产业规模看,我国集成电路产量和销售收入已分别从 2005 年的 266 亿块和 702 亿元,提高到 2009 年的 411 亿块和 1110 亿元。到 2010 年,我国集成电路产业产量达到 800 亿块,实现销售收入约 3000 亿元,年均增长率达到 30%,约占世界集成电路市场份额的 10%,满足国内 30% 的市场需求。同时,我国集成电路产业主要是建立在从国外引进先进技术和投资基础上发展起来的。《条例》的制定和出台为保护投资人的知识产权提供了法律上的保障,极大地促进了集成电路产业的发展资金和技术的引进乃至后来的输出和出口。2010 年,我国集成电路进口额达 1569.9 亿美元,同比增速 31%;出口方面,我国集成电路 2010 年出口额为 292.5 亿美元,同比增速 25.5%。①

从现状来看,《条例》及其实施细则对于我国集成电路产业的发展起到了非常重要的保障和促进作用。仅就《条例》本身来看,其指定广泛参考了《条约》和 TRIPs 协议的规定,对于集成电路布图设计的含义、权利主体、授权条件、专有权的内容及归属、布图设计的登记、权利的形式以及法律责任等问题作出了较为详尽的规定。尽管如此,我国的集成电路布图设计法律保护制度仍然需要进一步加强。首先,应该尽快制定《集成电路布图设计保护法》,全面提高集成电路布图设计保护立法的效力等级,由原来的行政法规上升到法律层次,使之成为和著

---

① 参见胡嘉禄:"我国集成电路布图设计权保护探析",《中国知识产权报》2012 年 7 月 20 日;中华人民共和国国家知识产权局:《二〇一二年中国知识产权保护状况》《二〇一一年中国知识产权保护状况》,http://www.nipso.cn/bai.asp,访问日期:2013 年 12 月 1 日。

作权法、商标法、专利法同等重要的法律,完善我国知识产权保护立法体系。具体的制度设计中,还应该根据立足我国集成电路产业发展实际并充分借鉴国际条约和国外立法,对相关具体制度进行改进和完善。如扩大集成电路的保护范围使之不仅仅局限于半导体集成电路;增加鼓励集成电路布图设计创新和促进成果转化的内容;完善集成电路布图设计的审查和撤销制度;加大集成电路布图设计执法环节的立法保障等。其次,应该加大集成电路布图设计的执法力度,保护权利持有人的合法权益,维护公平的竞争秩序。最后,积极探索,不断提高集成电路布图设计案件的司法审判水平。

第二节　国际植物新品种保护公约

一、条约的订立和发展状况

从20世纪30年代初开始,面对植物育种对农业、林业和园艺业带来的巨大经济效益,一些国家逐渐将植物品种纳入知识产权保护的范围。1930年,美国颁布了世界上第一部植物新品种保护法——《植物专利法》(Plant Patent Act),将除块茎植物之外无性繁殖的植物品种纳入了专利保护范畴。1931年,美国专利商标局授予第一个植物专利,开创了人类利用专利制度保护植物育种者权利的先河。[①] 与美国相比,欧洲国家普遍认为运用专利法保护植物新品种存在很大障碍,为了进一步保护植物新品种育种者的权利,促进农业生产的发展,法国、德国、比利时、荷兰等欧洲国家努力探索原有知识产权体系之外专门立法的形式来保护植物新品种育种者的权利。[②] 例如,荷兰于1941年通过植物育种法令(Plant Breeder's Decree),开始规范植物育种者权;德国在执行种子检查制度并同时给予育种者极有限权利之后的若干年,于1953年才施行栽培植物品种及种子保护法(the Law on the Protection of Varieties and the Seeds of Cultivated Plants),赋予育种者得基于种子贸易需要生产贩卖其专有品种。[③] 这些专门法律的制定,标志着西方国家植物新品种法律保护制度逐渐形成。然而,早期各国的植物新品种保护立法对于育种者的权利保护力度非常有限,各国立法本身也存在较大差异,致使各国围绕植物新品种的矛盾与摩擦不断加大。为此,各国普遍意识到必须尽快在国际范围内展开磋商,寻求制定一个国际统一规范,加强对

[①] 董新凯、吴玉玲主编:《知识产权国际保护》,知识产权出版社2010年版,第223页。

[②] 参见王汝锋、崔野韩:"国际植物新品种保护的起源、现状与发展趋势",载《中国农业》2003年第1期;邓武红:"国际农业植物新品种知识产权保护格局探析及启示——基于WTO/TRIPs/UPOV模式的分析",载《中国农业大学学报(社会科学版)》2007年第1期。

[③] 李红曦:"植物新品种保护国际联盟简介",载《台湾花卉园艺》1999年11月号。

植物新品种权的国际保护。

1957年12月,法国外交部邀请了12个国家和保护知识产权联合国际局(BIRPI)、联合国粮农组织、欧洲经济合作组织参加在法国举行了第一次植物新品种保护外交大会,会议最终形成决议,建立一个国际性的保护植物新品种的公约。1957年至1961年,经过数次专家会议,《国际植物新品种保护公约》(简称《UPOV公约》)文本初步形成,并经1961年在巴黎召开的第二次保护植物新品种外交大会正式通过,比利时、法国、德国、意大利和荷兰的全权代表签署了公约。1962年,丹麦、瑞士、英国也相继签署了该公约。《UPOV公约》于1968年8月10日起正式生效,标志着植物新品种国际保护制度的正式建立,也标志着植物新品种国际保护政府间国际组织——国际保护植物新品种联盟的正式成立。根据公约规定,国际保护植物新品种联盟总部设在日内瓦,其下设有两个永久组织,一为UPOV秘书处(一般称联盟办公室,the Office of the Union),另一为UPOV委员会(UPOV Council)。UPOV秘书处由执行秘书统理。UPOV基于与世界知识产权组织(WIPO)的合作协议,UPOV的执行秘书须由WIPO的总干事兼任,现任总干事由弗朗西斯·高锐(Mr. Francis Gurry)担任。

《UPOV公约》于1972年、1978年及1991年在日内瓦经过三次修正。1991年最新公约文本已于1998年4月24日生效。中国于1999年4月23日正式加入UPOV,实行的是1978年文本。截至2014年3月,《UPOV公约》共有71个成员国。

二、《UPOV公约》订立的宗旨

《UPOV公约》的宗旨是为了确认和保护植物新品种育种者及其合法继承者的权利,鼓励植物新品种的研究和开发,建立一个有效的国际植物新品种法律保护体系。

三、《UPOV公约》的主要内容

《UPOV公约》的最新文本为1991年文本,1991年文本比1978年文本更加严格地为育种者提供法律保护。公约共分为10章42条,对于植物新品种相关概念、授予育种者权利的条件、申请和审查的程序、育种者权利及其限制、品种名称、权利的无效和终止能够内容作出了较为详细的规定。

(一)相关概念的界定

1."育种者"是指培育或发现并开发了一个品种的人;前述人员的雇主或按照有关缔约方的法律规定代理雇主工作的人;或者根据具体情况,前述第一个人或第二个人的继承人;

2. "品种"是指已知植物最低分类单元中单一的植物群,不论授予育种者权利的条件是否充分满足,该植物群可以是:以某一特定基因型或基因型组合表达的特征来确定;至少表现出上述的一种特性,以区别于任何其他植物群,并且作为一个分类单元其适用性经过繁殖不发生变化。

（二）国民待遇原则

《UPOV公约》第4条对于国民待遇原则作出了明确规定:在不损害本公约规定的权利的前提下,缔约方的国民以及自然人居民和在缔约方的领土内有其注册办事处的法人,就育种者权利的授予和保护而言,在缔约方各自的领土内,相互享有另一缔约方根据其法律所给予或将给予其自己的国民同等的待遇,只要上述国民、自然人或法人遵守上述另一缔约方对国民的规定条件和手续。此外,对于其中"国民"的范围,公约进一步规定,如果缔约方是一个国家,那么就指该的国民,如果缔约方是一个政府间组织,就指该组织各成员国的国民。

（三）授予育种者权利的条件

相比《UPOV公约》1978年文本,1991年文本更加明确地将新颖性、特殊性、一致性和稳定性规定为授予植物新品种育种者权利的条件,并对这四个条件作了详尽的解释:

1. 新颖性:申请植物新品种权利的植物新品种在申请日之前,其繁殖或收获材料尚未因利用该品种之目的被育种者本人或经其同意出售或转让他人。

2. 特异性:申请植物新品种权利的植物新品种在申请登记时应该显然有别于已知的任何其他品种。这里"已知"的参考标准是,如果一个其他品种的育种者权利申请或在法定的品种登记处登记的申请,获得了育种者的权利或者在法定的品种登记处登记,则应认为从申请之日起,该其他品种便是已知的品种。

3. 一致性:一个品种从其繁殖的特点预期可能出现变异的情况下,如果其有关特性表现足够的整齐一致,则该品种应被认为具有一致性。

4. 稳定性:如果一个品种经过反复繁殖其有关特性保持不变,或者在特定繁殖周期的每个周期末尾其有关特性保持不变,则该品种就应认为是稳定的。

（四）申请的提交和审查

1. 申请的提交。《UPOV公约》第10条的规定,申请育种者权利的育种者可按自己的意愿选择提交首次申请的缔约方;在受理首次申请的缔约方主管机关尚未批准授予育种者权利之前,育种者有权向其他缔约方的主管机关提交育种者权利的申请;任何缔约方均不得以对同一品种未向其他国家或政府间组织提交保护申请,或这种申请已被拒绝或其保护期已满为由,拒绝授予育种者权利或限制其保护期限。根据此规定,缔约方申请人可以自愿选择首次申请的国家申请植物新品种权,而且不论是否被批准,都不影响其向其他缔约方申请保护。也就是说,育种者在各缔约方之间的申请是相互独立的,不存在相互之间的依赖关系。

2. 优先权原则。优先权原则最早源自《巴黎公约》对于工业产权国际保护申请的特殊规定,这一规定被后来大多数知识产权国际保护公约所承认和采用。根据《UPOV 公约》的规定,凡是已正式向缔约方之一提交保护某一品种的申请"首次申请"的育种者,出于为获得同一品种育种者权利而向其他缔约方主管机关提交申请"续后申请"时,均享有为期 12 个月的优先权,此期限从提交首次申请之日算起,申请的当日不计在内。受理续后申请的主管机关可以要育种者在一定时间内(从提交续后申请之日起不少于 3 个月)提供有关文件,包括经受理首次申请的主管机关证实为真实文本的首次申请的副本和样品或其他证据,证明两次申请的主题内容是同一个品种。

3. 申请的审查。决定授予育种者权利之前,缔约方主管机关应依据《UPOV 公约》第 5 条至第 9 条规定的植物新品种权授予条件对育种者的申请进行严格审查。审查过程中,受理主管机关可以种植该品种或进行其他必要测试,促使该品种进行种植或其他必要的测试,或考虑种植测试结果或其他已进行试种的结果。为审查的需要,缔约方受理主管机关可以要求育种者提供一切必要的信息、文件或材料。

4. 临时性保护。各缔约方应采取措施,以便在从提交或公布育种者权利申请至授予育种者权利之间的期间内,保护育种者的权利。这类措施应有如下效力,即一旦授权,凡在上述期间有 14 条规定需获育种者同意的行为者,育种者权利持有人至少应有权从该处获得公平的报酬。缔约方可规定这类措施只适用于育种者已告知其申请的有关人员。

(五)育种者的权利

《UPOV 公约》第 14 条至 19 条对于育种者的权利适用范围、例外规定、权利用尽以及权利的保护期限等内容作出了规定。

1. 育种者权利适用范围。根据公约规定,育种者的权利适用于与繁殖材料有关的活动、有关收获材料的活动、与某些产品有关的活动、可追加的活动以及依赖性派生品种和某些其他品种等方面:

(1)与繁殖材料有关的活动。涉及受保护品种繁殖材料的下列活动需要育种者授权:生产或繁殖;为繁殖而进行的种子处理;提供销售;售出或其他市场销售;出口;进口;用于前述目的除进口、出口之外的原种制作。同时,育种者也可以根据条件或限制情况决定授权许可。

(2)有关收获材料的活动。上述需要育种者授权的各项活动,涉及由未经授权使用受保护品种的繁殖材料而获得的收获材料,包括整株和植株部分时,应得到育种者授权,但育种者对繁殖材料已有合理机会行使其权利的情况例外。

(3)与某些产品有关的活动。各缔约方可作出规定,从事(1)中需要经育种者授权的各项活动,在涉及用(2)中所指的由未经授权使用的受保护品种的收获材料直接制作的产品时,应得到育种者授权,但育种者对该收获材料已有合理机会行使其权利的情况例外。

(4) 可追加的活动。各缔约方可作出规定,除(1)中需要育种者授权的各项活动外,从事其他活动也应得到育种者授权。

(5) 依赖性派生品种和某些其他品种。上述四种权利适用范围的规定也适用于下列各项:受保护品种的依赖性派生品种,而受保护品种本身不是依赖性派生品种;与受保护品种没有《公约》第7条所规定的有明显区别的品种;需要反复利用受保护品种进行生产的品种。

依赖性派生品种的主要情形包括:从原始品种依赖性派生或从本身就是该原始品种的依赖性派生品种产生的依赖性派生的品种,同时又保留表达由原始品种基因型或基因型组合产生的基本特性;与原始品种有明显区别,并且除派生引起的性状有所差异外,在表达由原始品种基因型或基因型组合产生的基本特性方面与原始品种相同。

依赖性派生品种可通过选择天然或诱变株、或体细胞无性变异株,从原始品种中选择变异、回交或经遗传工程转化等获得。

2. 育种者权利的例外。根据公约规定,育种者权利的例外包括强制性例外和非强制性例外两种情形。强制性例外包括下列情形:(1) 私人的非商业性活动;(2) 试验性活动;(3) 为培育其他品种的活动和该其他品种按第14条第1至4款规定的有关活动,依照第14条第5款实施的除外。非强制性例外是指,尽管有第14条条款规定,各缔约方在合理的范围内,并在保护育种者合法权益的条件下,仍可对任何品种的育种者权利予以限制,以便农民在自己土地上为繁殖之目的,而使用在其土地上种植的保护品种所收获的产品或第14条第5款a项(i)或(ii)所指品种收获的产品。

3. 育种者权利用尽。公约规定,凡是受保护品种的材料或第14条第5款所指品种的材料,已由育种者本人或经其同意在有关缔约方领土内出售或在市场销售,或任何从所述材料派生的材料,育种者权利就将用尽。但是两种情况除外:第一,涉及该品种的进一步繁殖;第二,涉及能使该品种繁殖的材料出口到一个不保护该品种所属植物属或种的国家,但出口材料用于最终消费的情况不在此例。

4. 出于公共利益对育种者权利的限制。根据公约规定,任何缔约方对于育种者权利的限制必须以公约的明文规定为依据,而且必须要符合公共利益外的目的。即便如此,如果这类限制具有授权第三方从事需经育种者认可的活动的效力,有关缔约方应采取一切必需措施,以确保育种者得到公平报酬。

5. 管理商业性活动的措施。育种者权利应独立于任何缔约方在其领土内对品种繁殖材料的生产、许可证和销售或该材料的进出口活动进行管理采取的措施,在任何情况下,这类措施均不应妨碍本公约条款的实施。

6. 育种者权利期限。植物新品种育种者权利的授予应有固定期限,该期限应自授予育种者权利之日起不少于 20 年,对于树木和藤本植物,该期限应自所述之日起不少于 25 年。

(六) 植物新品种的名称

《UPOV 公约》第 20 条规定,植物新品种应以通用的名称命名,各缔约方应确保命名的品种名称的注册不妨碍自由使用与该品种有关的名称,即使是在该育种者权利期满之后;植物新品种名称应具有区别品种的能力,不能仅用数字表示,已成为品种命名惯例的情况除外,名称不应导致误解,或在品种特性、价值或类别或育种者身份方面造成混淆;品种名称应由育种者提交主管机关,品种名称应由主管机关在授予育种者权利的同时予以注册;向所有缔约方提交的同一品种的名称必须相同;缔约一方主管机关应保证向所有其他缔约方主管机关通报有关品种的名称,尤其是名称的提交、注册和取消等有关事宜;凡在一个缔约方境内提供出售或市场销售在该境内受保护品种的繁殖材料者,均有义务使用该品种名称,即使是在该品种育种者权利期满之后也应如此;品种提供出售或市场销售时,允许注册品种名称带有商标、商品名或其他类似标识。

(七) 育种者权利的无效和终止

根据《UPOV 公约》规定,如果出现下列情形之一的,将导致育种者权利无效:(1) 在授予育种权利时不符合新颖性和特异性条件;(2) 主要根据育种者本人提供的信息和有关文件授予育种者权利,在授予育种者权利时不符合一致性和稳定性条件;(3) 把育种者权利授予不具备资格者,但转让给有资格者除外。

育种者权利的终止是指在保护期限届满之前,当不符合条约规定的一致性和稳定性条件时,各缔约方便可以终止其授予的育种者权利。此外,缔约方可根据请求在规定期限内,宣布终止其授予的育种者权利:(1) 育种者不向主管机关提供用以确证保持该品种所必要的资料、文件或材料;(2) 育种者未能交付使其育种者权利维持有效的必要费用;(3) 在授予育种者权利之后,品种名称被取消,而育种者未能提交合适的新名称。

(八) 《UPOV 公约》的组织机构

根据《UPOV 公约》第 23 条至 29 条的规定,公约由国际植物新品种保护联盟管理,所有缔约方均为联盟成员,联盟具有法人资格。在遵守适用于各缔约方境内法律的前提下,联盟在所述境内享有为实现联盟目标和履行其职责所必需的法律资格。联盟及其常设机构设在日内瓦。联盟的常设机构为理事会和联盟办公室。

事理会由联盟成员的代表组成。每个联盟成员指派一名代表参加理事会和一名候补代表,代表或候补代表可配有助手或顾问。理事会从成员中选一名理事长和一名第一副理事长,还可选若干名副理事长。理事长若不能主持工作时,由第一副理事长代理,理事长任期三年。理事会会议由理事长召集,例行会议每年一次。此外,理事长可自行决定召集会议;如有三分之一会员提出要求,理事长应在三个月内召开理事会议。非本联盟成员国可应邀以观察员身份参加理事会议,其他观察员和有关专家也可应邀参加这类会议。理事会任务如下:(1)研究适当措施,保障本联盟利益和促进本联盟发展;(2)制定议事规则;(3)任命秘书长,必要时还可任命一名副秘书长,决定二者的任期;(4)审核本联盟工作年度报告,制定今后工作计划;(5)向秘书长下达一切完成本联盟任务的必要指令;(6)制定本联盟行政和财务规则;(7)审查和批准本联盟预算,确定各联盟成员国应交纳的会费数额;(8)审批秘书长呈交的账目;(9)确定召开第38条所规定的大会会期和会址,采取各种必要措施做好筹备工作;(10)以各种方式,作出一切必要决议,确保本联盟发挥其有效作用。

联盟办公室应执行理事会委托的全部职责和任务,并在秘书长的指导下进行工作。秘书长应向理事会负责,他应负有执行理事会决定的责任。联盟办公室应使用英语、法语、德语和西班牙语履行其职责,理事会可以决定增用语种。

四、《与贸易有关的知识产权协议》对于植物新品种的保护

随着植物新品种国际保护问题越来越重要,发达国家和发展中国家在此问题上出现了不同的追求和倾向。发达国家倾向于采用更加严格的规定来保护植物新品种育种者的权利,并积极采取各种手段对发展中国家施加压力迫使发展中国家不断提高植物新品种的法律保护水平,此举对于发展中国家来说极为不利。整个《与贸易有关的知识产权协议》(以下简称 TRIPs 协议)的签订,便是发展中国家最终作出妥协和让步的产物。作为知识产权国际保护领域最全面、最具权威性的国际公约,TRIPs 协议同样对植物新品种的国际保护问题作出了积极的回应,具体内容规定在协议第五章专利部分第 27 条第 3 款。虽然协议明确将除微生物之外的动、植物以及生产动、植物的生物方法排除在专利保护范畴之外,但是却又对各缔约方提出特殊要求:缔约方应以专利制度或有效的专门制度,或以任何组合制度,给植物新品种以保护。对本项规定应在《建立世界贸易组织协定》生效的 4 年之后进行检查。

客观来看,虽然 TRIPs 协议并未对其与《UPOV 公约》的适用关系作出任何规定,也没有对植物新品种国际保护的具体制度作出要求,但是这并不影响其对于植物新品种国际保护带来的积极影响。TRIPs 协议提出的要求缔约方采用专利制度或有效的专门制度,或以任何组合制度来保护植物新品种,不难看出,在保护的整体水平上对缔约方的要求非常高,强调专利保护模式保护的重要性,强调专门制度的"有效性",这其实与《UPOV 公约》1991 年文本的主旨精神是相吻

合的。TRIPs 协议倾向于将《UPOV 公约》所设计的制度作为协议要求的有效的专门制度,实际上是认可了美国以"专利加专门法"保护植物新品种的高保护标准,这标着着植物新品种国际保护进入到发达国家强力推行的"以 TRIPs 协议为核心,以《UPOV 公约》为主要内容"的立法模式时代。① 此外,TRIPs 协议所规定的基本原则、争端解决机制等内容也将植物新品种的国际保护提供强有力的保障。

五、《UPOV 公约》背景下中国植物新品种的法律保护

为了保护植物新品种权,鼓励培育和使用植物新品种,促进我国农业、林业的发展,我国于 1997 年 4 月 30 日颁布了《中华人民共和国植物新品种保护条例》(以下简称《条例》),正式启动了对于植物新品种的专门立法保护。该《条例》共计七章 46 条,是我国第一部关于植物新品种权保护的行政法规,对于品种权的内容和归属、授予品种权的条件、品种权的申请和受理、品种权的审查与批准保护期限以及罚则等内容作出了明确规定。1999 年 4 月 23 日,我国正式加入《国际植物新品种保护公约》1978 年文本,成为国际植物新品种保护联盟(UPOV 联盟)第 39 个成员国。1999 年 6 月 16 日和 1999 年 8 月 10 日,国家农业部分别发布实施《中华人民共和国植物新品种保护条例实施细则(农业部分)》《中华人民共和国植物新品种保护条例实施细则(林业部分)》。2000 年 7 月 8 日,第九届全国人民代表大会常务委员会第十六次会议通过了《中华人民共和国种子法》,规定由国务院农业、林业行政主管部门分别负责在中国境内从事品种选育和种子生产、经营、使用、管理等活动。此后,农业部和林业局相继制定了《农业部植物新品种复审委员会审理规定》《农业植物新品种权侵权案件处理规定》《农业植物新品种权代理规定》《农业植物新品种测试指南研制管理办法》《主要林木品种审定办法》等行政规章。至此,我国在植物新品种保护方面基本上达到了有法可依。同时,为确保人民法院依法受理和公正审判涉及植物新品种保护的纠纷案件,最高人民法院发自 2001 年年开始先后发布了《最高人民法院关于开展植物新品种纠纷案件审判工作的通知》《最高人民法院关于审理植物新品种纠纷案件若干问题的解释》《最高人民法院关于审理侵犯植物新品种权纠纷案件具体应用法律问题的若干规定》等司法解释,加强植物新品种的司法保护。

自我国植物新品种保护制度建立以来,社会对于植物新品种权的保护意识越来越强,同时不断涌现出大量的农业或者林业新品种,极大地促进了我国农业和林业生产的健康和快速发展。就林业新品种而言,截至 2012 年年底,国家林

---

① 参见董新凯、吴玉玲主编:《知识产权国际保护》,知识产权出版社 2010 年版,第 228 页。

业局共受理国内外林业植物新品种申请1084件,授予植物新品种权500件。仅2012年就受理国内外林业植物新品种申请222件,授权169件。这充分表明,我国林业植物新品种权的申请和授权数量在大幅增加,林业植物新品种保护事业已进入快速发展时期。① 在农业新品种保护方面,自1999年至2013年4月,国家农业部共计受理农业植物新品种10742件,授予农业植物新品种权3881件,其中大田作物申请9033件、授权3575件,蔬菜申请603件、授权139件,花卉申请746件、授权99件,果树申请321件、授权68件。②

事实证明,上述成绩的取得,离不开植物新品种法律制度的有效保障。但是,从我国当前实际来看,我国植物新品种的法律保护与美国、日本等发达国家相比还存在较大差距,这不仅表现在植物新品种的申请和授权总量方面,在成果的转化和应用实施方面同样存在很大差距。就保护水平而言,现行的植物新品种法律制度提供的保护水平与TRIPs协议和《UPOV公约》相比还存在一定距离。鉴于UPOV联盟的要求和我国的实际情况,我国也正在考虑加入保护水平较高的《UPOV公约》1991年文本。因此,我们应该以此为契机,全面审视并整合和完善我国现有植物新品种的法律保护制度,服务于我国植物新品种保护需要,尽快实现和国际接轨。首先,应该以《UPOV公约》1991年文本为参考,借鉴和吸收发达国家立法成果,尽快制定《中华人民共和国植物新品种保护法》,尽快实现由行政法规到法律的效力层次升级;其次,立法过程中应该理顺植物新品种专门立法与《专利法》《种子法》其他相关法律的关系,避免法律适用中的相互冲突。最后,应该对植物新品种的保护范围、植物新品种权的权利范围、授权审查机制、成果利用转化、限制农民的留种特权以及法律制裁等具体制度进行认真修改,充分发挥法律制度对于我国农业和林业生产经营活动的支持和保障作用。

第三节 保护奥林匹克会徽内罗毕条约

一、条约的订立和发展状况

1981年9月26日,《保护奥林匹克会徽内罗毕条约》(Nairobi Treaty on the Protection of the Olympic Symbol,简称《内罗毕条约》)在肯尼亚首都内罗毕签署。该条约规定,缔约国有义务保护奥林匹克标志(即五环标志),防止在未经国际

---

① 数据来源:中国林业知识产权网 http://www.forestry.gov.cn/main/586/content-598634.html,访问日期:2013年10月1日。

② 数据来源:农业部植物新品种保护办公室 http://www.cnpvp.cn/Detail.aspx?k=947&itemID=1,访问日期:2013年10月1日。

奥林匹克委员会许可的情况下被用于商业(广告、商品、作为商标等)目的。根据《内罗毕条约》第6条第1款的规定①,条约于1982年9月25日生效(1982年8月25日赤道几内亚作为第三个成员国加入)。据统计,截至2014年3月,《内罗毕条约》共有成员国68个,包括阿尔及利亚、阿根廷、澳大利亚、白俄罗斯、巴西、保加利亚、智利、哥伦比亚、刚果、捷克、朝鲜、埃及、匈牙利、印度、印度尼西亚、以色列、意大利、牙买加、哈萨克斯坦、肯尼亚、吉尔吉斯斯坦、俄罗斯、西班牙、瑞士②等国家。目前,中国尚未加入《内罗毕条约》,因此该条约对我国不产生约束力。

二、条约的宗旨和意义

《内罗毕条约》是专门保护奥林匹克会徽的国际条约,奥林匹克名称、会歌、会旗、吉祥物等不在其保护范围之内。众所周知,奥林匹克会徽是五个相套的、不同颜色的圆环。根据奥林匹克宪章,五环的含义是象征五大洲的团结以及全世界的运动员以公正、坦率的比赛和友好的精神在奥林匹克运动会上相见。然而,随着现代网络传播技术和全球体育运动热潮的兴起,奥林匹克会徽逐渐为公众所接受和欢迎。因此,体育相关产业的生产商和经销商将其视为一种蕴涵巨额利润的无形资产,相应地出现了滥用奥林匹克会徽的现象。

基于此,国际奥委会开始积极寻求奥林匹克会徽的法律保护。按照知识产权法律的规定,如果采用版权法保护奥林匹克会徽,无论是保护期为作者生前及死后50年抑或是作者生前及死后70年,奥林匹克会徽总会有保护期失效的一天。③ 因此,国际奥委会在总部所在地(瑞士伯尔尼)的联邦知识产权局申请商标注册,经过与瑞士知识产权局的长期谈判,奥林匹克会徽最终成为第16类商标予以注册,并通过《国际商标注册马德里协定》在全世界其他国家获得了该标志的注册保护。美中不足的是,奥林匹克会徽仅限于图书、报纸和期刊等印刷品方面的商标权保护。诸如食品、服装、鞋类、服装等行业存在的假冒奥林匹克会徽的行为却无能为力。因此,国际奥委会不得不寻找新的出路。④

1981年《内罗毕条约》的签订,标志着国际奥委会在奥林匹克会徽法律保护

---

① "对于首先交存批准书、承认书、认可书或加入书的3个国家,本条约应于第三份批准书、承认书、认可书或加入书递交保存之日起1个月后生效。"

② Nairobi Treaty, http://www.wipo.int/treaties/en/ShowResults.jsp?treaty_id=22,访问日期:2014年3月11日。

③ 一种说法认为奥林匹克会徽是由顾拜旦设计,参见刘强、胡峰:"奥林匹克标志保护的历史沿革",载《武汉体育学院学报》2007年第10期;另一种说法认为奥林匹克会徽是由巴龙·皮埃尔·德科贝坦(Baron Pierre Coubertin)于1914年设计,参见韦之:"《保护奥林匹克会徽内罗毕条约》介绍",载《科技与法律》2004年第2期。

④ 韦之:"《保护奥林匹克会徽内罗毕条约》介绍",载《科技与法律》2004年第2期。

方面迈入一个新阶段,即不仅通过国际条约的形式敦促各国加强奥林匹克会徽的保护,而且按照《内罗毕条约》的规定,奥林匹克会徽知识产权保护不受保护期限制,且无须续展。由此,奥林匹克会徽取得了"永久性"法律保护,以这种形式保护所拥有的优势与以传统商标形式保护不可相提并论。①

三、条约的主要内容

《内罗毕条约》共10条,按照"实质性条款""国家集团"和"最后条款"分为三个部分,其中"实质性条款"(第1条至第3条)最为关键。第1条(成员国的义务)明确指出,"本条约成员国非经国际奥林匹克委员会许可,有义务拒绝以国际奥林匹克委员会宪章规定的奥林匹克会徽组成的或含有该会徽的标志作为商标注册,或使其注册无效;并应采取适当措施禁止出于商业目的以此种标志作为商标或其他标记使用。第二、三条另有规定者除外。"这就意味着,任何人将含有奥林匹克会徽的标志申请商标注册,或者在商业活动中使用该标志,都必须事先得到国际奥委会的许可并支付使用费,否则将视为违反该条规定,同时条约缔约国有义务防范和处罚上述违法行为。

《条约》第2条(义务的例外)分为四个部分②,可归纳为以下两个方面:首先,第1款规定的"已经在该国注册者"不仅包括权利人在本国商标管理机构申请注册,还包括通过《国际商标注册马德里协定》进行的商标国际注册,而"继续使用"或"已经合法地开始此种使用"则印证了"商标使用在先"原则,即便条约在使用者母国生效后,使用者仍有权在原有范围内继续使用该标志,从而有效地保护了在先使用者的合法权利。其次,第4款中"宣传…宣传工具中使用奥林匹克会徽者",不受条约义务限制。这既可以鼓励奥运会运动的发展弘扬奥林匹克精神,也反映出奥林匹克标志知识产权保护中对公共利益的关注。

《条约》第3条(义务的中止)规定:"在国际奥林匹克委员会和本条约成员国国家奥林匹克委员会之间,就国际奥林匹克委员会许可在该国使用奥林匹克会徽的条件和就该国家奥林匹克委员会在国际奥林匹克委员会因授予此种许可所得的收入中应享有的份额来达成协议的期间,该成员国可以认为第一条规定

---

① 林小爱、计华:"奥林匹克运动会特许商品知识产权的特殊性",载《北京理工大学学报》(社会科学版)2012年第5期。

② "(一)在下列情况,本条约成员国不受第1条规定义务的约束:1.在本条约对该国生效前,或者根据第3条,在第一条规定的义务已视为在该国中止的期间,以奥林匹克会徽组成或含有该会徽的任何商标已经在该国注册者;2.任何人或企业出于商业目的在该国继续使用以奥林匹克会徽组成或含有该会徽的任何商标或其他标记,系在本条约对该国生效前,或者根据第三条,在第一条规定的义务已视为在该国中止期间,已经合法地开始此种使用者。(二)第一条第1项规定也适用于根据该国所参加的条约进行注册而在该国有效的商标。(三)使用系经第一款第2项所指的个人或企业许可者,依该款意图,应认为是该个人或企业的使用。(四)为了宣传奥林匹克运动或其活动而在宣传工具中使用奥林匹克会徽者,本条约成员国无义务禁止会徽的此种使用。"

的义务已经中止。"这说明,奥林匹克会徽的使用本质上是一种授权许可,鉴于奥运会承办的特殊性,国家奥委会与国际奥委会就会徽使用许可谈判期间,承办国可暂时不受第一条义务的约束。但是如此要考虑一种后果,即便成员国不受条约义务的约束,但其国内如存在奥林匹克会徽滥用的情况,成员国也需加强法律制裁和处罚,因此这一条的实际意义并不大。

除了上述"实质性条款"以外,《内罗毕条约》还对"国家集团"中成员国承担义务的例外,以及对于缔约、条约生效、退出条约、签字和语言、交存登记和通知等"程序性条款"做了相应的规定。总的说来,《内罗毕条约》反映了国际奥委会和各成员国国家奥委会渴望有效保护奥运会标志的愿望,并通过奥林匹克会徽的授权许可筹集必要资金发展体育运动。从这个层面上讲,《内罗毕条约》在相当大的范围内保护了公众的利益。

四、奥林匹克会徽知识产权保护背景下中国奥林匹克标志保护

目前,我国尚未制定有关奥林匹克标志基本法,调整和保护奥林匹克知识产权法律关系的规章制度主要包含以下内容:首先,一般知识产权法律。如《商标法》(2013年修订)第10条第3款禁止他人将国际组织的徽记作为商标使用。其次,行政法规。如1996年国务院通过的《特殊标志管理条例》,2002年1月30日通过的《奥林匹克标志保护条例》,以及国家工商行政管理总局2002年4月22日公布的《奥林匹克标志备案及管理办法》(自2002年6月1日起施行)。最后,地方性法规。如《北京市奥林匹克知识产权保护规定》《南京市青年奥林匹克运动会知识产权保护规定》等。

(一)《奥林匹克标志保护条例》

《奥林匹克标志保护条例》第2条规定,本条例所称奥林匹克标志,是指"国际奥林匹克委员会的奥林匹克五环图案标志",从而将奥林匹克会徽纳入到我国法律保护体系。同时,第4条指出未经奥林匹克标志权利人(国际奥林匹克委员会、中国奥林匹克委员会和第29届奥林匹克运动会组织委员会)许可,任何人不得为商业目的(含潜在商业目的)使用奥林匹克标志,并在第5条中详细列举了6种以营利为目的非法使用奥林匹克标志的行为。①

除此之外,《奥林匹克标志保护条例》还规定了双重备案制度,即权利人将"奥林匹克标志报国务院工商行政管理部门备案"(第7条)和"使用许可合同报国务院工商行政管理部门备案"(第8条),并就工商行政管理部门认定和处罚

---

① "(一)将奥林匹克标志用于商品、商品包装或者容器以及商品交易文书上;(二)将奥林匹克标志用于服务项目中;(三)将奥林匹克标志用于广告宣传、商业展览、营业性演出以及其他商业活动中;(四)销售、进口、出口含有奥林匹克标志的商品;(五)制造或者销售奥林匹克标志;(六)可能使人认为行为人与奥林匹克标志权利人之间有赞助或者其他支持关系而使用奥林匹克标志的其他行为。"

侵权行为做了相应的规定(第 10 条)。

(二) 我国奥林匹克标志知识产权保护的完善

2008 年 8 月我国成功举办了第 29 届夏季奥运会,为保护奥运会知识产权和国际奥委会以及体育赞助商的合法权益,我国先后颁布了以《奥林匹克标志保护条例》为主的一系列法律法规,从而对保护奥林匹克标志知识产权起到了积极作用。但是,由于立法时间仓促以及立法技术和经验的局限,我国奥林匹克标志知识产权仍存在较多问题,北京奥运会后我国奥林匹克标志知识产权保护形势依然十分严峻,突出表现在:

1. 立法层次较低。在我国现行法律制度体系中,《奥林匹克标志保护条例》属于行政法规,因而法律位阶较低,导致法律实施效果差强人意。如前所述,奥林匹克标志除了受到条例保护之外,《商标法》《著作权法》和《专利法》都有所涉及,从而形成多重法律保护,在具体司法实践中可能会出现法律选择冲突,以及法律适用困难。①

2. 保护范围较窄。《奥林匹克标志保护条例》第 5 条第 6 款"可能使人认为行为人与奥林匹克标志权利人之间有赞助或者其他支持关系而使用奥林匹克标志的其他行为。"相对于其他款中具体的侵权行为,第 6 款缺乏对"其他行为"的详细解释,譬如使用近似的奥林匹克标志是否属于第 6 款适用范围,都没有给出明确答案。另外,《奥林匹克标志保护条例》缺乏对域名的保护,导致抢注奥运域名的现象十分严重。②

3. 缺乏合理使用条款。《奥林匹克标志保护条例》第 9 条规定,"本条例施行前已经依法使用奥林匹克标志的,可以在原有范围内继续使用"。相比较《商标法》《专利法》和《著作权法》的相关条款,合理使用的范围不清晰。如此,既不能起到规范引导行为人的作用,也会影响司法公正审理。

针对上述问题,我国奥林匹克标志(包括会徽)知识产权保护应从以下几个方面加以完善:(1) 借鉴体育发达国家的立法经验,以法律的形式对奥林匹克标志进行立法保护,提高法律位阶,减少行政法规、部委规章及地方性法规等法律规章之间的矛盾。除了针对具体国情修改《奥林匹克标志保护条例》以外,还应适时颁布专门的法律,从而增强我国体育赛事知识产权保护的力度。(2) 在扩大保护范围方面,应进一步细化奥林匹克标志描述,包括具体图案、颜色、文字、平面或立体、甚至声音等标识。此外,还应增加奥林匹克域名保护条款,利用现有的域名争议解决程序规则,从而有效规制奥林匹克域名侵权行为。(3) 借鉴

---

① 黄世昌:"奥林匹克标志侵权法律规制的比较研究",载《天津体育学院学报》2011 年第 1 期。
② 张玉超:"我国奥林匹克知识产权保护制度的修改与完善",载《上海体育学院学报》2013 年第 1 期。

《著作权法》合理使用条款，详细列举奥林匹克标志合理使用的范围，并对"营利目的"加以明确界定，以便在执法中把握区分侵权行为和合理使用的标准尺度。①

伴随新技术、新媒体的不断发展，奥林匹克标志知识产权保护将与时俱进，踏上更为科学、合理和严格的道路，更好地服务于奥运会，让相互理解、友谊、团结和公平竞争的奥林匹克精神不断发扬光大。

第四节 保护原产地名称及其国际注册里斯本协定

2002年1月11日，印度政府就《美国1994年乌拉圭回合协定法》第334节、《美国2000贸易与发展法》的第405节和相关的美国海关的实施细则进行磋商。印度认为美国上述关于纺织品与服装的原产地立法违反了WTO《原产地规则协定》第2条的规定。经过近一个月的磋商，双方未取得满意结果。同年5月7日，印度要求专家组审理此案，要求美国修改法律，履行原产地协定项下的义务。经过一年多的审理，2003年6月20日专家组正式发布其报告，驳回了印度对《美国1994年乌拉圭回合协定法》第334节、《美国2000贸易与发展法》第405节违反了《原产地规则协定》的第2条的全部诉求，对美国法律和实践没有提供任何修正建议。

印度提出诉求主要的依据是《原产地规则协定》第2条的规定，原产地规则虽然与一国商业政策的措施或法律文件相联系，但它本身不能直接或间接地作为推行贸易目标的工具，而只能是实施这些措施和法律文件的一个机制。原产地规则不能用来限制进口竞争，保护国内产业，不能是贸易规则的工具。其主要理由为：

1.《美国1994年乌拉圭回合协定法》第334节规定的纺织物形成地规则，将原坯织物的纺织地视为原产地是在推行美国的贸易目标。纺织品如继续加工、做成平面纺织品，不应适用织物形成地规则，因为它们更注重对织物的裁剪和缝制。原坯织物，包括已印染后的织物可以用于各种加工用途，而一旦织物经过裁剪和缝制，则该织物就不能用于其他任何目的。印度出口的大部分纺织品是原坯织物，在进口国继续加工后再出口到美国，如根据本规则，该制成品将被视为印度产品，要受到有关纺织品数量配额的限制。

2.《美国2000贸易与发展法》第405节对《美国1994年乌拉圭回合协定法》第334节规定了两项例外规定：(1) 对丝、棉、人造或植物织品，其原产地为

---

① 马法超、郭锐："完善我国体育标志法律保护有关问题的研究"，载《河北体育学院学报》2008年第3期。

印染地;(2) 某些纺织产品除缝制规则外,也可依印染地赋予原产地待遇。而印度政府认为,如果印度的棉坯布出口到葡萄牙,葡萄牙经过印染后再出口到美国,依据第 405 节的规定该印染后的棉布应视为葡萄牙产品,可自由向美国出口,不受任何数量限制;而如果该印染后的棉布继续在葡萄牙加工,做成床单,然后出口到美国,此时产品原产地却为印度,要受到纺织品数量配额的限制。

印度政府认为,在美国实施新的原产地规则之前,印度可以自由向美国进行出口,而美国通过原产地规则的改变限制了印度纺织品向第三国的出口,因为产品要受到配额管制,因而美国的原产地规则限制了进口竞争,保护国内产业,成为推行贸易目标的工具。①

地理标志(geographical indication, GI)是一种使用在商品上的标记,用以指明商品的特定地理来源以及由此地理来源所指代的质量、信誉或特点。本章所讲的原产地名称(appellation of origin, AO)则是一种较为特殊的地理标志。目前,保护原产地名称的相关国际公约主要有《巴黎公约》(第 10 条)②、《制止商品产地虚假或欺骗性标记马德里协定》(第 1-4 条)③和《保护原产地名称及其国际注册里斯本协定》(The Lisbon Agreement for the Protection of Appellations of Origin and their International Registration,以下简称《里斯本协定》)。需要说明的是,《里斯本协定》是《巴黎公约》体系内第一部专门规定原产地名称保护的国际条约,它成为真正意义上的原产地名称保护制度的开始。④

一、条约的订立和发展状况

1958 年,《巴黎公约》在葡萄牙里斯本进行第 7 次修改,在此次修订会议上关于"货源标志"(indications of source)和"原产地名称"(appellations of origin)

---

① 郭京毅:《为了广泛的贸易利益——中国作为第三方参与世贸组织案件精析》,中信出版社 2006 年版,第 122—123 页。

② 第 10 条〔虚伪标记:对标有虚伪的货源或生产者标记的商品在进口时予以扣押〕(1) 前条各款规定应适用于直接或间接使用虚伪的货源标记、生产者、制造者或商人标记的情况。(2) 凡从事此项商品的生产、制造或销售的生产者,制造者或商人,无论为自然人或法人,其营业所设在被虚伪标为商品原产的地方,该地所在的地区,或在虚伪标为原产的国家,或在使用该虚伪原产地标记的国家者,无论如何均应视为有关当事人。

③ 第 1 条(一)凡带有虚假或欺骗性标志的商品,其标志系将本协定所适用的国家之一或其中一国的某地直接或间接地标作原产国或原产地的,上述各国应在进口时予以扣押。(二)在使用虚假或欺骗性产地标志的国家或者在已进口带有虚假或欺骗性产地标志的商品的国家也应实行扣押。(三)如果某国法律不允许进口时扣押,应代之以禁止进口;(四)如果某国法律既不允许进口时扣押,也不禁止进口,也不允许在国内扣押。则在法律作出相应修改之前,代之以该国法律在相同情况下给予其国民的诉讼权利和补救手续。(五)如果对制止虚假或欺骗性产地标志未设专门的制裁,则应适用有关商标或厂商名称的法律条款规定的制裁。

④ 吴彬、赵平:"论地理标志的国际保护措施",载《华中农业大学学报》(社会科学版)2009 年第 2 期。

是否需要进行区分这一问题成为各国讨论的焦点。一方面,国际局主张进行区分,它认为"货源标志"更多地仅仅表明产品的来源地,而"原产地名称"则等同于"地理标志",即除了表明产品出产地,而且还具有证明产品质量、信誉和特点的功能,因此两者是不同的概念;另一方面,美国等国则以"原产地名称"难以在英语中找到对应的词为由拒绝了国际局的建议,而德国则提出了妥协方案,即广义地理解"货源标志",将"原产地名称"纳入"货源标志"的范围之内。遗憾的是,德国的建议并没有得到与会国家的采纳。虽然未能达成一致意见,但是由于原产地名称对促进国内传统农业发展至关重要,以法国为首的欧洲特色农业国家出于保护自己利益的关系,积极推动原产地名称国际保护工作,最终在《巴黎公约》里斯本会议上诞生了另一项重要成果,即《里斯本协定》。①

1966年9月25日,《里斯本协定》生效。② 1967年,《里斯本协定》在斯德哥尔摩进行了修订,与会的成员国也成为里斯本联盟大会(Lisbon Union Assembly)的成员,从而有权修改《保护原产地名称及其国际注册里斯本协定实施细则》。1979年9月28日《里斯本协定》再次作了修改。世界知识产权组织国际局负责管理《里斯本协定》的原产地名称国际注册,以及公告已授权的原产地名称。此外,里斯本表达数据库(Lisbon Express database)允许人们搜索已注册的原产地名称、产品、产地、原产地名称权利人的信息,以及成员国对该原产地名称的驳回和无效宣告。截至目前,《里斯本协定》共有法国、意大利、葡萄牙、西班牙等二十多个成员国③,中国尚未加入该协定。

2013年4月29日在瑞士日内瓦,《里斯本协定》13个成员国组成工作组召开了第7次会议,会议完成以下成果:第一,讨论为地理标志和原产地名称建立国际保护和注册体系的设想,讨论围绕着一部新文书和实施细则的草案展开,这些草案由国际局根据工作组对每次会议的要求编拟。第二,审查和讨论《经修订的关于原产地名称和地理标志的里斯本协定》草案及其实施细则草案,并将继续为形成同时涵盖原产地名称和地理标志的单一文本、为二者提供单一的高水平保护而开展工作。最终,在相同实质性条款同时适用于原产地名称和地理标志的情况下,保持两个独立的概念。第三,同意建议里斯本联盟大会2013年会议批准于2015年召开通过《经修订的关于原产地名称和地理标志的里斯本协定》的外交会议,具体时间和地点将由筹备委员会会议决定。

---

① 《巴黎公约》第19条规定:"不言而喻,本联盟国家在与本公约的规定不相抵触的范围内,保留有相互间分别签订关于保护工业产权的专门协定的权利。"因此,《巴黎公约》成员国也可加入《里斯本协定》。
② 2011年9月《保护原产地名称及其国际注册里斯本协定实施细则》通过,2012年1月1日生效。
③ WIPO-Administered Treaties, http://www.wipo.int/treaties/en/ShowResults.jsp?lang=en&treaty_id=10,访问日期:2014年3月11日。

二、条约的宗旨和意义

《里斯本协定》诞生之前,保护产自特定地理区域产品的法律主要是反不正当竞争法和消费者保护法。除此之外,为了更好地促进地理区域特色产品生产和销售,各国也纷纷采取特别的方法或制度加以判断、识别和保护具有地理特色产品。然而,由于国与国之间特定历史和经济条件下法律文化的差异,导致上述产品在跨国界流动中无法得到充分的法律保护,即一国的原产地名称在另一国未能得到接受和认可。

正是基于此,《里斯本协定》不同于《巴黎公约》和《制止商品产地虚假或欺骗性标记马德里协定》那样对原产地名称一笔带过,而是首次概括了原产地名称和原属国的定义[①],从而有利于成员国加强国内原产地名称的保护。此外,《里斯本协定》还致力于建立和完善一整套"原产地名称"体系,即成员国通过在WIPO国际局办理国际注册的方式,从而在他国获得其原产地名称的法律保护。不过,正如前所述,《里斯本协定》是在法国主导下完成的,因此深受法国国内原产地名称保护制度的影响,譬如原产地名称仅限于地理名称,条款的设计也符合葡萄酒地理标志保护的要求,而这其实并不符合大多数其他地理标志保护的要求。[②] 因此,相对于其他国际条约,《里斯本协定》有限的签署国使其实际影响力较小。

不过尽管如此,《里斯本协定》对其成员国国内传统农业的促进作用也是十分突出,例如法国葡萄酒、烈性酒和奶制品企业的大部分收入都依赖于原产地名称,根据里斯本表达数据库(Lisbon Express database)显示,目前完成国际注册仍然有效的原产地名称有 911 个,其中属于法国的就有 565 个,占到总数的 62%。[③] 因此,《里斯本协定》对于提高一国农产品竞争力,在激烈的国际农产品市场上争夺利益最大化,从而推动本国农业发展都具有十分重要的现实意义。

三、条约的主要内容

《里斯本协定》共有 18 个条款,可分为"实质性条款"和"非实质性条款"两部分,前者包括第 1 条—第 6 条,后者则囊括了"注册有效期限和费用""诉讼""特别联盟大会""国际局""财务"等条款。第 1 条—第 6 条"实质性条款"按照内容又可分为三部分:第一,原产地名称的保护对象;第二,原产地名称的国际注

---

① "(一)在本协定中,原产地名称系指一个国家,地区或地方的地理名称,用于指示一项产品来源于该地,其质量或特征完全或主要取决于地理环境,包括自然和人为因素。(二)原属国系指其名称构成原产地名称而赋于产品以声誉的国家或者地区或地方所在的国家。"

② 冯寿波:"TRIPs 协议保护地理标志规范评析",载《西南政法大学学报》2008 年第 4 期。

③ Appellations of Origin (Lisbon Express), http://www.wipo.int/ipdl/en/search/lisbon/search-struct.jsp,访问日期:2013 年 9 月 23 日。

册;第三,原产地名称的保护制度。

（一）原产地名称的保护对象

(1)《里斯本协定》第 1 条指出协定所保护的对象,即原产地名称以及由此赋予成员国的"……承诺,依照本协定的规定,在其领土内保护本联盟其他国家产品的原产地名称,该原属国承认并保护的并在建立世界知识产权组织(以下简称"组织")公约所指的保护知识产权国际局(以下简称"国际局"或"局")注册的名称。"

(2)《里斯本协定》第 2 条第 1 款将原产地名称严格界定为一种"地理名称",用于指示一项产品来源于该地,其质量或特征完全或主要取决于地理环境,包括自然和人为因素,这样某一产品才有可能获得了原产地名称的保护。除此之外,第 2 条第 2 款增加了"原属国"的定义,"原属国系指其名称构成原产地名称而赋予产品以声誉的国家或者地区或地方所在的国家。"《里斯本协定》第 2 条将原产地名称与原属国的定义放在一个法律条文中,其用心可见一斑。这也就意味着,某一产品如果想通过《里斯本协定》获得国际保护,必须满足两个要件:一是必须是产自某一特定地理环境,包括自然和人为因素;二是原产地名称申请人的母国应符合原属国的要求,而原属国必须是《里斯本协定》的成员国且必须给予其他成员国在原产地名称方面同等的承认和保护。

(3)《里斯本协定》第 1 条对"原产地名称"的构成增加了另外一个条件,即国际注册。换句话说,申请人所申请的"地理名称",除了符合第 2 条第 1 款所称的"自然和人为因素"和第 2 款得到来自原属国承认和保护的要求之外,还必须由原属国向国际局完成注册程序之后,才能得到《里斯本协定》完整而严格的国际保护。

（二）原产地名称的国际注册

1. 注册的主体

《里斯本协定》第 5 条第 1 款规定,"原产地名称的国际注册,应经特别联盟国家主管机关请求,以按照所在国法律已取得此种名称使用权的自然人或法人(国有或私营业企业)的名义,在国际局办理注册。"由此可见,《里斯本协定》中国际注册的主体并非原产地名称的自然人或法人,而是由原产地名称原属国的政府机关向国际局提出。采用这种方式主要出于两点考虑:一方面,原产地名称本质上一种集体权利,若允许有权使用原产地名称的自然人或法人申请,可能会引发部分权利人申请而导致独占原产地名称,从而产生不公平的社会影响;另一方面,集体权利的另一弊端就是怠于行使权利,如果该地理区域内的权利人都不积极申请原产地名称国际注册,可能会使得原产地名称逐渐淡化甚至变为某一产品的通用名称。因此,作为管理原产地名称的政府机关,有责任主动承担这一义务。

2. 注册的程序

《保护原产地名称及其国际注册里斯本协定实施细则》第1—7条进一步细化了原产地名称国际注册的程序，包括"申请的形式和内容""手续不齐备的申请""注册日期""国际注册簿""注册的注销或变更""注册证和通知"和"公告"。需要注意的是，《保护原产地名称及其国际注册里斯本协定实施细则》第6条第1款规定，"原产地名称一经注册，国际局应向申请注册的主管机关寄送复制国际注册簿登记内容的注册证一份并应以同样内容将该注册通知联盟所有成员国的主管机关。"这也是《里斯本协定》保护原产地名称的最终目的，即通过国际局向所有成员国的主管机关通知某一原产地名称，从而获得相应的法律保护。不过，根据《里斯本协定》第5条第3款[1]，各成员国收到通知之后，有权在一年之内，在提出合法理由的前提下，声明本国不保护该原产地名称。如果没有做出这种声明，那么成员国就必须在该原产地名称所在国保护它的整个期间，为它提供保护。具体保护措施就是禁止本国的任何产品的经销者不经许可使用该原产地名称。[2] 此外，值得一提还有《里斯本协定》第5条第6款[3]，它是原产地名称国际注册中的特殊一环，即原产地名称优先原则，也就是说如果一个原产地名称在获得国际注册之前，在其他成员国被第三人以商标等方式使用，则第三人仅有2年的使用权，之后则必须停止使用。

（三）原产地名称的保护制度

《里斯本协定》第3条规定，"保护旨在防止任何假冒和仿冒，即使标明的系产品真实来源或者使用翻译形式或附加'类''式''样''仿'字样或类似的名称。"条文中"假冒"原产地名称是指，在商品制造时逼真地模仿别人的原产地名称的外形，或者未经授权，对已受知识产权保护的载有原产地名称的标识进行复制和销售，借以冒充特定地理来源的产品。"仿冒"原产地名称应理解为，生产者为了争夺竞争优势，在自己的商品上不正当地使用他人的原产地名称，使自己的商品与他人经营的商品相混淆，牟取不正当利益的行为。具体表现为擅自使用其他生产者特有的、为公众所周知的原产地名称，导致消费者混淆和市场混乱。美国人称这种行为为"不播种而收获"的搭便车行为，它使本应属于正当经营者的利益为不正当竞争者所获，对市场竞争具有极大的危害。

除了禁止和防止任何形式的"假冒"和"仿冒"原产地名称的行为，《里斯本

---

[1] 第5条第3款规定："各国主管机关可以声明对通知注册的某个原产地名称不予保护。但是，该声明应说明理由，在收到注册通知之日起一年之内作出，并不得影响该名称所有人在有关国家依据第4条要求对原产地名称的其他形式的保护。"

[2] 郑成思：《知识产权论》，法律出版社1999年版，第491页。

[3] 第5条第6款规定："根据国际注册通知，一个原产地名称已在一国家取得保护，如果该名称在通知前已为第三方当事人在该国使用，这个国家的主管部门有权给予该当事人不超过两年的期限，结束其使用，条件是须在上述第3款规定的一年期限届满后3个月内通知国际局。"

协定》第 3 条还扩大了原产地名称国际保护的范围,也就是说,即便"标明的系产品真实来源或者使用翻译形式"也是《里斯本协定》所禁止的。主要原因在于可能会导致消费者误认,将非来自原产地的产品当做是原产地的产品,从而侵犯或者淡化了原产地名称产品的特定品质或特性。譬如,"如果英国剑桥的陶瓷商品在新西兰消费者中较有名气,这时一家美国波士顿的厂商就把自己的陶瓷商品也拿到新西兰销售,商品包装上标明'坎布里奇'陶瓷。坎布里奇实实在在是波士顿的一个地方,英文却正是剑桥的意思。这种标示,显然会使得用惯了英国陶瓷的新西兰消费者,误认为该商品不是来自美国的坎布里奇,而是来自英国剑桥。"①总之,《里斯本协定》第 3 条并未要求此类名称需要有误导公众的效果,显然其保护力度更强。根据此条款,成员国国内企业如果继续使用诸如"香槟""香槟型""香槟类"或是"仿香槟",就将违反《里斯本协定》的规定。②

《里斯本协定》第 6 条规定:"根据第 5 条规定的程序,一个在特别联盟国家受到保护的原产地名称,只要在原属国作为原产地名称受到保护,就不能在该国视为已成为通用名称。"这一条体现了《里斯本协定》对原产地名称的严格保护。不过,遗憾的是《保护原产地名称及其国际注册里斯本协定实施细则》未能详细解释何谓"通用名称"。一般而言,商品的通用名称是指在某一范围内约定俗成,被普遍使用的某一种类商品(服务)的名称。商品(服务)的通用名称包括规范的商品(服务)名称,约定俗成的商品(服务)名称,商品(服务)的俗称和简称。例如,"彩色电视接收机"是规范的商品名称,而彩电则是简称;又如,"自行车"是规范名称,而单车则为俗称。《里斯本协定》之所以禁止原产地名称转化为通用名称,主要目的就是为了规制原产地名称滥用行为,防止转移公众对原产地名称的辨识度以及淡化其印象,最终使公众不能区分来自不同地理区域的生产者,这就动摇了原产地名称法律保护的根本,进而给原产地名称权利人和所属国带来巨大的经济损失。

四、中国原产地名称法律保护制度概况

我国原产地名称法律保护制度按照时间顺序可分为三个阶段:

(一) 根据《巴黎公约》对原产地名称进行保护的阶段

1985 年 3 月,中国加入《巴黎公约》,有了保护"原产地名称"的义务。1986 年 11 月,国家工商行政管理局商标局(以下简称商标局)在回复安徽省工商行政管理局的"关于县级以上行政区划名称作商标等问题的复函"中关于为何"不得使用县级以上行政区划名称作商标"时作出解释,认为行政区划名称作商标

---

① 郑成思:《世界贸易组织与贸易有关的知识产权》,中国人民大学出版社 1996 年版,第 175 页。
② 王莲峰:《商标法》,清华大学出版社 2008 年版,第 191—192 页。

与保护原产地名称产生矛盾。1987年10月,商标局在"关于保护原产地名称的函"中,针对北京京港食品有限公司使用"丹麦牛油曲奇"名称,侵犯该商品原产地名称一事做了回复,认为我国是《巴黎公约》成员国,有义务遵守该公约的规定。应责令北京京港食品有限公司立即停止使用"丹麦牛油曲奇"这一名称,以保护《巴黎公约》缔约国的原产地名称在我国的合法权益。1989年10月,国家工商行政管理总局下发了《关于停止在酒类商品上使用香槟或Champagne字样的通知》,指出香槟是法文"Champagne"的译音,指产于法国Champagne省的一种起泡葡萄酒,它不是酒的通用名称,是原产地名称。因此,我国一些企业将香槟或Champagne作为酒名使用。这不仅是误用,而且侵犯了他人的原产地名称权。1996年7月,商标局在给四川省工商行政管理局《关于依法制止在酒类商品上使用"香槟"或"Champagne"字样行为的批复》中进一步明确地将"Champagne"原产地名称作为公众知晓的外国地名予以保护。

(二) 根据行政法规、规章对原产地名称进行保护的阶段

1993年2月,我国《商标法》进行了第一次修改。同年7月,对《商标法实施细则》进行了相应修订。修订后的《商标法实施细则》第6条第2款增加了保护集体商标、证明商标的规定[①],从而为原产地名称的保护提供了行政法规层级的依据。1994年12月,根据《商标法》和《商标法实施细则》,国家工商行政管理局制定了规章《集体商标、证明商标注册和管理办法》。该《办法》第2条第2款规定:"证明商标是指由对某种商品或者服务具有检测和监督能力的组织所控制,而由其以外的人使用在商品和服务上,用以证明该商品或服务的原产地、原料、制作方法、质量、精确度或其他特定品质的商品商标或服务商标。"这是中国明确以证明商标形式保护原产地名称的第一个法律性规定。[②]

上述关于原产地名称的行政法规、规章使原产地名称可以作为商标进行注册,从而使其获得了较为完善的法律保护。

(三) 根据法律、行政法规和规章对"地理标志"进行保护阶段

1999年8月17日,国家质量监督检验检疫总局发布了《原产地域产品保护规定》,这是我国第一部专门规定原产地地域产品保护的法规,标志着中国原产

[①] "以地理标志作为证明商标注册的,其商品符合使用该地理标志条件的自然人、法人或者其他组织可以要求使用该证明商标,控制该证明商标的组织应当允许。以地理标志作为集体商标注册的,其商品符合使用该地理标志条件的自然人、法人或者其他组织,可以要求参加以该地理标志作为集体商标注册的团体、协会或者其他组织,该团体、协会或者其他组织应当依据其章程接纳为会员;不要求参加以该地理标志作为集体商标注册的团体、协会或者其他组织的,也可以正当使用该地理标志,该团体、协会或者其他组织无权禁止。"

[②] 《中国保护地理标志的法律制度及有关情况—国家工商行政管理总局商标局局长安青虎在世界地理标志大会上的演讲词》,http://www.saic.gov.cn/ywdt/gsyw/sjgz/200710/t20071017_40603.html,访问日期:2013年9月24日。

地域产品保护制度的初步建立。这部法规首次界定了原产地域产品的概念,规定了原产地域产品的注册登记制度。之后,国家质量监督检验检疫总局又颁布了《原产地域产品通用要求》等强制性国家标准,初步形成了中国原产地域产品保护制度的法规体系。

2001年10月,为履行入世承诺,我国《商标法》进行了第二次修订,《商标法》第3条第2—3款①和第16条②对"地理标志"作了专门规定,特别需要说明的是,虽然我国未加入《里斯本协定》,但《商标法》第16条对"地理标志"的定义涵盖了《里斯本协定》中原产地名称的定义。2002年,《商标法实施条例》第6条规定:"商标法第16条规定的地理标志,可以依照商标法和本条例的规定,作为证明商标或者集体商标申请注册。"该规定不仅明确了在中国可以根据《商标法》用证明商标保护地理标志,而且明确了可以用集体商标保护地理标志。2003年4月,根据新修订的《商标法》和《商标法实施条例》,国家工商行政管理总局修订了《集体商标、证明商标注册和管理办法》,并于2003年6月1日起实行。

2005年6月,为了进一步规范地理标志产品名称和专用标志的使用,保证地理标志产品的质量和特色,国家质检总局在总结、吸纳原有的《原产地域产品保护规定》和《原产地标记管理规定》成功经验的基础上,制定发布了《地理标志产品保护规定》,于2005年7月15日开始施行。《地理标志产品保护规定》充分体现了统一名称、统一制度、统一注册程序、统一标志和统一标准等"五个统一"的原则,也标志着地理标志保护工作在我国的进一步完善。

第五节 《保护非物质文化遗产公约》

一、《保护非物质文化遗产公约》的主要内容

2003年10月17日,联合国教育、科学及文化组织(以下简称联合国教科文组织)(United Nations Educational, Scientific and Cultural Organization, UNESCO)第32届会议在巴黎通过了《保护非物质文化遗产公约》(Convention for the Safeguarding of the Intangible Cultural Heritage,下称《公约》),《公约》于2006年4月

---

① "本法所称集体商标,是指以团体、协会或者其他组织名义注册,供该组织成员在商事活动中使用,以表明使用者在该组织中的成员资格的标志。

本法所称证明商标,是指由对某种商品或者服务具有监督能力的组织所控制,而由该组织以外的单位或者个人使用于其商品或者服务,用以证明该商品或者服务的原产地、原料、制造方法、质量或者其他特定品质的标志。"

② "商标中有商品的地理标志,而该商品并非来源于该标志所标示的地区,误导公众的,不予注册并禁止使用;但是,已经善意取得注册的继续有效。

前款所称地理标志,是指标示某商品来源于某地区,该商品的特定质量、信誉或者其他特征,主要由该地区的自然因素或者人文因素所决定的标志。"

21日起正式生效。2004年8月28日,经全国人民代表大会常务委员会批准,中国成为第六个加入《保护非物质文化遗产公约》的国家。截至2013年6月,《公约》已有153个缔约国。

在全球一体化进程快速发展的背景下,联合国教科文组织意识到经济发展所带来的社会变革正日益威胁着非物质文化遗产的生存环境,其在1989年《关于保护传统和民间文化的建议》、2001年《世界文化多样性宣言》和2002年第三次文化部长圆桌会议通过的《伊斯坦布尔宣言》中均强调了非物质文化遗产的重要性,指出非物质文化遗产是文化多样性的主要动力,又是可持续发展的保证。《公约》在序言中明确提出:"考虑到国际上现有的关于文化遗产和自然遗产的协定、建议书和决议需要有非物质文化遗产方面的新规定有效地予以充实和补充,考虑到必须提高人们,尤其是年轻一代对非物质文化遗产及其保护的重要意义的认识,考虑到国际社会应当本着互助合作的精神与本公约缔约国一起为保护此类遗产做出贡献,忆及教科文组织有关非物质文化遗产的各项计划尤其是'宣布人类口头遗产和非物质遗产代表作'计划,认为非物质文化遗产是密切人与人之间的关系以及他们之间进行交流和了解的要素,它的作用是不可估量的,于2003年10月17日通过本公约。"

《公约》旨在保护各种传统及口头表达方式(包括作为非物质文化遗产载体的语言)、戏剧艺术、社会实践、典礼仪式和节庆活动,有关自然和宇宙的知识和实践,以及关于传统手工业的各种诀窍。《公约》在较大程度上改变了全世界对非物质文化遗产及其保护的认知,弥补了《保护世界文化和自然遗产公约》[①]未涉及保护手工艺、舞蹈、口头传统等类型表达文化遗产的缺憾,明确保护"活的文化遗产"。并指出,这些代代相传的非物质文化遗产不断得到各个社群的再创造,并赋予这些社群一致感和连续感。

(一)《公约》的宗旨[②]

(1)保护非物质文化遗产;

(2)尊重有关社区、群体和个人的非物质文化遗产;

(3)在地方、国家和国际一级提高对非物质文化遗产及其相互欣赏的重要

---

① 1972年11月16日,联合国教科文组织在巴黎第17届会议通过了《保护世界文化和自然遗产公约》(Convention Concerning the Protection of the World Cultural and Natural Heritage)。在该公约中,"文化遗产"包括:从历史、艺术或科学角度看具有突出的普遍价值的建筑物、碑雕和碑画、具有考古性质成分或结构、铭文、窟洞以及联合体;从历史、艺术或科学角度看在建筑式样、分布均匀或与环境景色结合方面具有突出的普遍价值的单立或连接的建筑群;从历史、审美、人种学或人类学角度看具有突出的普遍价值的人类工程或自然与人联合工程以及考古址等地方。"自然遗产"包括:从审美或科学角度看具有突出的普遍价值的由物质和生物结构或这类结构群组成的自然面貌;从科学或保护角度看具有突出的普遍价值的地质和自然地理结构以及明确划为受威胁的动物和植物生境区;从科学、保护或自然美角度看具有突出的普遍价值的天然名胜或明确划分的自然区域。

② 《保护非物质文化遗产公约》第1条。

性的意识;

(4) 开展国际合作及提供国际援助。

(二)《公约》对"非物质文化遗产"的定义与范围界定

1. 非物质文化遗产的定义①

非物质文化遗产,指被各社区、群体,有时是个人,视为其文化遗产组成部分的各种社会实践、观念表述、表现形式、知识、技能以及相关的工具、实物、手工艺品和文化场所。这种非物质文化遗产世代相传,在各社区和群体适应周围环境以及与自然和历史的互动中,被不断地再创造,为这些社区和群体提供持续的认同感,从而增强对文化多样性和人类创造力的尊重。在本公约中,只考虑符合现有的国际人权文件,各社区、群体和个人之间相互尊重的需要和顺应可持续发展的非物质文化遗产。其中,非物质性的涵义是与满足人们物质生活基本需求的物质生产相对而言的,指以满足人们的精神生活需求为目的的精神生产涵义上的非物质性,并非与物质绝缘,而是指其偏重于以非物质形态存在的精神领域的创造活动及其结晶。②

2. 非物质文化遗产的范围

《公约》规定了"非物质文化遗产"的五大类型③,结合联合国教科文组织颁布的《口头和非物质遗产范畴的列举和示范》(补充性文件),非物质文化遗产的范围包括④:

(1) 口头传统和表现形式,包括作为非物质文化遗产媒介的语言,即诗歌、史话、神话、传说及对文化群体具有重要意义的其他叙事的表演和公开表述;

(2) 表演艺术,即在文化群体的节庆或礼仪活动中的表演艺术,其中包括肢体语言、音乐、戏剧、木偶和歌舞等表现形式;

(3) 社会实践、礼仪、节庆,即人一生中的各种仪式(出生、成长、结婚、离婚和殡葬等仪式),游戏和体育活动,亲族关系与亲族关系的仪式,定居模式,烹调技术,确定身份和长幼尊卑的仪式,有关四季的仪式,不同性别的社会习俗,打猎、捕鱼和收获习俗,源于地名的姓名和源于父名的姓名,丝绸文化和工艺(生产、纺织、缝纫、染色和图案设计),木雕,纺织品,人体艺术(文身、穿孔和人体绘画);

(4) 有关自然界和宇宙的知识和实践,即有关大自然(如时间和空间)的观

---

① 《保护非物质文化遗产公约》第 2 条第 1 款。

② 参见佚名:《世界遗产的四大分类及其标准说明》,http://www.517japan.com/viewnews-1657.html,访问日期:2013 年 9 月 17 日。

③ 《保护非物质文化遗产公约》第 2 条第 2 款规定:"按上述第 1 段的定义,'非物质文化遗产'包括以下方面(a) 口头传统和表现形式,包括作为非物质文化遗产媒介的语言;(b) 表演艺术;(c) 社会实践、仪式、节庆活动;(d) 有关自然界和宇宙的知识和实践;(e) 传统手工艺。"

④ 李秀娜:《非物质文化遗产的知识产权保护》,法律出版社 2010 年版,第 15 页。

念,农业活动和知识,生态知识与实践,药典和治疗方法,宇宙观,航海知识,预言与神谕,有关大自然、海洋、火山、环境保护和实践,天文和气象的具有神秘色彩的、精神上的、预言式的、宏观宇宙和宗教方面的信仰和实践,冶金知识,计数和计算方法,畜牧业、水产,食品的保存、制作、加工和发酵,花木艺术,纺织知识和艺术;

(5) 传统手工艺技能。

(三)《公约》对"非物质文化遗产"保护措施的规定

"保护"非物质文化遗产,是指采取措施,确保非物质文化遗产的生命力,包括这种遗产各个方面的确认、立档、研究、保存、保护、宣传、弘扬、承传(主要通过正规和非正规教育)和振兴。[①]

针对非物质文化遗产保护的整体性与系统性需求,《公约》规定了一整套的工作流程,涉及9个步骤与流程,即:确认→建档→研究→保存→保护→宣传→弘扬→传承→振兴,分别对应于保护工作的不同环节与对象。值得注意的是,对"保存"和"保护"应作区别性阐释——"保存",是指以有形的形态对无形的非物质遗产尤其是资料形态进行有效保存和恰当利用;"保护",是指以立法形式对与非物质文化相关的各种权益进行积极保护。[②] 作此区分,有利于人们针对不同非物质文化遗产项目选择不同的处理方式,即:对所有非物质文化遗产项目均应采取调查、认定、记录、建档等措施予以保存;对具有历史、文学、艺术和科学价值的非物质文化遗产应采取积极传承、传播等保护措施,而对那些可能给社会带来消极影响的非物质文化遗产项目则不宜以积极方式保护。

(四)《公约》的组织机构简介[③]

1. 缔约国大会(简称"大会")。大会为公约最高权力机关,每两年举行一次常会,大会按议事规则作出决议和决定。

2. 政府间保护非物质文化遗产委员会(简称"委员会")。在《公约》缔约国数目达到50个之后,委员会委员国的数目为24个。委员会委员国由公约缔约国大会选出,选举应符合公平的地理分配和轮换原则,任期4年(不得连选连任两届),各委员国应选派在非物质文化遗产各领域有造诣的人士为其代表。

委员会的职能包括:

(1) 宣传公约的目标,鼓励并监督其实施情况;

(2) 就好的做法和保护非物质文化遗产的措施提出建议;

(3) 按规定拟订利用基金资金的计划并提交大会批准;

[①] 《保护非物质文化遗产公约》第2条第3款。

[②] 参见巴莫曲布嫫:"何谓'保护'?——写在《保护非物质文化遗产公约》生效之际",载《中国民族报》2006年4月28日第九版。

[③] 参见《保护非物质文化遗产公约》第4条—第10条。

（4）按规定努力寻求增加其资金的方式方法,并为此采取必要的措施;

（5）拟订实施公约的业务指南并提交大会批准;

（6）按规定审议缔约国的报告并将报告综述提交大会;

（7）按标准审议缔约国提出的申请并就相关事项作出决定,审议并决定"人类非物质文化遗产代表作名录""急需保护的非物质文化遗产名录""保护非物质文化遗产的计划、项目和活动""是否提供国际援助"事项。

3. 秘书处。秘书处协助委员会工作,负责起草大会和委员会文件及其会议的议程草案和确保其决定的执行。

（五）《公约》对缔约国在国家一级保护非物质文化遗产的要求①

1. 各缔约国应采取必要措施确保其领土上的非物质文化遗产受到保护,由各社区、群体和有关非政府组织参与,确认和确定其领土上的各种非物质文化遗产,要求缔约国根据自己的国情拟订非物质文化遗产清单,并应定期加以更新。

2. 各缔约国应努力采取下列措施,确保其领土上的非物质文化遗产得到保护、弘扬和展示。

（1）制定一项总的政策,使非物质文化遗产在社会中发挥应有的作用,并将这种遗产的保护纳入规划工作;

（2）指定或建立一个或数个主管保护其领土上的非物质文化遗产的机构;

（3）鼓励开展有效保护非物质文化遗产,特别是濒危非物质文化遗产的科学、技术和艺术研究以及方法研究;

（4）采取适当的法律、技术、行政和财政措施,以便促进非物质文化遗产的传承、享用、尊重和利用。

3. 各缔约国应竭力采取各种必要手段,使非物质文化遗产在社会中得到确认、尊重和弘扬。要求缔约国主要做好各项与非物质文化遗产保护有关的教育、宣传、传播信息、能力培养、科学研究等工作;要求缔约国在开展保护非物质文化遗产活动时,应努力确保创造、延续和传承这种遗产的社区、群体、个人的最大限度参与,并吸收他们积极地参与有关管理活动。

（六）《公约》关于缔约国获得在国际一级保护非物质文化遗产的规定②

1. 编辑、更新和公布人类非物质文化遗产代表作名录。此类名录由委员会根据有关缔约国的提名进行编辑、更新和公布,由委员会拟订有关编辑、更新和公布此代表作名录的标准并提交大会批准。

2. 编辑、更新和公布急需保护的非物质文化遗产名录。此类名录由委员会编辑、更新和公布,并根据有关缔约国的要求将此类遗产列入该名录;委员会拟

---

① 参见《保护非物质文化遗产公约》第11条—第15条。
② 参见《保护非物质文化遗产公约》第16条—第18条。

订有关编辑、更新和公布此名录的标准并提交大会批准;委员会在极其紧急的情况下,可与有关缔约国协商将有关的遗产列入"人类非物质文化遗产代表作名录"。

3. 开展保护非物质文化遗产的计划、项目和活动。在缔约国提名的基础上,委员会按标准定期遴选并宣传其认为最能体现本公约原则和目标的国家、分地区或地区保护非物质文化遗产的计划、项目和活动。为此,委员会接受、审议和批准缔约国提交的关于要求国际援助拟订此类提名的申请。委员会按照它确定的方式,配合这些计划、项目和活动的实施,随时推广有关经验。

(七)《公约》关于缔约国在保护非物质文化遗产方面的国际合作与援助规定①

《公约》所称"国际合作",主要是交流信息和经验,采取共同的行动,以及建立援助缔约国保护非物质文化遗产工作的机制。《公约》规定,基于保护列入《急需保护的非物质文化遗产名录》的遗产、拟定非物质文化遗产清单、支持保护非物质文化遗产的计划、项目和活动及其他委员会认为必要的一切目的,缔约国可以向委员会审查国际援助,由委员会依公约规定的程序和条件审议决定是否为申请国提供援助。国际援助的形式包括:(1)对保护这种遗产的各个方面进行研究;(2)提供专家和专业人员;(3)培训各类所需人员;(4)制订准则性措施或其他措施;(5)基础设施的建立和营运;(6)提供设备和技能;(7)其他财政和技术援助形式,包括在必要时提供低息贷款和捐助。受援缔约国应与委员会签署协定,通常应在自己力所能及的范围内分担国际所援助的保护措施的费用,并应向委员会报告关于使用所提供的保护非物质文化遗产援助的情况。

(八)《公约》关于非物质文化遗产基金方面的规定②

保护非物质文化遗产基金(下称"基金"),其性质为信托基金,其来源包括:(1)缔约国的纳款;(2)教科文组织大会所拨的资金;(3)国家、联合国系统各组织署、其他国际组织、各类公营私营机构及个人提供的捐款、赠款或遗赠;(4)基金的资金所得的利息;(5)为本基金募集的资金和开展活动之所得;(6)委员会制定的基金条例所许可的所有其他资金。《公约》要求"对基金的捐款不得附带任何与本公约所追求之目标不相符的政治、经济或其他条件"。

各缔约国均应承担基金纳款义务,《公约》要求在不妨碍任何自愿补充捐款的情况下,缔约国至少每两年向基金纳一次款,其金额由大会根据适用于所有国家的统一的纳款额百分比加以确定。《公约》还要求缔约国应尽力支持在教科文组织领导下为该基金发起的国际筹资运动。

---

① 参见《保护非物质文化遗产公约》第19条—第24条。
② 参见《保护非物质文化遗产公约》第25条—第28条。

(九)《公约》关于缔约国的报告要求及其他条款①

《公约》要求各缔约国应按照委员会确定的方式和周期向其报告它们为实施本公约而通过的法律、规章条例或采取的其他措施的情况。《公约》还规定,委员会应把在本公约生效前宣布为"人类口述和非物质遗产代表作"的遗产纳入人类非物质文化遗产代表作名录。

《保护非物质文化遗产公约》是有关非物质文化遗产公法保护的首个有约束力的国际法律文件。《公约》努力为非物质文化遗产创造分类标准,将空泛的文化保护意愿转向为实际的信息收集,这种努力将有助于避免知识产权剽窃,但并未直接规定知识产权或其他形式的法律保护。②

二、非物质文化遗产的特征及法律保护

非物质文化遗产的特征决定了其所体现的利益关系,并进而影响到非物质文化遗产法律保护路径的选择。

(一) 非物质文化遗产的特征

1. 独特性。任何文化都含有独特的文化基因和民族记忆,非物质文化遗产作为文化的表达形式,是民族或群体文化的基础部分,蕴含着该民族或群体最深的传统文化渊源,表现为特定的物质成果或具体的行为方式、礼仪、习俗等,反映了特定民族或群体的生活、生存方式,并体现其独特的思想、情感、意识和价值观,具有唯一性和不可再生性。

2. 传承性。非物质文化遗产是长期以来流传于世的文化事项,通过世代相传得以保留和延续,有着较长的历史渊源,通常采用言传身教、口传心授的方式不断传播、扩散。

3. 活态流变性。非物质文化遗产是思维方式与行为活动的整合体,其本质是非物质性的活态文化,并依附于人的存在而存在。③ 非物质文化遗产的存在必须依靠传承主体的实际参与,体现为特定时空下一种立体复合的能动活动,是人类不断更新和叠加的历史文化记忆。发展地看,一切现存的非物质文化事项,都需要在与自然、现实、历史的互动中不断变异和创新,这也注定它处在永不停息的变化中。因此,特定的生存形态决定了非物质文化遗产的活态流变性特征④。

---

① 参见《保护非物质文化遗产公约》第 29 条—第 31 条。
② 李秀娜:《非物质文化遗产的知识产权保护》,法律出版社 2010 年版,第 108 页。
③ 宁洋:"论非物质文化遗产的非物质属性",载《淮海工学院学报(人文社会科学版)》2012 年第 2 期。
④ 参见贺学君:"关于非物质文化遗产保护的理论思考",载《江西社会科学》2005 年第 2 期。

4. 公共性。非物质文化遗产的存在和发展依赖于集体智慧,在对其进行传承的社群、原住民团体中是公开或相对公开的。非物质文化遗产所赋予的民族认同感、凝聚力、文化多样性等公共利益为全体成员共享,这种外部性正是非物质文化遗产存在的价值体现,而也正是这一性质决定了非物质文化遗产是非排他性的文化产物,其文化权利属于集体人权。①

5. 经济性。非物质文化遗产不仅需要静态的保护与传承,也需要动态的创新和发展。非物质文化遗产作为一种稀缺的、不可复制的经济资源,在市场经济条件下具有较大的产业开发与利用价值。例如,在有效保护和传承的前提下,遵循市场经济规律和文化产业发展规律,对口承文学、历史传说、环境知识、生产技术、消费习惯、交际礼节、人生仪式、节日庆典、组织制度、娱乐游戏、艺术技能、信仰心理等文化事项进行整理和创新性利用,便可能孵化出一些新兴的行业和产业部门。

(二) 非物质文化遗产的法律保护

就本质而言,非物质文化遗产因兼具文化性和经济性,既体现公共利益又包含私人利益,从而决定了其法律保护路径选择的复杂性与多样性,即法律保护体系的构建应当兼顾和协调公法保护和私法保护的关系。②

1. 非物质文化遗产的公法保护

非物质文化遗产作为民间文化,其价值主要在于是否保留有足够的文化基因。非物质文化遗产保护问题涉及非物质文化遗产的保存、表达自由和宗教信仰自由、尊重土著人民和其他传统社区的权利、利益和诉求、习惯法和习俗的认可、知识的可获得性、多元文化的挑战、促进文化多样性等一些重要的政策领域。③ 从非物质文化遗产保护的有关国际公约来看,文化权利、公民的文化自由和民主权利、民族或地区的文化发展权是《世界人权宣言》、《公民权利和政治权利》及《经济、社会与文化权利》中规定的基本人权,保护非物质文化遗产是为了更好地实现这些人权。④ 为切实保障传统来源地的文化生态可持续发展,保障传统社群的传统生活状态不会遭受破坏性冲击,保障传承人的基本生活和精神归属,就需要通过公法(主要是行政法)来加以保护和调整。目前,对非物质文化遗产的保护主要采用公法保护模式,它包括两个方面:(1) 对具有特别重要价值的非物质文化遗产通过行政手段予以确认和保护,使他们能够保持成为人类文化遗产中的一部分,从而得以更好地保护和传承;(2) 在国内层面上制定保护

---

① 黄永龙:"非物质文化遗产的公共属性与保护对策研究",载《现代商业》2011年第33期。
② 参见李墨丝:《非物质文化遗产保护国际法制研究》,法律出版社2010年版,第163页。
③ 李墨丝:《非物质文化遗产保护国际法制研究》,法律出版社2010年版,第158、159页。
④ 黄玉烨:"论非物质文化遗产的私权保护",载《中国法学》2008年第5期。

非物质文化遗产所需要的法律,并募集保护基金。[①]

国际社会近半个世纪的保护实践证明,非物质文化遗产的真正价值在于"保留",《保护非物质文化遗产公约》对缔约国的保护工作要求主要集中于"保护""弘扬""展示""传承""尊重"领域,政府作为保护非物质文化遗产的主体,是行使国家文化主权的必然要求,其主导着非物质文化遗产的保护工作,负责对非物质文化遗产进行普查、认定、保存、研究、传播、教育等一系列工作。《保护非物质文化遗产公约》将保护非物质文化遗产的政府行为限定为:制定非物质文化遗产保护总政策;建立非物质文化遗产主管机构;编制非物质文化遗产清单;鼓励申报、认定非物质文化遗产代表作;建立非物质文化遗产文献机构;建立非物质文化遗产基金;鼓励非物质文化遗产的研究工作;制定法律法规保护非物质文化遗产;加强国际合作与交流。

非物质文化遗产公法保护的目的在于维护公共利益,但不能保护非物质文化遗产持有人的私人利益。

2. 非物质文化遗产的私法保护

非物质文化遗产作为一种文化资源,具有重要的产业开发价值,在对其进行产业化利用过程中,涉及非物质文化遗产的权利归属、权益保护、促进创新和创造等问题。一方面,特定社群在长期的共同社会生活过程中积累了很多生产、生活实践做法,这些实践做法能够产生利益,而利益是权利制度设计需要锁定的目标,是人们主张和行使权利的根本动机[②];另一方面,非物质文化遗产持有人(包括社群或个人)在传承文化的同时也在不断对传统文化形式进行更新与发展,其所付出的智力劳动应当得到承认与尊重,并获得适宜的权益保障,即通过授予非物质文化遗产持有人以专有性权利来促进动态文化遗产的可持续利用与有效保护,有利于防止对非物质文化遗产的不正当使用与贬损性使用,有利于保存、发展以及合理利用本群体、本民族的非物质文化遗产。非物质文化遗产的私权保护可以控制对非物质文化遗产的获取、披露和使用;可以行使对任何获取或披露和使用非物质文化遗产要求取得事先知情同意的权利;可以旨在确保对利用非物质文化遗产所取得的惠益进行公平和公正的惠益分享制度,并通过有效的机制防止未经授权的利用;可以确保继续对非物质文化遗产的合理开发和利用并避免发生不良效应;可以防止第三方声称对非物质文化遗产拥有知识产权。[③]

现实中,对非物质文化遗产进行不当利用,损害非物质文化遗产持有人精神

[①] 黄玉烨:"论非物质文化遗产的私权保护",载《中国法学》2008年第5期。
[②] 参见李秀娜:《非物质文化遗产的知识产权保护》,法律出版社2010年版,第36页。
[③] 黄玉烨:"论非物质文化遗产的私权保护",载《中国法学》2008年第5期。

利益和经济利益的行为主要有：① 非物质文化遗产剽窃行为[①]；② 未经许可的复制、改编、散发、表演和其他类似行为；③ 侮辱性、减损性和精神上的冒犯性使用；④ 对非物质文化遗产来源和真实性作虚假、误导性声明或不承认其来源。[②]

对非物质文化遗产的私权保护问题的讨论主要集中于知识产权领域。非物质文化遗产是无形的传统性知识及其表现形式，在其发展过程中，一直进行着活态创新，具有知识产品特性，将非物质文化遗产作为一种知识产权进行保护已经在国际上形成共识，但由于非物质文化遗产固有的公共性、传承性等特征与现行知识产权制度并不完全匹配，利用现有知识产权制度并不足以保护种类繁多的非物质文化遗产项目。[③] 目前，在非物质文化遗产私权保护方面的研究主要集中于特殊保护制度的设计与安排。为有效保护非物质文化遗产持有人的精神利益和经济利益，国际组织和各国提出的非物质文化遗产特殊保护制度主要涉及以下内容：(1) 注册登记。指为了取得相关法律权利而进行的一种活动，注册登记对广大公众公开，置于公众监督之下，通过注册登记向社会公众进行公示，并应适时更新注册登记事项。(2) 事先告知同意。这是一种防御性的保护措施，指他人在使用非物质文化遗产之前，使用者应通知持有非物质文化遗产的社群或个人。(3) 授权契约。这是一项积极性的保护措施，指通过契约方式规范非物质文化遗产的使用及利益分享等事项。(4) 来源地披露。[④]

三、我国非物质文化遗产法律保护

(一)《非物质文化遗产法》

作为《保护非物质文化遗产公约》的缔约国，我国秉承《公约》精神，积极响应和参与联合国教科文组织在该公约框架下所开展的一系列国际合作，进一步加强与其他国家在非物质文化遗产保护领域的交流与合作，制定和实施了一系列符合该公约原则和精神的非物质文化遗产保护措施。我国于2011年2月25日通过了《非物质文化遗产法》，该法在实务层面上为非物质文化遗产的保护、保存提供了明确的法律依据，将各级政府部门保护、保存非物质文化遗产的职责上升为法律责任。《非物质文化遗产法》所称"非物质文化遗产"，是指各族人民世代相传并视为其文化遗产组成部分的各种传统文化表现形式，以及与传统文化表现形式相关的实物和场所。"非物质文化遗产"类型包括：① 传统口头文学

---

① 非物质文化遗产剽窃行为，指第三人故意或非故意利用其他国家或其他社群的居民长久以来所流传的知识或技术，进而占为己有，并申请专利、商标等属于个人的知识产权权利的行为。又称"文化掠夺"。
② 参见李秀娜：《非物质文化遗产的知识产权保护》，法律出版社2010年版，第36—40页。
③ 参见同上书，第163页。
④ 参见同上书，第165、166页。

以及作为其载体的语言;② 传统美术、书法、音乐、舞蹈、戏剧、曲艺和杂技;③ 传统技艺、医药和历法;④ 传统礼仪、节庆等民俗;⑤ 传统体育和游艺;⑥ 其他非物质文化遗产。属于非物质文化遗产组成部分的实物和场所,凡属文物的,适用《中华人民共和国文物保护法》的有关规定。① 该法规定"国家对非物质文化遗产采取认定、记录、建档等措施予以保存,对体现中华民族优秀传统文化,具有历史、文学、艺术、科学价值的非物质文化遗产采取传承、传播等措施予以保护。"② 并确立了非物质文化遗产保护的三项制度:

1. 调查制度。即要求做好非物质文化遗产的普查摸底工作,充分利用现代化手段对非物质文化遗产进行真实、系统和全面的记录,建立档案和数据库,对所有非物质文化遗产项目进行保存。县级以上人民政府负有开展非物质文化遗产调查的职责,具体由文化主管部门负责进行调查,全面了解和掌握各地各民族非物质文化遗产资源的种类、数量、分布状况、生存环境、保护现状及存在问题,对非物质文化遗产予以认定、记录、建档,建立健全调查信息共享机制;对境外组织或者个人在我国境内进行非物质文化遗产调查行为做出程序方面的限制性规定。

2. 代表性项目名录制度。即通过制定评审标准并经过科学认定,逐步建立国家级和省、市、县级非物质文化遗产代表作名录体系。非物质文化遗产代表性项目名录,是指国务院和省、自治区、直辖市人民政府为了保护体现中华民族优秀传统文化,具有历史、文学、艺术、科学价值的非物质文化遗产项目而建立的名录,包括国家级非物质文化遗产代表性项目名录和地方非物质文化遗产代表性项目名录。国家级非物质文化遗产代表作名录由国务院批准公布;省、市、县级非物质文化遗产代表作名录由同级政府批准公布,并报上一级政府备案。

3. 传承与传播制度。非物质文化遗产是依附于个体的人、群体或特定区域或空间而存在的"活态"文化,无论是口述文学及语言、传统表演艺术,还是传统手工艺技能、传统礼仪节庆等各类文化形式,均与人的活动(包括展示、表演和传承)紧密联系,传承人的活态传承活动赋予了非物质文化遗产鲜活和持久的生命力。因此,非物质文化遗产的保护措施,不仅应重视对物质性载体的收集、整理和保存工作,更重要的还在于对掌握、表现优秀非物质文化遗产技艺或形态的传承人加以保护。《非物质文化遗产法》规定:"国务院文化主管部门和省、自治区、直辖市人民政府文化主管部门对本级人民政府批准公布的非物质文化遗产代表性项目,可以认定代表性传承人。""县级以上人民政府文化主管部门根据需要,采取下列措施,支持非物质文化遗产代表性项目的代表性传承人开展传

---

① 《中华人民共和国非物质文化遗产法》第2条。
② 《中华人民共和国非物质文化遗产法》第3条。

承、传播活动:(1) 提供必要的传承场所;(2) 提供必要的经费资助其开展授徒、传艺、交流等活动;(3) 支持其参与社会公益性活动;(4) 支持其开展传承、传播活动的其他措施。"

(二)《文物保护法》

为加强对文物的保护,继承中华民族优秀的历史文化遗产,我国于1982年11月制定《文物保护法》,历经1991年6月、2002年10月、2007年12月、2013年6月四次修订,是我国文化领域的第一部法律,为文物安全提供了法律保障。《文物保护法》规定受保护的文物包括在我国境内的:(1) 具有历史、艺术、科学价值的古文化遗址、古墓葬、古建筑、石窟寺和石刻、壁画;(2) 与重大历史事件、革命运动或者著名人物有关的以及具有重要纪念意义、教育意义或者史料价值的近代现代重要史迹、实物、代表性建筑;(3) 历史上各时代珍贵的艺术品、工艺美术品;(4) 历史上各时代重要的文献资料以及具有历史、艺术、科学价值的手稿和图书资料等;(5) 反映历史上各时代、各民族社会制度、社会生产、社会生活的代表性实物。同时,还明确保护"具有科学价值的古脊椎动物化石和古人类化石"。

《文物保护法》确立和规定了一系列保护文物的原则和重要措施,构建了文化保护的重要制度,规定"公布文物保护单位和历史文化名城""考古发掘和馆藏文物管理""文物出口许可证""文物国家、集体、个人所有"等法律制度,反映了文物保护的基本经验和规律,开启了文物保护工作依法行政、依法管理的新格局,要求依法维护国家、集体、个人对其所有文物所享有的合法权益,依法维护文物保护管理工作的公平正义。《文物保护法》保护的主要是承载、记录历史文化的物质性的遗存,对活态流变的非物质文化遗产仅能提供间接保护。

(三) 非物质文化遗产的知识产权保护

由于与非物质文化遗产有关的知识产权问题较为复杂,处理不当会引发矛盾。《保护非物质文化遗产公约》中没有对非物质文化遗产提供知识产权保护的条款,我国《非物质文化遗产法》的立法目的也仅在于为非物质文化遗产提供行政保护,并未直接规定非物质文化遗产的知识产权保护内容。鉴于现实中存在因使用非物质文化遗产引发知识产权纠纷的现象,《非物质文化遗产法》第44条作出衔接性的规定:"使用非物质文化遗产涉及知识产权的,适用有关法律、行政法规的规定。"对非物质文化遗产涉及的改编者、表演者等的权利、商业秘密等,可以适用现有的法律法规进行保护。[1]

鉴于非物质文化遗产内容广泛,且其特征及保护价值取向与现行知识产权制度之间存在诸多不适应性,学界普遍认为,将非物质文化遗产纳入知识产权体

---

[1] 参见信春鹰:《中华人民共和国非物质文化遗产法解读》,中国法制出版社2011年版,第278页。

系并不能靠简单地解释适用现行知识产权制度,而应该创新知识产权理论体系,摆脱现行知识产权制度的范式依赖,将保护范围从智力成果本身发展到智力成果的源泉,构建符合非物质文化遗产性质的新型知识产权保护制度。①

(四)我国非物质文化遗产维权诉讼典型案例简介

【案例1】 中国首例侵害民间文艺作品著作权案——《乌苏里船歌》侵权案

1999年11月,中央电视台与南宁市人民政府共同主办了"1999南宁国际民歌艺术节"开幕式晚会。郭颂在晚会上演唱了《乌苏里船歌》,南宁国际民歌艺术节组委会将此次晚会录制成VCD光盘,北辰购物中心销售的刊载《乌苏里船歌》音乐作品的各类出版物上,署名均为"作曲:汪云才、郭颂"。2001年3月,黑龙江省饶河县四排赫哲族乡政府将郭颂、中央电视台、南宁市政府、北京北辰购物中心告上法庭,称其侵犯了著作权,请求法院判令被告在中央电视台播放《乌苏里船歌》,说明其为赫哲族民歌,并对侵犯著作权一事作出道歉,判令被告赔偿原告经济损失40万元,精神损失10万元。

原告诉称:《乌苏里船歌》是赫哲族人民在长期劳动和生活中逐渐产生的反映赫哲族民族特点、精神风貌和文化特征的民歌,属于《著作权法》规定②的"民间艺术作品",赫哲族人民享有《乌苏里船歌》署名权等精神权利和获得报酬权等经济权利,被告侵犯了其著作权。郭颂认为:《乌苏里船歌》既有新创作的曲子又有歌词,是自己和胡小石、汪云才借鉴西洋音乐的创作手法共同创作的原创作品;此外,全国赫哲族成建制的民族乡有3个,原告只是其中之一,无资格和理由代表全体赫哲族人提起诉讼。

法院在审理过程中,委托中国音乐著作权协会从作曲的专业角度对音乐作品《乌苏里船歌》与《想情郎》等曲调进行技术分析鉴定,鉴定结论为:《乌苏里船歌》是在《想情郎》等赫哲族民歌的曲调基础上编曲或改编而成,不是作曲。法院认为,原创和改编均是著作权法规定的产生文学、艺术和科学作品的一种智力活动,但因为投入的智力劳动不同,作者对形成的作品享有的权利和承担的义务也不同。一部作品如系原创,则作者对该作品享有完整的著作权;如果改编,则作者对该作品享有的权利要受原作品著作权人权利的限制,未履行法定的义务就会构成侵权。在本案中,被告在使用该作品时应注明该歌曲曲调根据赫哲族传统民间曲调改编,因其未履行该义务,故构成侵权。法院还认为,原告作为民族乡政府既是赫哲族部分群体的政治代表,也是赫哲族部分群体公共利益的代

---

① 参见李秀娜:《非物质文化遗产的知识产权保护》,法律出版社2010年版,第2页。
② 《中华人民共和国著作权法》第6条规定:"民间文学艺术作品的著作权保护办法由国务院另行规定。"

表,在赫哲族民间文学艺术可能受到侵害时,鉴于权利主体状态的特殊性,为维护本区域内的赫哲族公众的权益,原告可以以自己的名义提起诉讼。据此,2002年12月27日,北京市第二中级人民法院作出一审判决:(1) 郭颂、中央电视台以任何方式再使用《乌苏里船歌》时,应当注明其根据赫哲族民间曲调改编;(2) 郭颂、中央电视台于判决生效之日起30日内在《法制日报》上发表音乐作品《乌苏里船歌》系根据赫哲族民间曲调改编的声明;(3) 北京北辰购物中心立即停止销售任何刊载未注明改编出处的音乐作品《乌苏里船歌》的出版物;(4) 郭颂、中央电视台于判决生效之日起30日内给付原告因本案诉讼支出的合理费用各1500元;(5) 驳回原告其他诉讼请求。被告郭颂及中央电视台不服一审判决,提出上诉。2003年12月17日,北京市高级人民法院作出维持一审判决的终审判决。

【案例2】 "中国文艺类非遗维权第一案"——电影《千里走单骑》侵犯"安顺地戏"署名权案

2010年1月,贵州省安顺市文化体育局向北京市西城区人民法院提起诉讼,对电影《千里走单骑》的导演张艺谋、制片人张伟平、发行方北京新画面影业有限公司提起诉讼,提请法院判令上述三被告为《千里走单骑》侵犯"安顺地戏"的署名权一事消除影响,并以任何方式再使用影片《千里走单骑》时,应当注明"片中的云南面具戏实际上是安顺地戏"。安顺市文化体育局认为,张艺谋导演影片《千里走单骑》中作为故事主线贯穿始终的"云南面具戏"事实上是安顺市独有的"安顺地戏",影片中的地戏演员、地戏面具、地戏演出的剧目、音乐等均来自安顺地戏,但导演张艺谋在影片本身及影片发布会等公开场合中都未表明影片中所称"云南面具戏"的真实身份,在后期放映和光碟发行阶段也未提及"安顺地戏",这种张冠李戴的做法误导了观众,错误诠释了地方民俗文化,侵犯了"安顺地戏"的署名权。

法院审理认为,影片虽将"安顺地戏"改称为"云南面具戏",但这种演绎拍摄手法符合电影创作的规律,区别于不得虚构的新闻纪录片,而且张艺谋等人主观上并无侵害非物质文化遗产的故意和过失,从整体情况看,也未对"安顺地戏"产生法律所禁止的歪曲、贬损或者误导混淆的负面效果。2011年5月,北京市西城区人民法院作出判决,驳回了安顺市文化体育局的起诉。安顺市文化体育局不服,提出上诉。北京市第一中级人民法院经审理认为,"安顺地戏"属于民间地戏作品,但我国对于民间地戏作品尚无相应规定,因此只能适用著作权法,由于"安顺地戏"不是一个作者,也不构成作品,所以不享有署名权。因此,于2011年9月14日作出驳回上诉维持原判的终审判决。

第六节 《生物多样性公约》

人类的发展离不开自然资源,生物多样性及其组成部分对人类具有广泛而重要的价值。由于社会快速发展,人类与发展有关的活动对生物多样性构成严重威胁,为实现人类社会的可持续发展,各国必须采取有效措施保护生物多样性。1992 年 6 月 1 日,由联合国环境规划署发起的政府间谈判委员会第七次会议在内罗毕通过了《生物多样性公约》(Convention on Biological Diversity,CBD,下称《公约》),于 1993 年 12 月 29 日正式生效。《公约》是具有法律约束力的国际公约,要求缔约方执行条款义务,旨在保护濒临灭绝的植物和动物,最大限度地保护地球上的生物资源,以造福于当代和子孙后代。《公约》第一次达成了保护生物多样性是人类的共同利益和发展进程中不可缺少一部分的国际性共识,是国际社会为保护地球上生命有机体及其遗传基因及生态系统多样化,避免或尽量减轻人类活动使生物物种迅速减少的威胁而不懈努力获得的成果。《公约》为各国应对"生物剽窃"[1]行为、确保遗传资源的惠益分享奠定了初步的国际法基础,同时也为各国采取符合国情的履约对策提供了灵活的空间。我国于 1992 年 6 月 11 日签署该公约。公约自签署以来,获得了全球各国的广泛认同。截止到 2010 年 10 月,公约的缔约国已达 193 个[2],而且其中的大多数缔约国,都是在缔约当年即予正式批准。

一、《生物多样性公约》的产生背景

进入 20 世纪以后,人类赖以生存的自然环境持续恶化,引起了国际社会的广泛关注。《生物多样性公约》正是产生于协调全球环境保护的迫切需要。由于生物多样性的本质就在于基因遗传资源的多样性,而作为稀有的甚至是唯一的资源形态,基因遗传资源不仅构成了人类生存的物质基础,而且也是人类进行知识创造的灵感之源。[3] 因此,公约在为保护和合理利用环境制定规则时,直接涉及知识产权问题。通常认为,公约的缔结经历了三个阶段[4]:

---

[1] "生物剽窃"(bio-piracy),又称"生物掠夺"或者"生物海盗",一般是指发达国家的跨国公司、研究机构以及其他有关生物产业的机构凭借其生物技术上的优势,未经资源拥有国及土著和地方社区的许可和同意,利用这些国家丰富的遗传资源和相关传统知识,在物种、粮食和医药等领域进行研究和用于商业开发,进而利用西方现行的知识产权法律体系对已开发的技术申报专利,完全不考虑资源提供国/者的利益而独自获利的行为。

[2] 新华网 http://news.xinhuanet.com/ziliao/2004-02/12/content_1311642.htm,访问日期:2013 年 9 月 2 日。

[3] 吴汉东主编:《知识产权国际保护制度研究》,知识产权出版社 2007 年版,第 633 页。

[4] 唐广良、董炳和:《知识产权的国际保护》,知识产权出版社 2006 年版,第 513—514 页。

1972年，联合国在瑞典首都斯德哥尔摩召开人类环境大会，会议决定成立联合国环境规划署（简称UNEP）。此后，各国政府签署了一系列有关环境保护的区域性国际协议，主要涉及湿地保护、濒危物种国际贸易、有毒化学品污染控制等问题。这些协议的签署和实施，在一定程度上减缓了环境恶化的速度，比如减少了对某些动植物的过度捕获与偷猎，许多濒危物种得到了人为的保护，一些关键的生态系统也通过各种措施得到了维系。但是，这些努力并不能从根本上扭转环境恶化的趋势。

正如CBD秘书处在有关文件上指出的，上述措施事实上只是一种权宜之计，物种要长期生存只能依赖于其在自然状态下的自由进化。这表明，必须创立并实施一种政策，以经济手段来鼓励、刺激人类对自然资源积极保护与可持续利用，以避免因过度利用而走向毁灭。

1987年，世界环境与发展委员会提出了一份具有里程碑意义的研究报告——"我们共同的未来"。该报告认为，经济的发展不能再以牺牲生态环境为代价，人类有能力使发展达到可持续的状态，在保证满足当代人需要的同时，不至损害后代对其自身需要的满足。

1992年，联合国环境与发展大会在里约热内卢召开，这是迄今为止人类历史上规模最大的一次关于环境问题的首脑会议，被形象地称为"地球峰会"。这次会议签署了两个重要的国际公约，即《气候变化公约》和《生物多样性公约》。前者旨在减少二氧化碳等温室气体的排放，后者则是关于生物资源保护与可持续利用的第一个有约束力的全球性国际公约。

在《生物多样性公约》中，发达国家在维护自身利益的同时，作出了许多有利于发展中国家的让步，因而公约赢得了广大发展中国家的拥护。公约自签订以来，在国际上产生了巨大的影响，不仅签约国众多，而且由公约确立的法律机制，包括生物多样性与环境保护、基因遗传资源惠益分享等，已经成为之后的国际法和许多国家国内法的依据。以公约为基础，国际上在处理基因遗传资源的知识产权利用方面形成了与TRIPs体系相对应的生物多样性体系，包括联合国粮农组织（FAO）《粮食和农业植物遗传资源国际条约》《卡塔赫纳生物安全议定书》《关于获取遗传资源并公正和公平分享通过其利用所产生惠益的波恩准则》《多哈宣言》的有关条款等，均可视为对《生物多样性公约》的实施。[①]

二、《公约》的宗旨、目标和基本原则

（一）宗旨

加强和补充现有保护生物多样性和持久使用其组成部分的各项国际安排，

[①] 吴汉东、郭寿康主编：《知识产权制度国际化问题研究》，北京大学出版社2010年版，第313页。

并为今世后代的利益,保护和持久使用生物多样性。①

(二) 目标

CBD 第 1 条规定,公约的目标主要有三个:(1) 保护生物多样性;(2) 促成对多样性生物资源的可持续利用;(3) 依照公平合理原则,分享遗传资源(Genetic Resources)的商业利用和其他形式利用所带来的惠益。

为了实现上述目标,《公约》在第 1 条还规定了"实现手段",包括遗传资源的适当取得,有关技术的适当转让,以及提供适当的资金。当然,无论是资源的取得还是技术的转让,都必须尊重对这些资源和技术的一切权利。

(三) 基本原则

1. 国家主权原则。《公约》第 3 条规定,根据联合国宪章和国际法原则,各国拥有按照其环境政策开发其资源的主权权利。同时,各国也有义务确保在它管辖或控制的范围内的活动,不至于对其他国家的环境或国家管辖范围以外的地区的环境造成损害。

《公约》第 15 条第 1 款规定,公约确认各国对作为其自然资源一部分的生物资源拥有主权,各国政府有权依据其本国法律决定可否取得及如何获取其主权管辖范围内的生物资源。

2. 便利利用原则。《公约》第 15 条第 2 款规定,各缔约国应创造条件,便利其他缔约国取得生物资源用于无害环境的用途,不对此种取得设置有悖于本公约目标的限制。

3. 惠益分享原则。《公约》第 15 条第 7 款规定,各缔约国应采取适当的立法、行政或政策性措施,按照双方协商一致的条件,与遗传资源提供国公平分享研究开发此种资源的成果,以及因遗传资源的商业利用或其他形式利用所带来的惠益。

4. 公约独立性原则。《公约》第 22 条"与其他公约的关系"规定,本公约的规定不影响涉及生物遗传资源利用和惠益分配的任何现有国际协定下的权利和义务,除非行使这些权利和义务将严重破坏或威胁生物多样性。

上述原则表明,公约认为,生物遗传资源即属于主权国家,又属于全人类,因而在资源的利用与利益分配上,即反对无视国家主权的"生物海盗"行为,也不赞成将资源管制绝对化,而采取了一种兼顾各方利益的折中主张。在将知识产权归属于生物技术创造者的同时,又要求其尊重资源来源国的主权与贡献,以促进生物资源的有效保护与可持续利用。

---

① 参见《生物多样性公约》序言。

三、《生物多样性公约》的主要内容

《生物多样性公约》共有 42 条及两个附件。公约的第 6—21 条是关于生物资源保护、利用及惠益分享的实体规则,主要包括以下八项内容:

(一) 保护及可持续利用生物资源的措施与激励办法

1. 一般措施

《公约》第 6 条规定,各缔约国应按照本国的特殊情况和能力:

(1) 为保护和可持续利用生物资源制定国家战略、计划或方案,或为此目的而革新现有战略、计划或方案,以体现该缔约国依本公约应当采取的措施;

(2) 尽一切可能并酌情将本国生物资源的保护与可持续利用订入有关部门或跨部门的计划、方案和政策之中。

2. 查明与监测

《公约》第 7 条规定,各缔约国应根据本国国情尽可能:

(1) 按照附件 1 所载的种类清单,查明需要重点保护和可持续利用的生物多样性组成部分;

(2) 通过抽样调查及其他技术对查明的生物多样性组成部分进行监测,尤其要对那些亟需保护以及最具可持续利用潜力的生物多样性组成部分进行监测;

(3) 查明哪些行为已经或有可能对生物多样性的保护和可持续利用产生重大不利影响,并通过抽样调查和其他技术监测其影响;

(4) 以各种方式保存并整理通过查明和监测所获得的数据。

3. 原生境保护

根据公约的规定,生物多样性的保护与可持续利用包括两类措施,即原生境保护与非原生境保护。《公约》第 8 条"原生境保护"规定,各缔约国应根据本国国情尽可能:

(1) 建立保护区制度,并采取特殊措施,以保护生物多样性;

(2) 在必要时,制定一套准则并据以选定、建立与管理保护区;

(3) 对保护区内及区外与保护生物多样性关系重大的生物资源实施管制或管理,以确保这些资源得到保护和可持续利用;

(4) 推动对生态系统、自然栖息地的保护,以及维护自然环境中的物种生长群落;

(5) 在保护区的周边地区促进无害环境的可持续的发展,以增进对保护区的保护;

(6) 制定和实施各项计划或其他管理措施,重建和恢复已退化的生态系统,促进受威胁物种的复原;

(7) 制定和采取相应的措施,以便管理对因采用可能对环境产生不利影响从而危及生物多样性保护和可持续利用的改性活生物体在使用和扩散时可能产生的风险,同时还应考虑到人类健康可能面临的风险;

(8) 防止引进那些危害生态系统、栖息地或物种的外来物种,对已经引进的则应加以控制或予以根除;

(9) 尽可能创造条件以使生物多样性组成部分的现时利用与生物多样性的保护和可持续利用相辅相成;

(10) 依照其本国法律,尊重、保存并维护土著与地方社区中体现传统生活方式而与生物多样性的保护和可持续利用相关的知识、创新和做法;在此种知识、创新和做法的拥有者同意并参与的前提下,促成其更加广泛的应用,并鼓励公平分享因利用此种知识、创新和做法而获得的惠益;

(11) 制定或继续实施必要的法律和/或其他规章制度,以保护濒危物种和群落;

(12) 对依据第 7 条查明的对生物多样性造成重大不利影响的行为进行管制或管理;

(13) 在为上述(a)至(l)项原生境保护措施,尤其是对发展中国家提供财政和其他援助时相互合作。

4. 非原生境保护

《公约》第 9 条"非原生境保护"规定,各缔约国为辅助原生境保护起见,应尽一切可能并酌情:

(1) 最好在生物多样性组成部分的起源国采取措施进行非原生境保护;

(2) 最好在遗传资源起源国建立并维持对植物、动物和微生物进行非原生境保护研究的相关设施;

(3) 采取措施以使濒危物种恢复生机,并在适当条件下将其重新引入自然栖息地;

(4) 对为非原生境保护而从自然栖息地采集生物资源实施管制和管理,以免危及生态系统和当地物种群落,除非是为了恢复濒危物种而不得不采取非原生境的临时特别措施;

(5) 在为上述(1)至(4)项非原生境措施以及在发展中国家建立和维持非原生境保护设施提供财政及其他援助时相互合作。

5. 可持续利用

对生物多样性组成部分的可持续利用,是保护生物多样性的一个主要目标。《公约》第 10 条"生物多样性组成部分的可持续利用"规定,各缔约国应根据本国国情尽可能:

(1) 在国家决策过程中顾及生物资源的保护和可持续利用;

（2）在利用生物资源时采取措施，以避免或尽量减少对生物多样性的不利影响；

（3）保障并鼓励那些遵照传统文化习惯且符合保护和可持续利用要求的生物资源利用方式；

（4）在生物多样性已经减少的退化地区支持当地居民规划和实施补救措施；

（5）鼓励政府部门与私营机构合作开发生物资源的可持续利用方法。

6．激励办法

《公约》第 11 条规定，各缔约国应根据本国国情尽可能采取有效的经济和社会措施，激励公私机构积极参与生物多样性的保护和可持续利用。

7．研究和培训

《公约》第 12 条规定，缔约国考虑到发展中国家的特殊需要，应：

（1）针对生物多样性及其组成部分的查明、保护和可持续利用的措施，制定并维持科技教育和培训计划，并应发展中国家之需向此种教育和培训提供援助。

（2）根据公约下设的科学技术咨询部的建议以及缔约国会议在此基础上作出的决议，特别在发展中国家推动和鼓励有助于保护和可持续利用生物多样性的研究；

（3）按照《公约》第 16、18 和 20 条的规定，提倡在利用生物多样性的科研成果来制定生物资源的保护和可持续利用方法方面进行合作。

（二）教育和公众意识

生物资源的保护和可持续利用，事关全人类生存环境的维系。从人类活动的角度来看，没有社会公众的密切关注和共同参与，要扭转环境恶化并最终达到生态平衡是不可能的。因此，对全体社会公众，尤其是发展中国家的公众进行教育，培养其对于包括生物资源在内的自然资源的保护和可持续利用意识，已经成为当务之急。

有鉴于此，《公约》第 13 条规定，各缔约国应促进社会公众理解保护生物多样性的重要性及采取的措施，鼓励媒体对此加以宣传，鼓励教育机构将其列入教育大纲。应根据本国国情，在制定教育和公众意识方案方面与其他国家及国际组织开展合作。

（三）影响评估和尽量减少不利影响

自人类成为地球的主宰以来，虽然无法统计已有多少物种消失，但可以确信，在我们生活的今天，每年仍有数十种动植物灭绝。在一定意义上，人类的活动已经成为最终使人类丧失家园的首要危险因素。更重要的是，初衷是为保护或恢复生态环境，最终却导致环境破坏，甚至是毁灭性地破坏某些物种栖息地的事例也不鲜见。

为了对人类活动之于保护和可持续利用生物多样性组成部分可能产生的不利影响及时作出评估,并将不利影响控制在最低限度,《公约》第 14 条规定,各缔约国应根据本国国情尽可能:

(1) 引入适当的程序,就可能对生物多样性产生严重不利影响的拟议项目进行环境影响评估,以期避免或尽量减轻这种影响,并在必要时允许公众参加评估程序;

(2) 采取适当措施,以确保可能对生物多样性产生严重不利影响的方案和政策的环境后果得到适当考虑;

(3) 鼓励根据实际情况订立双边、区域或多边协议,在互惠的基础上,就其管辖或控制区域内实施的,可能对其他国家管辖区域内或所有国家管辖权以外的地区的生物多样性产生严重不利影响的活动建立通报、信息交换及磋商机制;

(4) 在遇到源自其管辖或控制区域,而对其他国家管辖区域或所有国家管辖权以外的地区的生物多样性构成紧急或非常严重的危险或损害的情况下,应立即将此种危险或损害通知可能受影响的国家,并采取措施预防或尽量减轻此种危险或损害;

(5) 促进缔约国对因自然原因或其他原因即将严重危及生物多样性的行为或事件做出应急反应安排,鼓励以国际合作作为国家努力的补充,在适当的情况下,经有关国家或区域经济一体化组织同意,鼓励制定联合应急方案。

(四) 遗传资源的获取

对于遗传资源的获取,《公约》第 15 条确立了下列规则:

(1) 承认各缔约国对其自然资源拥有主权,各国有权依照本国法律,决定可否取得其主权管辖范围内的遗传资源。在此前提下,公约要求各缔约国致力于创造条件,便利其他缔约国取得生物资源用于无害环境的用途,不对此种取得设置有悖于本公约目标的限制。

(2) 为本公约的目的,将由缔约国提供的遗传资源限定为作为此种资源起源国的缔约国所提供的遗传资源,或由依本公约取得此种资源的缔约国所提供的遗传资源。换句话说,非遗传资源起源国,且未依公约自起源国获得有关资源的缔约国,均没有依照公约向其他缔约国提供遗传资源的义务。

(3) 在依公约应向其他缔约国提供遗传资源时,公约要求这种提供应当按照双方协商一致的条件进行,不论提供方还是接受方,都不得单方面为遗传资源的提供与获取设置不合理的条件。据此,作为遗传资源主要接受方的发达国家的利益得到了充分的保障。[①]

(4) 为了平衡发达国家与发展中国家的利益,公约规定,遗传资源的获取应

---

① 唐广良、董炳和:《知识产权的国际保护》,知识产权出版社 2006 年版,第 520 页。

以提供此种资源的缔约国事先知情同意为前提,除非双方事先另有约定。

(5) 一缔约国使用其他缔约国提供的遗传资源从事开发或进行科学研究时,应尽力保障资源提供国的充分参与,并尽可能在资源提供国的境内进行。

(6) 各缔约国应根据本国国情采取立法、行政或政策性措施,按照双方协商一致的条件,与遗传资源提供国公平分享研究开发此种资源的成果,以及因遗传资源的商业或其他方面的利用所带来的惠益。

(五) 技术的取得和转让

CBD认为,为了实现本公约的目标,包括生物技术在内的技术的取得和转让是必不可少的一环。广大发展中国家当前所面临的技术、资金匮乏和能力"赤字"是生物多样性保护的最大瓶颈。为了促进缔约国之间的技术转让,加强各缔约国尤其是发展中国家的能力建设,《公约》在第16条作了如下规定:

(1) 各缔约国承诺遵照公约规定向其他缔约国提供和/或便利其取得,及向其转让有关生物多样性保护和可持续利用的技术,或利用遗传资源而不会对环境造成严重损害的技术。

(2) 在向发展中国家转让技术时,应给予受让方公平且最优惠的条件,在必要的时候,应根据已经建立的财政机制,经双方同意,适用单方面让步与优惠条件。但当此种技术属于专利或其他知识产权时,技术取得和转让的条件应当体现对知识产权的承认和充分有效的保护。

(3) 各缔约国应采取适当的立法、行政或政策措施,使遗传资源的提供国,尤其是其中的发展中国家,能够根据双方商定的条件,取得利用相关遗传资源的技术,包括受专利或其他知识产权保护的技术。

(4) 各缔约国应采取适当的立法、行政或政策措施,以使私营部门为相关技术的取得、共同开发和转让提供便利,从而惠益于发展中国家的政府机构和私营部门。

(5) 鉴于专利和其他知识产权可能影响到本公约的实施,公约要求各缔约国应遵照相关国家国内法与国际法规则相互合作,以确保此种权利有助于而非有碍于公约目标的实现。

(六) 信息交流与科技合作

信息是各缔约国制定政策、采取措施的基础,因而对生物资源的保护和可持续利用意义重大。为了促进信息的交流,《公约》第17条规定,缔约国应为所有来源于公开渠道而与生物多样性保护和可持续利用有关的信息的交流提供便利,在此过程中,应顾及发展中国家的特殊需要。此种信息交流应包括技术、科学和社会经济研究成果,以及培训和调查方案、专门知识、土著与传统知识及其第16条第1款所指的技术的结合方面的信息。在可能的情况下,还应包括在先前交流的信息基础上获得的后续信息的回馈。

关于科技合作，《公约》第 18 条作了如下规定：① 缔约国应促成生物资源保护与可持续利用领域的国际科技合作，在必要时，这种合作可通过相关的国际或国内机构来进行。② 各缔约国应促进与其他缔约国的科技合作，尤其是与发展中国家的合作，并通过国家政策的制定和执行，实现本公约的目标。在促成此种合作时，应特别注意通过人力资源的开发与机构的建设来发展和强化国家能力。③ 为了实现公约的目标，缔约国应当按照国家法律和政策，鼓励科技合作并制定合法的方法，以开发和应用各种技术，包括土著知识与传统技术。为此目的，缔约国还应促进人员培训和专家交流方面的合作。④ 在协商一致的基础上，缔约国应促进设立共同研究项目以及合资企业，以开发与本公约有关的技术。

（七）惠益分配

惠益分配是生物资源保护的一个核心问题。《公约》第 19 条规定，各缔约国应按照以下规则安排生物技术的研究及惠益分配：

（1）采取适当的立法、行政和政策措施，保证为相关研究提供遗传资源的缔约国，特别是其中的发展中国家，切实参与生物技术的研究活动；在可行的情况下，研究活动宜安排在资源提供国进行。

（2）按照双方商定的条件，采取一切可行的措施，以赞助和促进为研究提供遗传资源的缔约国，特别是其中的发展中国家，在公平的基础上，优先取得基于其提供资源的生物技术所产生的成果和惠益。

（3）对于可能对生物多样性的保护和可持续利用产生不得影响的改性活生物体的安全转移、处置和利用，应考虑规定适当的程序，包括事先知情同意程序。

（4）应直接向或要求其管辖下提供上述活生物体的自然人或法人向将要引进这些生物体的缔约国提供与该生物体的利用和安全管理有关的一切现有资料，以及有关该生物体潜在不利影响的一切现有资料。

（八）财政资助的提供

CBD 认识到，发展中国家有效履行其对公约的承诺的程度，取决于发达国家缔约国依公约是否有效履行其财政资助和技术转让的承诺。而且，对于发展中国家缔约国来说，经济社会的发展以及消除贫困才是其最应优先考虑的事项。

对于生物多样性保护与技术研究的财政资助，《公约》第 20、21、23 条作了全面规定：

（1）各缔约国承诺，对那些旨在根据其国家计划、优先安排和方案实现本公约目标的活动，尽其所能提供财政资助。

（2）发达国家缔约国应提供新的额外的资金，以帮助发展中国家缔约国履行本公约规定的各项义务，并从公约的实施中获益。其他缔约国，包括那些向市场经济转型的国家，可以自愿承担发达国家缔约国的义务，包括向发展中国家缔约国提供额外的资金。

(3) 发达国家缔约国可以通过双边、区域或其他多边渠道提供与执行本公约有关的资金,而发展中国家则可利用该项资金。

(4) 各缔约国在提供资助和技术转让时,应充分考虑到最不发达国家的具体需要和特殊情况,考虑到发展中国家特别是小岛屿国家中由于对生物多样性的依赖、生物多样性的分布而产生的特殊情况,还应考虑到发展中国家,包括那些环境脆弱的干旱与半干旱地区、沿海和山岳地区国家的特殊情况。

(5) 公约设立缔约国会议。缔约国会议将于第一次会议期间提出一份发达国家与自愿承担发达国家义务的国家的清单,并对该清单定期审议,根据需要随时作出调整。被列入清单的缔约国称为"捐助方"。在捐助方履行捐助承诺时,应充分考虑捐助的适当性、可预见性和财政资金的流动性,以及被列入清单的缔约国合理分担捐助款项的重要性。此外,公约鼓励发达国家缔约国和其他国家基于自愿原则向缔约国会议负责运作的财政机制提供捐助。

(6) 缔约国会议应在第一次会议期间为财政机制制定相应的政策、战略及规划,为捐助的分担和提交,使用财政资助的资格和条件,使用效果的监督和评估等,制定详细的准则,并为财政机制的运作建立一套完整的组织机构。

四、术语界定

鉴于与生物多样性保护和可持续利用有关的诸多术语和概念尚不为社会公众所熟知,《公约》在第 2 条"术语"中对 16 个术语作了明确的界定,这样也便于国际社会今后在相关领域开展对话和讨论。根据该条规定,并结合 2001 年底通过的《粮食和农业植物遗传资源国际条约》的规定,以下术语的含义分别为:

(1) "生物多样性",指所有生长源的形形色色生物体。这些生长源包括陆地、海洋及其他水生生态系统与由这些生态系统构成的生态群落。这种多样性包括物种内部、物种之间和生态系统的多样性。

(2) "生物资源",指对人类具有现实或潜在用途或价值的遗传资源、生物体或其部分、种群、或生态系统中任何其他生物组成部分。

(3) "生态系统",指植物、动物和微生物群落与其无生命的环境相互作用形成的一个机能单位。

(4) "生物技术",指使用生物系统、生物体或其衍生物以制作或改变产品或过程以供特定用途的任何技术应用。

(5) "遗传物质",指来自植物、动物、微生物或其他来源的任何含有遗传功能单位的物质。

(6) "遗传资源",指具有现实或潜在价值的遗传物质。

(7) "遗传资源原产国",指拥有处于原产境地的遗传资源的国家。

(8) "可提供遗传资源的国家",指供应遗传资源的国家,这种遗传资源可能是取自原生境,包括野生物种和驯化物种的群体,或者是取自非原生境,不论是否原产于该国。

(9)"生境",也称"栖息地",指某一生物体或生物群体自然繁殖的地方或地点。

(10)"原生境条件",指遗传资源生存于生态系统和自然环境之内的条件;就驯化或培植的物种而言,其环境是指它们在其中发展出其独特性的环境。

(11)"原生境保护",指对生态系统及其自然栖息地的保护,以及在自然环境中,或在涉及驯化或培植物种时,在培育其独特性的环境中维系与恢复物种的可存活种群。

(12)"非原生境保护",指将生物多样性组成部分移到其自然繁育地以外进行保护。

(13)"保护区",指一个划定地理界限、为达到特定保护目标而指定并实行管制和管理的地区。

(14)"可持续利用",指利用生物多样性组成部分的方式和速度不会导致生物多样性的长期衰落,从而保持其满足后代需要和期望的潜力。

(15)"驯化或培植物种",指其进化过程在人工干预下方得完成的物种。

(16)"原产中心",指某一驯化、培植或野生的物种首先发展出其独特性的地区。

(17)"作物多样性中心",指在原生境条件下作物物种含有高度遗传多样性的地区。

五、公约的法律运行机制与实施状况

CBD 是联合国管理下的一个国际公约组织,拥有比较完善的法律机制和组织机构。自 1994 年至 1996 年,缔约方大会每年召开一次。2000 年后,改为现行的每两年召开一次。缔约方大会至今已经召开了 11 次会议,最近一次于 2012 年 10 月在印度海德拉巴举行,会议审议了《2011—2020 年生物多样性战略计划》的执行情况及实现爱知生物多样性目标所取得的进展、资源筹集、生物多样性和气候变化、海洋和沿海生物多样性等议题。[①]

公约的组织机构主要有:(1) 缔约方大会(Conference of the Parties,简称COP),是公约的最高权力机构,由批准公约的各国政府(含地区经济一体化组织)组成,其主要职能是不断审查公约的实施情况;(2) 秘书处,是公约专门设立的行政机构,负责日常行政事务以及进行信息交流;(3) 公约的三个专门机构,即科学、技术和工艺咨询附属机构,它们是公约最主要的科学咨询机构,负责

---

① http://www.zhb.gov.cn/zhxx/hjyw/201210/t20121019_239398.htm,访问日期:2013 年 9 月 9 日。

向缔约方大会(COP)提供建议;(4) 针对《公约》第 8 条的工作组;(5) 获取和惠益分享工作组(Wording Group on Access and Benefit-share)。此外,COP 在其认为适当时可成立专门委员会,如在 1996 年至 1999 年间成立的生物安全工作组和土著知识与地方社区工作组。

为了便于缔约方之间进行信息交流,公约建立了专门的信息交换所机制(Clearing-House Mechanism),负责缔约方之间以及与其他组织的信息交流。同时,公约各缔约方都按照约定建立了专门的官方网站,负责公约在境内的执行、宣传和对外交流工作。

公约的主要资金机制是缔约方认缴的捐款,以及其他国际组织和国家、组织、个人的捐款,这些捐款统由全球环境基金(GEF)负责管理。GEF 作为一种国际合作机制,其主要职能是为发展中国家缔约方从事与公约相关的 GEF 项目提供融资服务。我国政府制定的《中国生物多样性保护行动计划》《中国环境保护行动计划》和《中国 21 世纪议程》,得到了多项 GEF 资助。

CBD 的签署,标志着国际社会在整体上对生物多样性保护与可持续利用达成了一定的共识。但公约仅仅是一个框架性文件,缺乏强有力的执行机制和争端解决机制[①],导致其法律约束力不强。因此,虽然公约在 1992 年就已经通过,并于 1993 年底开始生效,但直至《关于获取遗传资源并公正和公平分享通过其利用所产生惠益的波恩准则》(简称《波恩准则》)通过,公约条款才真正得到认真实施。《波恩准则》旨在协助各缔约方、各国政府及其他利益相关者制订全面的获取和惠益分享战略,并确定在遗传资源获取和惠益分享过程中应采取的步骤。《波恩准则》的通过,表明国际社会已经抛弃了基因遗传资源免费自由使用的原则,而代之以公约确立的公平分享惠益的原则。[②]

六、生物多样性保护的国际探索与实践

(一)《波恩准则》

为履行《生物多样性公约》中与遗传资源获取与惠益分享相关的规定,2001年 10 月,"获取和惠益分享不限名额工作组会议"在德国波恩举行,达成了《关于获取遗传资源并公正和公平分享通过其利用所产生的惠益的波恩准则》。

1.《波恩准则》的目标与要求:(1) 目标——提供缔约方和利益相关者一个透明的框架以促进获取遗传资源和公平分享惠益;特别向发展中国家,尤其是最不发达的国家和小岛屿发展中国家提供能力建设,以确保有效谈判和实施获取

---

① 关于争端的解决,公约第 27 条规定了谈判、第三方斡旋或调停、仲裁及提交国际法院裁判等,但缺乏强制执行力。

② 吴汉东、郭寿康主编:《知识产权制度国际化问题研究》,北京大学出版社 2010 年版,第 327 页。

与惠益分享的安排;加强资料交换所机制;帮助各缔约国建立保护土著社区知识、创新和实践的机制及获取与惠益分享制度。(2)要求——每个缔约方均应指定一个获取和惠益分享方面的国家联络点和一个至数个国家主管部门,进而根据本国法律、法规和政策,负责批准获取遗传资源。《波恩准则》还规定了遗传资源使用者和遗传资源提供者在执行共同商定条件时应负有的责任。①

2.《波恩准则》的主要内容:(1)遗传资源获取和惠益分享过程中的步骤——《波恩准则》第23条规定,获取遗传资源和惠益分享过程所涉及的步骤可包括:在获取之前进行的活动、使用遗传资源进行的研制活动,以及对遗传资源的商业化和其他使用,包括惠益的分享。(2)事先知情同意——即在某个潜在的利用者被批准获取提供者管辖范围内的遗传资源之前,他必须获得提供者基于其所提供的信息而作出的同意。② 内容包括:给予知情同意的主管部门、时间规定、用途说明、取得事先知情同意的程序,与利益相关者的协商机制等。(3)共同商定条件——指遗传资源提供方和获取方双方达成的协议,内容包括:遗传资源的类型、数量、活动的地理区域;对材料用途的可能限制;原产国的主权、能力建设要求;向第三方转让的规定;尊重土著社区的权利;保密资料的处理;如何分享惠益(惠益类型、惠益时间性、惠益的分配和惠益分享机制)等。③

《波恩准则》提供了一个非歧视性的具体、有效的框架来帮助获取遗传资源,保证公正和公平地分享惠益,并在建立获取和惠益分享制度方面向缔约方提供了可操作的具体指导,给发展中国家争取自己的利益提供了有效的制度支持。但是《波恩准则》是自愿性的,没有法律约束力。④

(二)世界粮农组织(FAO):《粮食和农业植物遗传资源国际条约》

《粮食和农业植物遗传资源国际条约》(下称《条约》)是在联合国粮农组织的主持下为解决粮食和农业植物遗传资源的保护、可持续利用、获取和惠益分享等问题而缔结的一份具有法律约束力的国际法律文件。该条约于2001年11月3日获得通过,《条约》的宗旨与《生物多样性公约》相一致,即"为可持续农业和粮食安全而保存并可持续地利用粮食和农业植物遗传资源以及公平合理地分享利用这些资源而产生的利益。"⑤为此,《条约》确立了粮食和农业植物遗传资源的保护和可持续利用、农民权、粮农植物遗传资源的便利获取和惠益分享多边体统三项法律制度。

---

① 佚名:《联合国〈生物多样性公约〉及其〈波恩准则〉》,http://biodiv.coi.gov.cn/fg/gy/xx0401d.htm,访问日期:2013年11月17日。
② 张小勇:《遗传资源的获取和惠益分享与知识产权》,知识产权出版社2007年版,第80页。
③ 参见佚名:《联合国〈生物多样性公约〉及其〈波恩准则〉》,http://biodiv.coi.gov.cn/fg/gy/xx0401d.htm,访问日期:2013年12月22日。
④ 张海燕:《遗传资源知识产权保护法律问题研究》,法律出版社2012年版,第38页。
⑤ 《粮食和农业植物遗传资源国际条约》第1条。

《条约》将"农民权"的内容概括为三项:① 保护与粮食和农业植物遗传资源相关的传统知识;② 公平参与分享开发粮食和农业用植物遗传资源所带来利益的权利;③ 参与制定国家有关保护和可持续利用粮食及农业植物遗传资源的决策的权利。"农民权"的提出,是对传统农民世代在保护和培育植物遗传资源中所作贡献的认可,是发展中国家要求分享利用植物遗传资源所产生惠益的强烈表现,也是为平衡植物遗传资源提供者与使用者之间利益的体现。然而,《条约》并未强制要求缔约方采取措施保护和加强"农民权",仅作鼓励性要求。一直以来,发达国家和发展中国家对"农民权"的保护问题存在分歧,发达国家一般认为"农民权"仅是政治上或道义上的权利,力求通过知识产权制度保障从植物遗传资源利用中获取的利益,而发展中国家则希望通过对"农民权"的认可和保护,公平地参与分享利用植物遗传资源所获得的利益。

(三) 世界知识产权组织(WIPO):示范合同条款

2000年,世界知识产权组织成立"知识产权和传统知识、遗传资源及民间文艺政府间委员会"(下称"政府间委员会"),专门组织研讨基因资源、传统知识和民间文艺与知识产权保护的相关问题。政府间委员会提出将事先知情同意和披露遗传资源及相关传统知识来源纳入最佳合同管理和示范性知识产权条款的建议,并于2005年公布的《遗传资源获取与惠益分享协定中的知识产权指南(草案)》,事先知情同意和披露来源依然是该指南的核心要求。世界知识产权组织成员国已决定强化遗传资源保护的法律手段建设,尊重、保存遗传资源、增加利用遗传资源、对利用遗传资源的收益进行公平、公正的分配等。但是,世界知识产权组织成员国尚未采取进一步行动以使上述意见具有法律约束力。①

(四) 世界贸易组织(WTO):《与贸易有关的知识产权协议》(TRIPs)理事会

由于生物遗传资源及其有关传统知识在生物技术及人类可持续发展中的重要作用,2001年11月,世界贸易组织部长级会议发布《多哈宣言》,将《与贸易有关的知识产权协议》与《生物多样性公约》以及遗传资源、传统知识和民间文学保护的关系,正式列入《与贸易有关的知识产权协议》理事会应当加以优先审议的问题。② 在关于《与贸易有关的知识产权协议》与《生物多样性公约》的关系讨论中,一个受到广泛关注的问题是,《与贸易有关的知识产权协议》允许授予利用了遗传材料的发明以专利权,但该协议并未要求专利申请人尊重《生物多样性公约》关于事先知情同意和惠益分享的规定。因此,两者未能实现相互之间的支持。③

---

① 张海燕:《遗传资源知识产权保护法律问题研究》,法律出版社2012年版,第39页。
② 同上书,第39、40页。
③ 参见张小勇:《遗传资源的获取和惠益分享与知识产权》,知识产权出版社2007年版,第276页。

七、我国生物多样性保护现状

(一) 生物多样性保护成效

我国是世界公认的生物多样性最为丰富的国家之一,生物遗传资源丰富,是水稻、大豆等重要农作物的起源地,也是野生和栽培果树的主要起源中心。但目前也面临着生态系统功能退化、物种濒危程度加剧、遗传资源不断丧失和流失的威胁。近年来,我国对生物遗传资源合法利用与保护制度的重要性日益重视并积极采取措施,取得一定成效[1]:

1. 初步建立了生物多样性保护法律体系。《宪法》规定"国家保障自然资源的合理利用,保护珍贵的动物和植物。禁止任何组织或者个人利用任何手段侵占或破坏自然资源";《刑法》专设"破坏环境资源罪";发布了一系列生物多样性保护的相关法律,主要有《野生动物保护法》《森林法》《草原法》《畜牧法》《种子法》《进出境动植物检疫法》等;颁布了一系列行政法规,包括《自然保护区条例》《野生植物保护条例》《农业转基因生物安全管理条例》《濒危野生动植物进出口管理条例》和《野生药材资源保护管理条例》等。相关行业主管部门和部分省级政府也制定了相应的规章、地方法规和规范。

值得注意的是,2008 年 12 月,我国在《专利法》中首次增加了遗传资源保护条款,第一次将遗传资源纳入知识产权保护体系。《专利法》第 5 条第 2 款规定:"对违反法律、行政法规的规定获取或者利用遗传资源,并依赖该遗传资源完成的发明创造,不授予专利权。"第 26 条第 5 款规定:"依赖遗传资源完成的发明创造,申请人应当在专利申请文件中说明该遗传资源的直接来源和原始来源;申请人无法说明原始来源的,应当陈述理由。"显然,这两款内容都是从专利授权的角度对遗传资源获取和来源披露进行的规范,其对生物遗传资源的保护作用及对生物多样性保护的影响依然有限。

2. 实施了一系列生物多样性保护规划和计划。我国政府先后发布了《中国自然保护区发展规划纲要》(1996—2010 年)、《全国生态环境建设规划》《全国生态环境保护纲要》和《全国生物物种资源保护与利用规划纲要》(2006—2020 年)、《中国生物多样性保护战略与行动计划》(2011—2030 年)相关行业主管部门也分别在自然保护区、湿地、水生生物、畜禽遗传资源保护等领域发布实施了一系列规划和计划。

3. 生物多样性保护工作机制逐步完善。成立了中国履行《生物多样性公约》工作协调组和生物物种资源保护部际联席会议,建立了生物多样性和生物安全信息交换机制,初步形成了生物多样性保护和履约国家协调机制。各相关

---

[1] 参见中华人民共和国环境保护部:《中国生物多样性保护战略与行动计划》(2011—2030 年)。

部门根据工作需要,成立了生物多样性管理相关机构。一些省级政府也相继建立了生物多样性保护的协调机制。

4. 生物多样性基础调查、科研和监测能力得到提升。有关部门先后组织了多项全国性或区域性的物种调查,建立了相关数据库,出版了《中国植物志》《中国动物志》《中国孢子植物志》以及《中国濒危动物红皮书》等物种编目志书。各相关部门相继开展了各自领域物种资源科研与监测工作,建立了相应的监测网络和体系。

5. 就地保护工作成绩显著。初步形成了类型比较齐全、布局比较合理、功能比较健全的自然保护区网络。

6. 迁地保护得到进一步加强。野生动植物迁地保护和种质资源移地保存得到较快发展,林木种质资源、药用植物种质资源、水生生物遗传资源、微生物资源、野生动植物基因等种质资源库建设工作也初具规模。

7. 生物安全管理得到加强。国家设立了生物安全管理办公室,农业、林业等转基因生物安全管理体系已基本形成。外来入侵物种预防和控制管理进一步规范,相关部门设立了外来入侵物种防治的专门机构。

8. 国际合作与交流取得进步。我国积极履行公约,参与国际谈判和相关规则制定,加强与相关国际组织和非政府组织的合作与交流,开展了一系列合作项目,加强生物多样性保护政策与相关技术的交流。通过开展培训和宣传,科技人员技术水平得到提高,公众生物多样性保护意识得到增强。

(二) 生物多样性保护面临的问题与挑战[①]

1. 生物多样性保护存在的主要问题。生物多样性保护法律和政策体系尚不完善,生物物种资源家底不清,调查和编目任务繁重,生物多样性监测和预警体系尚未建立,生物多样性投入不足,管护水平有待提高,基础科研能力较弱,应对生物多样性保护新问题的能力不足,全社会生物多样性保护意识尚需进一步提高。

2. 生物多样性保护面临的压力与挑战。城镇化、工业化加速使物种栖息地受到威胁,生态系统承受的压力增加。生物资源过度利用和无序开发对生物多样性的影响加剧。环境污染对水生和河岸生物多样性及物种栖息地造成影响。外来入侵物种和转基因生物的环境释放增加了生物安全的压力。生物燃料的生产对生物多样性保护形成新的威胁。气候变化对生物多样性的影响有待评估。

(三) 我国生物遗传资源及研究成果流失的典型事例简介

长期以来,由于缺少完善的法律规范和有效的管控措施,我国遗传资源丧失和流失的情况较为严重,往往成为发达国家掠取生物遗传资源的重要目的地区。

[①] 中华人民共和国环境保护部:《中国生物多样性保护战略与行动计划》(2011—2030 年)。

据专家估计,我国生物遗传资源引进和输出比例大概为 1∶10,生物遗传资源的流失对我国社会经济的可持续发展造成了严重危害。① 西方发达国家的医药和生物技术公司通过各种手段从我国掠夺大量的遗传资源,并通过这些遗传资源的研发获得巨额利润的事件曾常有发生。

【例一】 猕猴桃属植物有 66 个物种,除 4 个物种分布在我国周边国家外,有 62 个物种分布在我国,可以说,我国是猕猴桃属植物的原产地和起源中心。1906 年,新西兰人到中国旅游,从湖北宜昌带回野生猕猴桃种子,1910 年开始结果,1934 年开始商品化栽培,继而出口英国,现在以"基围果"为商品名称畅销世界各地。目前,猕猴桃是新西兰园艺出口产品的支柱产业,年产值约 3 亿美元。为了维持和改良品质,近年来新西兰仍然源源不断地在我国收集猕猴桃野生遗传资源。②

【例二】 据 2001 年的报道,美国孟山都公司在对上海一种野生大豆品种进行检测和分析后,经研究发现了与控制大豆高产性状密切相关的"标记基因"。之后其便向美国和包括我国在内的 100 多个国家提出了 64 项专利保护申请,其申请范围涵盖了所有含有这些"标记基因"的大豆及其后代,具有相关高产性状的育种方法及所有引入该"标记基因"的作物。这些专利将直接影响我国大豆的科研、生产和出口,我国若要种植含有该"标记基因"的作物,还得向美国公司申请。此事件被形象地描述为"种中国豆、侵美国权"。孟山都公司的"生物剽窃"行为,遭到普遍谴责和抗议。③

【例三】 1999 年 5 月,美国联邦药品管理局下属研究所从事基因工程研究的专家娜达·赛音(Narda Zein)与中国癌症基金会北京鲜药研制中心的李建生以"共同开发在美国市场推广"为名进行合作,将李 20 余年的科研成果——抗癌新药"金龙胶囊"中极具价值的中药活性成分窃取,并进而将其发明权卖给了瑞士医药巨头诺华公司,由其独占知识产权。这是目前中国已知的最大的中药秘方遭剽窃事件,据估计给中国带来的损失可达 20 亿元。④

八、生物多样性保护与知识产权制度之间的关系

(一)生物多样性保护与知识产权制度之间的联系

《生物多样性公约》提倡保护的是公众利益,而知识产权属于为私权。随着

---

① 参见佚名:《论我国生物遗传资源管理制度的完善》,http://wenku.baidu.com,访问日期:2013 年 12 月 7 日。
② 参见同上注。
③ 参见同上注。
④ 秦天宝:《论我国遗传资源安全的法制完善》,http://www.riel.whu.edu.cn/article.asp?id = 27378,访问日期:2013 年 12 月 7 日。

知识产权制度承载的现代生物技术对生物多样性保护的影响迅速扩大,公众利益与私人利益孰轻孰重的内在矛盾日益突出,协调生物多样性保护与知识产权制度的关系凸显其重要性。①《生物多样性公约》明确指出"专利和其他知识产权可能影响到本公约的实施"②。

作为一种鼓励和保护创新的机制,知识产权制度随着生命科学产业的发展壮大开始为生命科学领域的创新性智力成果提供有效的保护。生命科学产业发展的实践表明,为开发、生产和销售受知识产权保护的药品、生物技术产品以及植物新品种等源自生物或遗传资源的商业产品,获取遗传资源是必不可少的前提;而通过对研发活动所获最终产品或智力成果取得相应的知识产权,将能更为充分、全面地实现遗传资源的价值。③《生物多样性公约》的缔结表明:知识产权可以鼓励和奖励为处于"自然资源"状态的遗传资源增加价值的行为,而使发展中国家从中受益;同时,知识产权与获得遗传资源和利益分享协议一起,可以创设一种间接的激励机制,使发展中国家能够从那些基于遗传资源、生物化学和有关生物资源的技术发明中获得公平的利益补偿。《生物多样性公约》倡导可持续利用生物多样性,力促各缔约国在考虑保持和可持续利用生物多样性资源,尊重发展中国家为保护生物资源的世代努力和基于生物多样性的革新、知识和经验的框架下,发达国家与发展中国家能够在商业化利益和经济发展之间寻求到共同点,"适当地"获取遗传资源,并以"适当地"方式(公平合理地)分享由此所产生利益和取得或转让相关的技术。④ 可见,生命科学领域的知识产权保护制度与生物遗传资源的获取和惠益分享有着紧密的联系,知识产权制度与其他保证向资源的提供者转让利益的法律机制相结合,可以在生物资源的保持方面发挥间接的鼓励作用。各国政府在制订贸易、经济发展计划、农业、环境等政策时将应认真地考虑其中的知识产权问题,特别是对发展中国家而言,知识产权制度对其社会经济发展和保护生物多样性有着重要影响。

(二)生物多样性保护需求与现行知识产权制度间存在的不适应性

1. 知识产权制度的私权性质难以契合生物多样性群体性利益的保护需求

世界贸易组织在《与贸有关的知识产权协议》中将知识产权明确宣示为"私权",强调知识创造者的个人利益;但在实践中,多数国家的生物和遗传资源通常不属于具体的某人或几个人,而是一个或多个社区的遗产,资源属于某个群体

---

① 参见赵瑾:"生物多样性保护与知识产权制度之协调——以生物多样性公约为视角",载《学术交流》2009年第6期。
② 《生物多样性公约》第16条第5款。
③ 参见张小勇:《遗传资源的获取和惠益分享与知识产权》,知识产权出版社2007年版,第246、247页。
④ 参见郝晓峰:《知识产权制度对保持和可持续利用生物多样性的影响》,http://www.people.com.cn/wsrmlt/jbzl/haoxf/A101.html,访问日期:2013年12月7日。

的所有成员,所反映的是社区公众利益。

2. 生物遗传资源与现行知识产权制度中的客体保护要求不相吻合

现行知识产权制度中的"知识"通常要求是具有创造性的智力成果,知识产权是人们就其创造性的智力成果所依法享有的权利,"智力创造"是知识产权产生的内在根据,知识产权制度作为激励创新的一种制度,将创新性视为一切智力成果依法获得知识产权的正当性前提。生物遗传资源作为历史的遗产,其形成虽然有着人类影响的痕迹,但主要还是自然进化的结果,一般不具有创造性,很难纳入现行知识产权制度保护框架。①

3. 生物多样性保护与现行知识产权制度的价值目标存在差异

现行知识产权制度的价值目标"鼓励智力创造,推进社会科技与文化的进步",强调"创新",而生物多样性保护更关注生物遗传资源的历史传承性保障。

(三)促进生物多样性保护与知识产权协调发展的法律制度构建

虽然生物多样性保护需求与现行知识产权制度间存在着诸多不适应性,但《生物多样性公约》明确要求,生物资源的获取应当获得事先知情同意,在公平和公正地分享研究开发的成果以及商品化的利用和收益方面达成协议,并强调公平和公正地分享由传统知识使用而产生的利益。同时,遗传资源的取得和传播应当与知识产权的适当和有效保护相一致,各国政府尤其是发展中国家应提出适宜的政策,确保在互相同意的条件下取得遗传资源。《生物多样性公约》指出专利和其他知识产权权利可能对该公约的实施产生影响,各国政府应当在服从其国内法和国际法的前提下,以保障知识产权对该公约有所支持。② 学界普遍从法哲学的公平正义论、社会契约论及经济学等视角对生物多样性的知识产权保护正当性进行深入分析,并提出一些法律制度构想。

第七节 反盗版贸易协定

一、《反盗版贸易协定》的产生和意义

2006年,美国和日本两国提出建议,准备启动《反盗版贸易协定》(The Anti-Counterfeiting Trade Agreement, ACTA,以下简称《协定》)谈判,随后加拿大、欧盟和瑞士分别在2006年和2007年参与了初步协商。2008年6月,《协定》开始了

---

① 参见张海燕:《遗传资源知识产权保护法律问题研究》,法律出版社2012年版,第74页。
② 参见赵瑾:"生物多样性保护与知识产权制度之协调——以生物多样性公约为视角",载《学术交流》2009年第6期。

正式谈判,①澳大利亚、墨西哥、摩洛哥、新西兰、韩国和新加坡陆续加入了本次谈判。2008 年 8 月 26 日,欧盟委员会提议欧盟议会授权以便参与《协定》谈判。2008 年 9 月 25 日,欧盟部长理事会(Council of the European Union)批准同意。2008 年 11 月,欧盟委员会在一次例行会议中陈述了加入《协定》谈判的必要性,它认为"参与谈判的各国已经认识到知识产权是各自发展和创新政策中一个关键工具,而《协定》的出台将会进一步加强知识产权保护,以便应对当前愈发严重的知识产权侵权问题。如果侵权现状无法得到有效遏制,将会严重威胁世界经济发展,诸如危险的假冒商品(如药品、食品、饮料、化妆品、玩具和汽车零部件);数字复制的快速和便捷;全球造假者进一步改进其造假技术以及攫取更多的利润,所有这些因素糅合在一起,使得世界经济发展前景更加黯淡。"②

2008 年 5 月,维基网公开了一篇文章③,随后《协定》的内容第一次向公众公开。其中包括参与谈判的组织和《协定》的框架结果。就组织而言,除了参与主体即政府之外,以美国跨国公司为主要成员的咨询委员会也参与了条约草案起草,包括美国制药研究和生产协会(Pharmaceutical Research and Manufacturers of America)、国际知识产权联盟(International Intellectual Property Alliance)、商业软件联盟(Business Software Alliance)、美国动画联合会(Motion Picture Association of America)和美国录音产业联合会(Recording Industry Association of America)。另外,一些大型公司(如谷歌、易趣、英特尔、戴尔、新闻集团公司、索尼动画、时代华纳和威瑞森)通过保密协议也收到草案复印件。至于文章所披露的《协定》内容框架,如 6 章的体例结构与最终公开的《协定》一致,尤其是第二章"知识产权的实施",涵盖了"民事实施、边境测量、刑事实施和数字环境知识产权的实施",与《协定》最终公开的版本差别不大。

2010 年 3 月,《欧洲议会关于解决 ACTA 谈判透明度的报告》(以下简称《报告》)中认为"根据泄露的文章,《协定》谈判已经触及推迟欧盟关于知识产权执行的立法(COD/2005/0127)和所谓的'电信包'以及现存的欧盟关于电子商务和数据保护的立法"。而且,《报告》进一步指出"无论目前欧盟如何致力于协调知识产权保护措施,都不能脱离正常欧盟决策程序"。同样,知识产权保护法律体系,包括专利、商标和版权法,必须"不能阻碍创新或者竞争,破坏知识产权限

---

① 2008 年 6 月 3—4 日,在瑞士日内瓦,澳大利亚、欧盟、约旦、墨西哥、摩洛哥、新西兰、韩国、新加坡和阿拉伯联合酋长国举行了第一轮谈判。2009 年 7 月 17—19 日,在摩洛哥首都拉巴特,澳大利亚、加拿大、欧盟、日本、韩国、墨西哥、摩洛哥、新西兰、新加坡、瑞士和美国参与商谈国际合作、实践执行和机构事宜。2009 年 11 月 4—6 日,韩国首尔,与会国讨论了数字环境与网络犯罪问题。2010 年 4 月 12—16 日,与会国讨论了数字环境的执行程序、刑事法律执行、民事法律执行和透明度问题。

② Fact Sheet: Anti-Counterfeiting Trade Agreement (PDF), European Commission, 23 October 2007.

③ Proposed US ACTA Multi-lateral Intellectual Property Trade Ggreement (2007). WikiLeaks, 22 May 2008.

制制度或个人信息保护,限制信息自由流动或不合理地增加合法贸易的负担"。因此,《报告》要求必须尽快公开《协定》谈判文本和摘要,以便和《里斯本协定》以及《便于公众接触欧洲议会、理事会和委员会文件的条例》(1049/2001)相一致。欧洲议会认为根据里斯本协定,欧盟委员会需要提交有关《协定》此类国际条约的"立即和充分的信息",否则它将运用其权利采取适当的行为,包括将诉诸欧洲法院。

为了平息此次泄密事件,2010年4月16日,参与谈判的国家发表了一个联合声明,认为他们已经一致同意通过《协定》草案,4月20日《协定》向公众公开,2010年11月15日《协定》(最终版)正式公开。2011年4月15日,《协定》以英语、法语和西班牙语三种语言的形式出版。截至2013年2月4日,共有31个国家签署了《协定》,根据《协定》第39条的规定,2013年5月1日之前,《协定》向所有谈判国和WTO成员国开放签署时间。2013年5月1日之后,如果WTO成员国尚未签署的,根据43条规定在得到《协定》委员会同意后也可以加入。根据第40条规定,在得到6个国家批准之后《协定》即可生效。2012年10月4日,日本成为第一个批准该《协定》的国家。目前,《协定》尚未正式生效。

总之,《反盗版贸易协定》是为知识产权权利执行建立国际标准的多国条约,它旨在为打击假冒商品、仿制药和网络版权侵权构建一个国际法律框架,并在现有国际组织(如WTO、WIPO和UN)之外创造一个新的管理机构。正因如此,与版权、商标和其他知识产权相关的团体①认为《协定》的出台是对全球贸易中持续出现假冒商品和盗版作品的有力回应。

二、对《协定》的抗议以及影响

并非所有人都欢迎《协定》的诞生,代表公众和非政府组织的团体则主张《协定》可能会侵犯人们的基本权利,包括表达自由和隐私。"无国界医生"(Doctors Without Borders)也批评《协定》,认为其可能堵塞了发展中国家获取仿真药品的渠道。由于《协定》在整个谈判过程保持了相当高的私密性,也并未邀请民间社会群体、发展中国家和一般公众参与商业谈判过程,因此一些非政府组织,如电子前线基金会(Electronic Frontier Foundation)和娱乐消费者协会(Entertainment Consumers Association)等批评《协定》的性质是一种"政策洗钱"(policy laundering)。

最终,欧盟成员国和其他国家国内掀起广泛的抗议浪潮,要求其政府退出《协定》。2012年2月3日,波兰宣布停止批准程序,因为"它在签署协定之前尚

---

① 诸如美国电影协会(Motion Picture Association of America)和国际商标协会(International Trademark Association)被认为在《协定》制订过程中施加了强烈的影响。

未充分咨询,因此它有必要确定《协定》是否对波兰公民的安全造成威胁"。继而,保加利亚、捷克、拉脱维亚、立陶宛,斯洛伐克和斯洛文尼亚已经暗示可能停止批准程序。2012年2月17日,波兰总理唐纳德·塔斯克宣布波兰将不会批准《协定》。2012年5月,瑞典政府宣布退出《协定》,欧洲议会主席卡德尔·阿里夫(Kader Arif)也因此引咎辞职。随后,英国人戴维·马丁接替了卡德尔·阿里夫的职位,并建议欧洲议会退出《协定》,他指出"如此国际协定对公民自由权的潜在威胁远远大于该协定所带来的潜在的利益"。[①]

随后,欧盟五个议院委员会就是否退出《协定》举行投票,最终结果显示:发展委员会17票反对,1票赞成,3票弃权;公民自由权委员会36票反对,1票赞成,21票弃权;工业委员会31票反对,25票赞成;法律事务部12票反对,10票赞成,2票弃权;国际贸易委员会19票反对,12票赞成。2012年7月4日,欧洲议会全体投票,最终以478票反对,39票赞成,165票弃权的结果决定退出《协定》。

2012年7月,墨西哥驻日本大使克劳德·黑勒(Claude Heller)签署了《协定》。7月23日,墨西哥参议院否决了内阁同意参加《协定》的决定,随后墨西哥退出《协定》。

三、《协定》的主要内容

2011年4月15日,《协定》最终版本公布,包括6章45条。

第一章"最初条款和一般定义",本章界定了《协定》的范围以及跟其他条约的关系。《协定》生效,以及确认不妨碍其他条约所赋予的义务(第1条)和《协定》仅适用于成员国国内现有的知识产权权利(第3条)。成员国可以强加比本《协定》更加严格的措施(第2条),并且应该为法律保护目的分享秘密信息(第4条),《协定》也明确地适用于免税区(第5条)。

第二章"知识产权保护的法律框架"分为5个部分。第一部分"关于保护的一般措施","一般措施就是执行法律条款,以便在打击侵权,保护第三方利益和选择适当的补救措施,以及处罚过程中实现公平程序和比例原则"(第6条)。第二部分"民事保护",这部分规定权利人有权提起民事或者行政程序(第7条)以便有可能使法官"判决对方当事人停止侵权"(第8条)。权利人也可以在民事程序中要求销毁盗版货物或假冒商品(第10条)。根据第11条的规定,权利人有权要求侵权人提供他所"控制"的货物信息。第9条规定司法机关可以考虑任何合法措施以便保护权利人,包括权利人损失的利润,或者按照市场价格评

---

① Monica Horten, Wow what a scorcher! ACTA slaughtered 478 to 39. http://www.iptegrity.com/index.php/acta/781-wow-what-a-scorcher-acta-slaughtered-478-to-39,访问日期:2014年2月1日。

估的侵权所获得的利润,包括建议零售价。不过,这个条款因其正当性受到了广泛的批评,因为它未能真正反映权利人所受的经济损失。即便从商业实务来看,印度外国贸易研究所的教授也认为这将会导致在侵权案件审理中过分偏向权利人。①

第三章"边境措施",海关官员根据职权或者根据权利人请求审查货物,对于过境货物而言,并不要求成员国必须通过立法的形式加以保护(第16条)。另外,用于商业的"小托运"也包括在"边境措施"查验中,然而"旅客个人行李中所携带的非商业性质的商品"可以排除在"边境措施"查验范围之外。(第14条)第四部分"刑法保护"。第23条规定了"刑事犯罪",即至少是"以一定商业规模,故意地假冒商标或盗版行为"。不过,这一条也存在弊端。一方面,所谓的"刑事犯罪"的界定是一个相当低的门槛,导致打击面过广;另一方面,司法实践中法官对于何谓"一定的商业规模","故意"是否包括帮助和教唆等规定不清。作为一个关键条款,这样简单的规定显然与《协定》所依据的比例和合法性原则不相符合。② 第24条则是"处罚"。有关当事方根据刑法和刑事程序所受到的处罚包括监禁和金钱罚款。第五部分"数字环境下知识产权的保护"。第27条"数字环境中的保护"规定在数字环境下,应充分利用民事和刑事法律规定,有效打击和防范数字环境下发生的知识产权侵权行为。(第1款)而且,数字网络中的侵权(可能包括"以侵权为目的非法使用工具广泛传播")应该受到规制,从而保护基本原则,诸如自由表达,公平程序和隐私(第2款)。

第三章"保护和实践"。第28条"专家、信息和国内协调"规定当事人有权聘请知识产权实务专家,促进国内协调,便利联合行动。同时,当事人也必须尽可能收集和分析所有有关知识产权侵权的信息和数据,从而使得当事人的主张能够得到当地司法机关的支持。第29条"边境风险管理"。当事人可以咨询利益相关者或者对方当事人知识产权局以便识别和缓和知识产权侵权风险,包括但并不限于帮助识别和确定可疑船只,同时可以为边境风险管理目的在双方当事人之间分享有关信息。另外,进口方有权扣留侵权货物,从而提供信息以帮助出口方找寻侵权人。

第四章"国际合作",包括三个条款:第33条国际合作,第34条信息分享,第35条能力建设和技术帮助。

第五章"机构安排"。第36条规定,《协定》建立起一个所有成员国均参与的管理机关,即《协定》委员会,该机关并不受理单个案例,它主要是维护《协定》

---

① Madhukar Sinha, IPR Rules and Their Uncertain Effects, Business Line, Retrieved 29 January 2012.
② ACTA-Criminal Sanctions, European Digital Rights, www. edri. org/files/EDRI _ acta _ series _ 2 _ 20120117. pdf?. , 5 February 2012.

的日常管理工作,有权向大会提议修改《协定》以及决定 WTO 成员国是否可以加入《协定》。经委员会一致同意,成员国可以建立管理办公室(第 37 条),以及针对合作事宜请求的审查和批准(第 38 条)。

第六章"最终条款"。第 6 章是《协定》的最后一章,包括基本原则和程序,以及关于《协定》的地位和执行。第 39 条"签署"。条款特别指出截至 2013 年 5 月 1 日之前,《协定》向所有国家和组织开放。第 40 条"生效":《协定》生效的前提是 6 个成员国提交批准书。第 41 条"退出"。根据规定,成员国可以向委员会提交退出的书面通知,在收到通知 180 天之后退出生效。第 42 条"修改",即成员国可以向委员会提交修改《协定》的建议,经过所有成员国一致同意之日起 90 天后,修订正式生效。第 43 条"正式加入",如果第 39 条规定的日期届满,任何 WTO 成员国寻求加入本《协定》都必须由委员会批准,批准之日起 30 天后加入生效。第 44 条"条约文本",为便于签署目的,《协定》翻译成英语、法国和西班牙语版本。第 45 条"托管人",它选举了日本政府作为托管人。

四、对《协定》的评价

随着欧盟和其他国家陆续退出《协定》,《协定》存在的弊端和问题也逐渐浮出水面。总的说来,《协定》的弊端主要是以下三方面:

(一)谈判的不透明

2008 年 6 月,加拿大学者迈克尔·盖斯特(Michael Geist),为《版权新闻》撰文,认为"政府应该解开《协定》的面纱",指出在维基网刊登文章之前,公众对《协定》丝毫不知情,而且如果加拿大加入《协定》,可能会导致非法侵入个人电脑,以及增加在线活动监视。盖斯特反对谈判保密,认为只有透明的谈判才会产生更加开放的结果。不仅如此,由于《协定》的谈判从一开始就排除了中小非政府组织和发展中国家,因此它的适用面将会十分狭窄。[①]

2008 年 11 月,欧盟委员会在回应类似指控时,认为不存在所谓的秘密谈判,因为政府间谈判必须处理事关重大经济影响的事宜,而这些显然是不宜公开的。而且,《协定》谈判从未想故意隐藏事实,包括谈判举行的时间和地点都是公开的。

为了进一步揭露《协定》谈判的秘密性,2010 年 4 月 10 日在新西兰惠灵顿举行了一个非政府组织集会,会议最终形成《惠灵顿宣言》,要求从即日起有关《协定》的所有谈判文件和细节必须向公众公开,而且也必须增加非政府组织和发展中国家加入。4 月 13 日,《惠灵顿宣言》就接收了 6645 个签名。随后《惠灵

---

① Michael Geist, Government Should Lift Veil on ACTA Secrecy, http://www.michaelgeist.ca/content/view/3012/159/,访问日期:2014 年 2 月 11 日。

顿宣言》和请愿书都提交给新西兰政府,并最终转交给其他谈判国。不过,这一愿望并没有得到《协定》的正式回应。

(二) 对自由和人权的威胁

国际社会中一些著名的非政府组织,诸如国际消费者组织、欧洲数字权利组织、自由软件组织、电子前沿基金会和自由知识协会都表达了对《协定》前景的怀疑,认为加入《协定》只会限制欧洲公民的基本权利和自由,最突出的是表达自由和交流隐私。哈佛大学教授艾伦·肖(Aaron Shaw)认为"《协定》毫无疑问将会带来十分模糊的法律标准,而且也不能反映同时代民主政府、自由市场交换或公民自由权的原则。即便是《协定》中精确的条款仍然是不够明确的,维基网文章中所披露的《协定》最初谈判的细节也反映了上述问题,不过显然这些问题在《协定》最终版本中依然没有得到解决。尤为突出的是,提高了网络服务者的法律责任,使其原来享有的因使用者行为而免责的安全港成为危险港"。① 《协定》对于网络服务者法律责任的扩大,使得人们开始担心网络服务者不得不扮演入侵使用者隐私的角色,最终导致仅仅因为某些使用者可能有侵权的嫌疑,而使得所谓的权利人可以随意侵犯使用者的隐私。

为了强调这一威胁,免费软件组织(Free Software Foundation,FSF)出版了一本书,名为《反对〈协定〉》。书中认为《协定》将会威胁免费软件的存在,它将产生一种文化,即"为制造免费软件的自由是危险的,这远远超出人们对一般自由的理解",同时《协定》也要求网络服务者不再提供免费软件,而这将会大大地影响使用免费软件的众多网络媒体,比如提供免费软件播放视听节目或者提供软件下载链接的网站。免费软件组织认为《协定》将会使通过文件分享和P2P方式传播免费软件变得困难和昂贵,而这是当前广泛使用的传播大批量免费软件的主要渠道。自由软件组织也认为《协定》将会使使用免费操作系统的用户使用非免费媒体变得更加困难,因为数字版权管理(DRM)保护使得用户将不能再使用免费软件。

(三) 对仿制药生存空间的挤压

根据法国医疗协会会员查尔斯·亚瑟的观点,"《协定》的突出问题在于,通过集中打击一般的知识产权犯罪,它将仿制药视为一个假冒药品。这就意味着专利权人可以逮捕运输学名药的船只,甚至可以请求司法程序销毁这些药品"。他认为"仿制药并不是假冒药品,也不是药品的假冒版本,而是药品的真实翻版,只是因为原始药品的专利到期才生产的药品,或者是一国因其公共健康政策

---

① Aaron Shaw. The Problem with the Anti-Counterfeiting Trade Agreement (and what to do about it)[J]. KE Studies, 2008(2).

而生产,因此仿制药应该受到法律保护而不是打压"。①

一些国家诸如印度和非洲国家从很早就开始寻找仿制药,以便以低廉的价格购买到所需的药品,诸如治疗艾滋病的药品。其实,国际社会早已关注到这个问题,为了平衡公共健康和专利药品的矛盾,TRIPs 协议曾经试图协调这一问题,不过最终也未能达成一个多方均满意的结果。《协定》的诞生无疑会加剧这一矛盾,为了打击所谓的假冒伪劣产品保护知识产权,未来仿制药的生存空间可能要遭受严重挤压。而这些仿制药又恰恰是发展中国家应对大面积公共健康危机所必备的,《协定》将会大大地限制这些国家选择药品的权利和自由。

同样,一些非政府组织,如"无国界医生组织"已经呼吁更多组织和个人关注这一问题,并坚决反对《协定》。为此,"无国界医生组织"发起了一场"救命和延长寿命的药品"运动,并在其报告"滥用的空白支票:《协定》和其对药品的影响"中,"无国界医生组织"总结到《协定》对于贫困人口购买药品有着极其致命的影响,而且《协定》并没有对劣质和不安全药品提出解决办法,因此《协定》破坏了现存的保护公共健康的国际宣言(《多哈宣言》)。② 相对于其他基本人权,健康权和生命权无疑是人类最基本的权利和基础,《协定》对这一问题的漠视和冷淡,不仅使得成千上万的艾滋病人无法及时得到药品,而且会严重践踏业已建立的国际人权标准,因此应该得到国际社会的广泛关切。

---

① Charles Arthur, ACTA goes too far, http://www.theguardian.com/technology/2012/feb/01/acta-goes-too-far-kader-arif,访问日期:2014 年 3 月 12 日。
② The Access Campaign, ACTA, Médecins Sans Frontières. Retrieved 2 July 2012.

第八章 世界知识产权组织和《成立世界知识产权组织公约》

要点提示

本章重点掌握的知识点:(1) 世界知识产权组织在知识产权国际保护体系中的地位;(2)《成立世界知识产权组织公约》所涵盖的权利种类;(3) 世界知识产权组织的职责;(4) 世界知识产权组织成员资格的获得。

第一节 世界知识产权组织在知识产权国际保护体系中的地位

作为联合国组织系统下的16个专门机构之一,世界知识产权组织为一政府间国际组织,总部设在瑞士的日内瓦。其前身是《保护工业产权巴黎公约》和《保护文学艺术作品伯尔尼公约》这两个公约的管理机构合并而成的"保护知识产权联合国际局"(United International Bureau for the Protection of Intellectual Property)。《成立世界知识产权组织公约》则是"国际保护工业产权联盟"和"国际保护文学艺术作品联盟"以成立世界知识产权组织(World Intellectual Property Organization,通常简称为 WIPO)为目的,于1967年7月14日在瑞典首都斯德哥尔摩共同缔结的国际条约。1970年4月26日,世界知识产权组织正式成立,并在1974年成为联合国的第16个专门机构。我国于1980年6月3日加入了该组织,成为该组织第90个会员国。这也是我国参加的第一个知识产权国际公约。

世界知识产权组织是知识产权国际保护制度发展的产物。早在19世纪80年代,世界上已有两个保护知识产权的重要国际公约,即《巴黎公约》和《伯尔尼公约》。这两个公约最初分别由瑞士政府代为管理。1893年,《巴黎公约》和《伯尔尼公约》的管理机构进行合并,成立了"保护工业和文学艺术产权联合国际局",局长由瑞士政府委派。20世纪50年代该机构名称变更为"保护知识产权联合国际局"(BIRPI),此即世界知识产权组织的前身。到1960年代,随着国际形势的变化和其他国际组织的现代化,知识产权联合国际局也需要进行改革。改革的目的是使新的世界知识产权组织成为联合国系统的一个专门机构,所以新公约的草案和《巴黎公约》《伯尔尼公约》行政条款的修订都是与这个目标一致的。例如,参加世界知识产权组织的国家不限于参加巴黎公约或者伯尔尼公约的国家,凡是联合国系统各机构的成员国都可以加入。随着联合国际局工作的开展,局长雅克·西凯坦于1960年提出对联合国际局的行政机构进行改组的构想。根据雅克·西凯坦先生的倡议,1967年7月14日在斯德哥尔摩瑞典议会大厦召开了旨在"建立世界知识产权组织"的外交会议。当时有73个国家的389名代表、36个组织和93名观察员,共500人参加了此会。会后签订了《斯德哥尔摩公约》。公约于1970年起生效。至此,WIPO取代了国际局,成为联合国第16个专门国际组织。1967年保护知识产权联合国际局提议建立世界知识产权组织。建立这个组织的目标是对《巴黎公约》《伯尔尼公约》以及各专门协定所建立的联盟进行组织上和管理上的改革,使它们现代化。所以在缔结这个公约的同时,对《巴黎公约》和《伯尔尼条约》的行政条款也进行了修订。

截至目前,参加这个公约的共有188国。依据其中"过渡条款"规定,BIRPI全部职能由世界知识产权组织兼管。"过渡条款"还规定,一旦巴黎联盟和伯尔尼联盟成员国全部成为世界知识产权组织的成员国之后,BIRPI将不复存在,其全部权利、义务及财产均应转归世界知识产权组织国际局。[①] 但到目前为止,伊朗等巴黎联盟成员国尚未加入世界知识产权组织,BIRPI在名义上仍然存在。目前,世界知识产权组织管理着涉及知识产权保护各个方面的二十多项国际条约。

根据《成立世界知识产权组织公约》第12条的规定,世界知识产权组织拥有国际法上的主体地位。在法定条件下,它享有为实现其组织的宗旨和行使其职权所必需的权利能力;也可以与其他国家签订双边或多边条约,从而使得其组织、官员和一切成员国的代表享有为完成其宗旨和行使其职权所必需的特权和豁免权。它的组织机构包括大会、成员国会议、协调委员会和国际局。组织的所有成员都是成员国会议的代表。但大会的成员必须是组织的成员,同时是《巴黎公约》和《伯尔尼公约》的成员,或两公约之一的成员。协调委员会的成员由从世界知识产权组织和巴黎联盟及伯尔尼联盟的成员国中选出的国家以及当然成员国瑞士组成。协调委员会的成员在人事方面有较大的权利,如总干事的候选人必须协调委员会推荐方可在大会上选举。大会和成员国会议每两年召开一次例会。协调委员会和其他领导机构每年召开一次例会。

第二节 世界知识产权组织管理的公约、条约和协定

世界知识产权组织管理的公约、条约和协定主要有:

---

① 《成立世界知识产权组织公约》第21条。

(1) 在工业产权方面:《保护工业产权巴黎公约》《制止商品产地虚假或欺骗性标记马德里协定》《商标国际注册马德里协定》《商标法条约》《工业品外观设计国际保存海牙协定》《关于供商标注册用商品和服务的国际分类的尼斯协定》《保护原产地名称及其国际注册里斯本协定》《建立工业品外观设计国际分类洛迦诺协定》《专利合作条约》《国际专利分类斯特拉斯堡协定》《建立商标图形要素国际分类维也纳协定》《国际承认用于专利程序的微生物保存布达佩斯条约》《保护奥林匹克会徽内罗毕条约》等;

(2) 在著作权方面:《保护文学艺术作品伯尔尼公约》《保护表演者、录音制品制作者与广播组织的罗马公约》《保护录音制品制作者防止未经许可复制其录音制品公约》《关于播送由人造卫星传播载有节目的信号的公约》《世界知识产权组织版权条约》《世界知识产权组织表演和录音制品条约》等。

其中,我国已加入的有:

《成立世界知识产权组织公约》(1980 年 6 月 3 日);

《保护工业产权巴黎公约》(1985 年 3 月 19 日);

《商标国际注册马德里协定》(1989 年 10 月 4 日);

《保护文学艺术作品伯尔尼公约》(1992 年 10 月 15 日);

《世界知识产权组织版权条约》(1992 年 10 月 30 日);

《保护录音制品制作者防止未经许可复制其录音制品日内瓦公约》(1993 年 4 月 30 日);

《专利合作条约》(1994 年 1 月 1 日);

《关于供商标注册用商品和服务的国际分类的尼斯协定》(1994 年 8 月 9 日);

《国际承认用于专利程序的微生物保存布达佩斯条约》(1995 年 7 月 1 日);

《商标国际注册马德里议定书》(1995 年 12 月 1 日);

《建立工业品外观设计国际分类洛迦诺协定》(1996 年 9 月 19 日);

《国际专利分类斯特拉斯堡协定》(1997 年 6 月 19 日)。

第三节 公约的主要内容

(一) 知识产权包含的权利

这个组织名为知识产权组织,所以公约中对"知识产权"一词需要加以解释。所谓"知识产权",包括有关下列项目的权利[①]:

(1) 与文学、艺术和科学作品有关的权利;

---

① 《成立世界知识产权组织公约》第 2 条(ⅷ)。

(2) 与表演艺术家的表演以及录音制品和广播有关的权利；

(3) 与人类一切活动领域的发明有关的权利；

(4) 与科学发现有关的权利；

(5) 与工业品外观设计有关的权利；

(6) 与商标、服务商标以及商业名称和标志有关的权利；

(7) 与制止不正当竞争有关的权利；

(8) 在工业、科学、文学或者艺术领域内由于智力活动而产生的其他一切权利。

(二) 世界知识产权组织的宗旨

世界知识产权组织的最重要目的是"通过国家之间的合作并在适当情况下与其他国际组织配合促进在全世界保护知识产权"[①]，而要实现这个任务的最重要方法是制定多边条约。因此，这个组织国际局的最重要活动就是创议并准备缔结保护知识产权的新条约，进一步发展现有条约和管理现行有效的条约；此外，还根据发展中国家的请求，在知识产权的保护方面给予法律和技术援助。

在 1967 年以后，在知识产权联合国际局和世界知识产权组织的先后主持下，已经缔结了 17 个新条约。在这些条约中最成功的是 1970 年的《专利合作条约》。此外，这些新条约中与本书内容有关的还有：

《建立工业品外观设计国际分类洛迦诺协定》(1968 年)；

《国际专利分类斯特拉斯堡协定》(1971 年)；

《国际承认用于专利程序的微生物保藏布达佩斯条约》(1977 年)；

《专利法条约》(2000 年)。

在这期间，修订《巴黎公约》的工作自 20 世纪 70 年代起进行了好几年，但主要因为发达国家和发展中国家意见不一致而无法完成。世界知识产权组织已决定，今后将不再对《巴黎公约》进行修订，而是另行起草新条约。2000 年《专利法条约》(主要协调专利申请的形式要求)的签订就是其成果之一，今后还将讨论制定实体专利法条约。

世界知识产权组织的另外一个目的，是保证各条约成员国所组织的各联盟(基本上每个条约有一个联盟)之间的行政合作[②]。具体措施是在该组织的机构中，除了设立一个由该组织公约所有成员国组成的成员国会议外，由巴黎联盟和伯尔尼联盟的成员国联合组成一个大会，以及基本上由巴黎联盟和伯尔尼联盟两个执行委员会委员国组成一个协调委员会，共同执掌该组织的重要职权，如该组织总干事的选举，各联盟共同的 2 年工作计划和预算等，实施巴黎联盟、与巴

---

① 《成立世界知识产权组织公约》第 3 条(ⅰ)。

② 《成立世界知识产权组织公约》第 3 条(ⅱ)。

黎联盟有关的专门联盟以及伯尔尼联盟的管理事务。

（三）世界知识产权组织的职责

该组织的主要职能包括：

（1）促进有利于世界知识产权保护以及有助于协调各国知识产权立法的相关措施的采用；协调各国的知识产权立法和程序。迄今为止，世界知识产权组织负责管理的公约已达23部，这些公约可分为三类：确定实体性国际保护标准的公约，规范国际申请程序的公约和建立工业产权分类制度的公约。

（2）执行巴黎联盟及其有关专门联盟和伯尔尼联盟的行政任务；保证各成员国所组织的联盟之间的行政合作。目前，世界知识产权组织负责管理九个独立预算的联盟：伯尔尼联盟、巴黎联盟、专利合作条约联盟、马德里联盟、海牙联盟、里斯本联盟、国际专利分类联盟、尼斯联盟和洛迦诺联盟。

（3）接受或参加其他以促进知识产权保护为目的的国际协定的行政工作。

（4）鼓励缔结以促进知识产权保护为目的的国际协定。

（5）向请求知识产权方面的法律技术援助的国家提供协助；向发展中国家和其他国家提供培训以及法律和技术援助，世界知识产权组织为各国立法提供咨询意见，为管理知识产权的官员提供培训，并专门建立了"世界学院"。

（6）收集和传播有关知识产权保护的情报，从事并促进这方面的研究，并公布这些研究的成果；世界知识产权组织国际局出版两种刊物：《著作权》和《工业产权》，包括英文版、法文版和西班牙文版，并且定期用英文、阿拉伯文、西班牙文、法文、葡萄牙文和俄文发表公报，提供与知识产权保护有关的资料。

（7）提供便于知识产权国际保护的服务，并适当办理这方面的注册并公布有关注册的资料。

（8）采取一切其他的适当行动。

在加强专利保护的国际合作方面，世界知识产权组织发挥了重要的作用。根据《专利合作条约》《布达佩斯条约》《洛迦诺协定》《斯特拉斯堡协定》等与专利国际保护相关的条约所组成的专门联盟的行政工作，均由世界知识产权组织国际局负责执行。

（四）成员资格的获得

（1）巴黎联盟和伯尔尼联盟的成员国可以成为世界知识产权组织的成员国；

（2）联合国成员国、与联合国有关系的任何专门机构的成员国、国际原子能机构的成员国或国际法院规约的当事国，可以成为该组织的成员国；

（3）除上述两种情况外，应大会特殊邀请的国家也可以成为该组织的成员国。

如上所述，世界知识产权组织是在巴黎联盟和伯尔尼联盟的基础上成立的，因此巴黎联盟以及与该联盟相关的各专门联盟、协定的成员国和伯尔尼联盟的成员国均可成为世界知识产权组织的成员国。而随着知识产权国际保护合作的发展，由世界知识产权组织担任行政事务的、为促进知识产权保护的国际协定也日益增加，这些国际协定的缔约国也可以成为该组织的成员国。

除此之外，由于世界知识产权组织是联合国的一个专门机构，因此一些国家虽然不属于上述联盟的成员国或国际协定的缔约国，但是若为联合国成员国、与联合国有关系的任何专门机构的成员国、国际原子能机构的成员国或这是国际法院规约的当事国，这些国家同样也可成为世界知识产权组织的成员国。即使是不符合这些条件的其他国家，也可应世界知识产权组织大会的邀请加入该组织。

（五）大会（General Assembly）

大会是世界知识产权组织的最高权力机构，大会由参加公约的各联盟成员国组成，就该组织的管理、活动、财务条例、成员国加入等重要事项以投票表决的方式进行决议。

世界知识产权组织设有大会，由作为任一联盟（巴黎联盟和伯尔尼联盟）成员国的本公约当事国组成。每一成员国政府应派一名代表（可辅以若干副代表、顾问和专家）参加大会，无论是一个或者几个联盟的成员国，在大会上均享有一票表决权。一名代表只能代表一个国家，并且只能以一个国家的名义投票。已参加本公约，但不是任一联盟的成员的国家应允许以观察员身份参加大会的会议。

大会的职能主要有：根据协调委员会提名，任命总干事；审议并批准总干事关于本组织的报告，并给其以一切必要的指示；审议并批准协调委员会的报告与活动，并给以指示；通过各联盟共同的 2 年开支预算；批准总干事提出的关于促进保护知识产权国际协定的行政管理措施；通过本组织的财务条例；参照联合国的惯例，决定秘书处的工作语言；邀请有关国家参加本公约；决定哪些非本组织成员国、哪些政府间组织和非政府间国际组织可作为观察员参加会议；行使其他合于本公约的适当职权。

大会例会每第二历年举行一次，由总干事召开。大会特别会议应由总干事根据协调委员会或大会 1/4 成员国的请求召开。大会成员国的半数构成法定人数。除特殊事项外，以所投票的 2/3 多数作出决定：批准关于同意担任或者参加任何旨在促进保护知识产权的国际协定的行政管理措施，需 3/4 多数票通过；批准根据联合国宪章第 57 条和第 63 条与联合国签订的协定，需 9/10 多数票通过；任命总干事、批准总干事所提出的关于国际协定的行政管理措施以及迁移总部，不仅须经本组织大会，而且须经巴黎联盟大会和伯尔尼联盟大会，以所要求的多数票通过。

（六）成员国会议（Conference）

世界知识产权组织设有成员国会议，由本公约成员国组成，不论它们是否属于任一联盟的成员国。每一成员国政府应派一名代表（可辅以若干副代表、顾问和专家）参加会议，并享有一票表决权，一名代表只能代表一个国家，并且只能以一个国家的名义投票。

成员国会议的职能主要有：讨论知识产权领域内普遍关心的事项，并在尊重各联盟权限和自主的条件下，就这些事项通过建议；通过本会议的两年预算；在本会议预算的限度内，制定两年法律——技术援助计划；通过对本公约的修订案；决定应允许那些非本组织成员国、哪些政府间组织和非政府间国际组织可作为观察员参加其会议；行使其他适合于本公约的职权。

本会议的例会，应由总干事召集，会期及会议地点与大会相同。特别会议应由总干事根据多数成员国的请求召开。成员国的 1/3 构成法定人数。

（七）协调委员会（Coordination Committee）

协调委员会是大会和成员国会议的执行机构，主要负责就一切有关行政、财务以及其他对两个以上联盟，或一个以上联盟与本组织共同有关的事项向各联盟的机构、本组织成员国大会、成员国会议和总干事提出意见，并拟订各项议程草案、预算草案，提名总干事候选人等。

世界知识产权组织设有协调委员会，由担任巴黎联盟执行委员会委员或伯尔尼联盟执行委员会委员或兼任两执行委员会委员的本公约当事国组成。如果其中任一执行委员会的委员数目超过了选举它的大会成员国总数的 1/4，则该执行委员会应从其委员中指定参加协调委员会的国家，数目不得超过上面提到的 1/4。在计算上述的 1/4 的数目时，本组织总部所在国不应包括在内。作为协调委员会委员的每一个国家应派一名代表（可辅以若干副代表、顾问和专家）参加会议，并享有一票表决权，一名代表只能代表一个国家，并且只能以一个国家的名义投票。每个国家，不论它是巴黎联盟执行委员会委员、伯尔尼联盟执行委员会委员还是两个执行委员会的委员，在协调委员会中都只有一票表决权。当协调委员会审议直接涉及成员国会议的计划、预算及其议程或审议关于修订本公约的建议时，如该修订建议将影响已参加本公约、但没有参加任一联盟的国家的权利或义务，则应有这类国家的 1/4 参加协调委员会的会议，并享有与该委员会委员同等的权利。这些国家应由成员国会议在每届例会上指定。本组织任何成员国，不属协调委员会成员国者，得派观察员参加本委员会的会议，有权参加辩论，但无表决权。如果本组织所经管的其他联盟希望参加协调委员会，其代表必须从协调委员会成员国中指派。

协调委员会的职能主要有：就两个或两个以上联盟共同有关的，或者一个或一个以上联盟与本组织共同有关的一切有关行政、财务和其他事项，特别是各联盟共同开支的预算,向各联盟的机构、本组织成员国大会、成员国会议和总干事提出意见;拟定本组织大会的议程草案;拟定本组织成员国会议的议程草案以及计划和预算草案;在总干事任期即将届满,或总干事职位出缺时,提名一个候选人由大会任命;如大会未任命所提名的人,协调委员会应另提一名候选人;这一程序应反复进行直到最后提名的人被大会任命为止;如果总干事的职位在两届大会之间出缺,任命一个代理总干事,在新任总干事就任前代职;行使本公约所赋予的其他职权。

协调委员会每年举行例会一次,由总干事召集。协调委员会的特别会议,亦应由总干事召集,或根据其本人倡议,或应协调委员会主席的请求,或根据协调委员会1/4委员国的请求而召开。协调委员会委员的半数构成法定人数。协调委员会应按投票的简单多数发表意见和作出决议。

(八) 国际局(International Bureau)

国际局是该组织以及受该组织管理的各联盟的秘书处,由总干事指导,总干事是该组织的行政首脑。总干事和工作人员职责的性质是纯国际性的,在执行职务时,不接受任何政府或该组织以外的任何机关的指示。他们不应做任何可能有损于其国际官员身份的行为,每一个成员国都应尊重总干事和工作人员职责的纯粹国际性质,并且不得在他们执行任务时设法施加影响。国际局负责执行在知识产权领域内增进成员国国际合作的计划,并为会议提供必要的资料和其他服务。

国际局即世界知识产权组织的秘书处,由总干事领导并辅以两个或两个以上的副总干事。总干事的主要职责为:(1)向大会提出关于本组织内外事务的报告,并遵从大会的指示。(2)准备计划和预算草案及定期的活动报告,并将这些草案和报告寄送有关国家政府和各联盟以及本组织的主管机构。(3)任命为有效执行国际局任务所必需的工作人员,在协调委员会批准后任命副总干事。总干事和任何由他指派的工作人员可参加大会、成员国会议、协调委员会以及任何其他委员会或工作组的一切会议,但无表决权。总干事任期固定,每任不少于6年,并有资格连任,连任期间仍为6年。初任期限和可能的连任期限以及任命的所有其他条件,均应由大会规定。

(九) 公约的参加与退出

符合条件的国家可以通过如下手续成为本公约的当事国和本组织的成员国:

(1) 申请者签署并对批准与否不附加保留意见,或者;

(2) 申请者签署并表示同意须在递交批准书后方能获批准,或者;

(3) 递交加入书。

任何成员国可以通过向总干事送交通知书的方式退出本公约,退出应在总干事收到通知书之日起 6 个月后生效。

(十) 公约的修正

有关修正本公约的建议可由任何成员国、协调委员会或总干事提出。该建议应至少在成员国会议进行审议的 6 个月以前由总干事通知各成员国。修正案应由成员国会议通过。当修正案影响参加本公约但未参加任一联盟的国家的权利和义务时，这些国家也应参加表决。对于一切其他所提出的修正案，只应由参加本公约的任一联盟的成员国表决。成员国会议如仅对那些以前已由巴黎联盟大会和伯尔尼联盟大会已分别根据适用于各该大会关于通过各该公约行政条款修正案的规则所通过的修正案进行表决，修正案应由参加投票的国家的简单多数票表决通过。任何修正案应在总干事收到在成员国会议通过该修正案时，根据前文有表决权的本组织 3/4 成员国按照它们各自的宪法程序发出的书面接受通知书 1 个月后生效。这样接受的任何修正案，应对在该修正案生效时以及后来加入本组织的所有成员国都有约束力，但涉及增加成员国财政义务的修正案应只对已通知接受该修正案的国家有约束力。

参 考 文 献

一、著作类

1. 〔美〕阿瑟·R. 米勒、迈克尔·H. 戴维斯:《知识产权法概要》,周林等译,中国社会科学出版社 1997 年版。
2. 郑成思:《知识产权法》,法律出版社 2003 年版。
3. 郑成思:《世界贸易组织与贸易有关的知识产权》,中国人民大学出版社 1996 年版。
4. 吴汉东、郭寿康主编:《知识产权制度国际化问题研究》,北京大学出版社 2010 年版。
5. 吴汉东主编:《知识产权国际保护制度研究》,知识产权出版社 2007 年版。
6. 刘春田主编,知识产权法(第二版),北京大学出版社 2003 年版。
7. 张玉敏主编:《知识产权法》,法律出版社 2011 年版。
8. 张乃根:《国际贸易的知识产权法》,复旦大学出版社 1999 年版。
9. 李明德:《知识产权法》,法律出版社 2008 年版。
10. 李明德、许超,《著作权法》,法律出版社 2003 年版。
11. 刘春茂主编,《知识产权原理》,知识产权出版社 2002 年版。
12. 汤宗舜《专利法教程》,法律出版社 2003 年版。
13. 唐广良、董炳和:《知识产权的国际保护》,知识产权出版社 2006 年版。
14. 董新凯、吴玉玲主编:《知识产权国际保护》,知识产权出版社 2010 年版。
15. 冯晓青、刘友华:《专利法》,法律出版社 2010 年版。
16. 文希凯主编:《专利法教程》,知识产权出版社 2013 年版。
17. 曹新明主编:《知识产权法》,中国人民大学出版社 2011 年版。
18. 杨巧主编:《知识产权法学》,中国政法大学出版社 2012 年版。
19. 周长玲:《知识产权国际条约研究》,中国政法大学出版社 2013 年版。
20. 古祖雪:《国际知识产权法》,法律出版社 2002 年版。
21. 李琛:《论知识产权法的体系化》,北京大学出版社 2005 年版。
22. 孔祥俊:《WTO 知识产权协定及其国内适用》,法律出版社 2002 年版。
23. 宁立志主编:《知识产权法》,武汉大学出版社 2011 年版。
24. 王肃、李尊然主编:《国际知识产权法》,武汉大学出版社 2012 年版。
25. 郭京毅:《为了广泛的贸易利益——中国作为第三方参与世贸组织案件精析》,中信出版社 2006 年版。
26. 刘筠筠、熊英:《知识产权国际保护基本制度研究》,知识产权出版社 2011 年版。
27. 张汉林、黄玮:《智慧财产的卫士——知识产权国际保护的比较研究》,中国经济出版社 1997 年版。
28. 《十二国专利法》翻译组译:《十二国专利法》,清华大学出版社 2013 年版。

29. 何永坚:《新商标法条文解读与适用指南》,法律出版社 2013 年版。

30. 中国人民大学知识产权教学与研究中心、中国人民大学知识产权学院编:《知识产权国际条约集成》,清华大学出版社 2013 年版。

31. 《国际条约及常用国际惯例(应用版)》,法律出版社法规中心编 2013 年版。

32. 《中华人民共和国知识产权法典(应用版)》,法律出版社 2011 年版。

33. Trevor M. Cook, Alejandro I. Garcia, *International Intellectual Property Arbitration*, Wolter Kluwer Press, 2010.

34. Anthony A. D'Amato, *International intellectual Property Law*, Kluwer Law International Press, 1997.

35. Inge Govaere, Hanns Ullrich, *Intellectual Property, Public Policy and International Trade*, Peter Lang Press, 2007.

36. G. Gregory Letterman, *Basics of International Intellectual Property Law*, Transnational Publishers, 2001.

37. Robin Ramcharan, *International Intellectual Property Law and Human Security*, Springer Press, 2012.

二、论文类

1. 吴汉东:"知识产权国际保护制度的变革与发展",载《法学研究》2005 年第 3 期。

2. 李顺德:"TRIPs 新一轮谈判及知识产权国际保护的新发展",载《知识产权》2003 年第 3 期。

3. 古祖雪:"从体制转换到体制协调:TRIPs 的矫正之路",载《法学家》2012 年第 1 期。

4. 古祖雪:"后 TRIPs 时代的国际知识产权制度变革与国际关系的演变——以 WTO 多哈回合谈判为中心",载《中国社会科学》2007 年第 2 期。

5. 胡嘉禄:"我国集成电路布图设计权保护探析",载《中国知识产权报》2012 年 7 月 20 日。

6. 王汝锋、崔野韩:"国际植物新品种保护的起源、现状与发展趋势",载《中国农业》2003 年第 1 期。

7. 邓武红:"国际农业植物新品种知识产权保护格局探析及启示——基于 WTO/TRIPs/UPOV 模式的分析",载《中国农业大学学报(社会科学版)》2007 年第 1 期。

8. 李红曦:"植物新品种保护国际联盟简介",载《台湾花卉园艺》1999 年 11 月号。

9. 刘强、胡峰:"奥林匹克标志保护的历史沿革",载《武汉体育学院学报》2007 年第 10 期。

10. 韦之:"《保护奥林匹克会徽内罗毕条约》介绍",载《科技与法律》2004 年第 2 期。

11. 林小爱、计华:"奥林匹克运动会特许商品知识产权的特殊性",载《北京理工大学学报》(社会科学版)2012 年第 5 期。

12. 黄世昌:"奥林匹克标志侵权法律规制的比较研究",载《天津体育学院学报》2011 年第 1 期。

13. 张玉超:"我国奥林匹克知识产权保护制度的修改与完善",载《上海体育学院学报》

2013年第1期。

14. 马法超、郭锐:"完善我国体育标志法律保护有关问题的研究",载《河北体育学院学报》2008年第3期。

15. 吴彬、赵平:"论地理标志的国际保护措施",载《华中农业大学学报》(社会科学版)2009年第2期。

16. 冯寿波:"TRIPs协议保护地理标志规范评析",载《西南政法大学学报》2008年第4期。

17. 亨利克斯·史密斯:"政府间委员会指导下开展《护非物质文化遗产公约》的履约工作",载《文化遗产》2012年第3期。

18. 哈里埃特·迪肯:"《保护非物质文化遗产公约》框架下的非物质文化遗产清单制定工作",载《文化遗产》2012年第3期。

19. Mevhibe. A. Ozdemir, The Role of Geographical Indication in Brand Making of Turkish Handcrafts, *Indian Journal of Traditional Knowledge* 11(3), (2012).

20. Samaddar, Komal Chaul-A Potential Candidate for Geographical Indication, *Journal of Intellectual Property Rights* 15(3), (2010).

21. Lenzerini, F, Intangible Cultural Heritage: The Living Culture of Peoples, *European Journal of International Law* 22(1), (2011).

22. Nwabueze, CJ, The Role of Intellectual Property in Safeguarding Intangible Cultural Heritage in Museums, *International Journal of Intangible Heritage* 8, (2013).

23. Kim, Hee-eun, Changing Climate, Changing Culture: Adding the Climate Change Dimension to the Protection of Intangible Cultural Heritage, *International Journal of Cultural Property* 18(3), (2011).

24. Mercurio, B, Beyond the Text: The Significance of the Anti-Counterfeiting Trade Agreement, *Journal of International Economic Law* 15(2), (2012).

25. Weatherall, Kimberlee, Politics, Compromise, Text and the Failures of the Anti-counterfeiting Trade Agreement, *Sydney Law Review* 33(2), (2011).

26. Cerda Silva, Alberto J, Enforcing Intellectual Property Rights by Diminishing Privacy: How the Anti-Counterfeiting Trade Agreement Jeopardizes the Right to Privacy. (Focus Issue: Intellectual Property Law Enforcement and the Anti-Counterfeiting Trade Agreement (ACTA)), *American University International Law Review* 26(3), (2011).

27. Lane, Hilary H, The Realities of the Anti-Counterfeiting Trade Agreement, *Tulane Journal of International and Comparative Law* 21(1), (2012).

后　　记

　　在中国古代，没有专门的、自成体系的知识产权成文法。自近代中国以来，才逐渐从国外引入了知识产权法律制度。由于知识产权客体的无形性、地域性的特征，所以知识产权贸易中的各种权利的摩擦和侵权逐渐增多，故而知识产权国际保护尤为重要。在知识产权保护及贸易中形成了较多的国际规则，体现出知识产权制度浓厚的"国际色彩"。通过成立相关的知识产权国际组织以及制订知识产权国际条约的途径，实现知识产权的一体化保护，推动制度创新与发展。在后 TRIPS 时代，知识产权国际保护的环境和趋势呈现出新特点，原有知识产权国际条约的执行和修订，新的知识产权国际条约的构建是为知识产权研究指示了新的方向。

　　我们编写的《知识产权国际保护》教材，主要用于法学专业、知识产权专业本科学生的教学，亦可作为知识产权专业硕士研究生的参考书目。本书作者均为来自教学第一线的知识产权专业教师，在内容上荟萃了多年的教学体会和研究成果：包含了知识产权领域的主要国际条约及近年来新签订的国际条约，覆盖面广，内容翔实；既包含对国际条约基本内容的解读，也详细阐述了条约签订的背景、意义及相关的基本理论；选取了相关典型案例进行评析，以加深知识的掌握及对国际条约的运用；还附有习题和思考，便于掌握学习重点难点，也可以检查检验学习效果。结合我国《专利法》《著作权法》《商标法》等与国际公约的衔接情况进行比较也是本教材一大特色。

　　在写作过程中我们参考阅读了诸多专家、学者优秀的著作、论文、同类教材等文献，在此致以崇高敬意和衷心感谢！

　　重庆大学齐爱民教授为本教材的写作精心筹划部署，北京大学出版社为本教材的顺利出版提供条件，责任编辑郭栋磊先生为本教材的出版付出了辛勤劳动，在此对他们表示由衷感谢！

　　这部教材尚有许多待完善之处，也存在不足甚至谬误，敬请读者不吝指正。

　　本书由杨巧教授任主编，李艳、戴琳、王思峰任副主编，他们与其他三位参编作者朱继胜、韩续峰和孙山共同撰写此教材。所有参编作者简介如下：

　　杨巧，教授，中国知识产权法研究会常务理事、副秘书长。李艳，西北政法大学副教授，硕士生导师，法学博士。主要研究方向是知识产权法和网络法。戴琳，云南大学法学院副教授，硕士生导师，知识产权系副主任，《云南大学学报（法学版）》编辑。王思锋，西北大学法学院副教授，法学博士，硕士研究生导师，西北大学地理标志发展研究中心主任。朱继胜,法学博士,广西民族大学法学院副教授,广西知识产权发展研究院研究员。韩续峰,民商法学硕士,主要研究方向为知识产权法、网络法;孙山,西北政法大学经济法学院讲师,法学博士,主要从事知识产权法的理论与实务研究。

以下是《知识产权国际保护》教材的写作分工:

杨巧撰写第一章、第二章;

李艳撰写第三章第一节、第二节、第三节、第四节、第五节、第六节;

戴琳撰写第三章第七节、第七章第五节、第六节;

王思峰撰写第七章第一节、第二节、第三节、第四节、第七节;

朱继胜撰写第六章、第七章第六节;

孙山撰写第四章、第八章;

韩续峰撰写第五章。

主　编
2015 年 9 月